왜 우리는 가끔
멈춰야 하는가

FLYING

Turn Fear of

마흔 이후 최고의 성장 수업

왜 우리는 가끔
멈춰야 하는가

WITHOUT A NET

Change into Fuel for Success

토머스 J. 들롱 지음 · 김보람 옮김

청림출판

한 그루의 나무가 모여 푸른 숲을 이루듯이
청림의 책들은 삶을 풍요롭게 합니다.

"마흔셋, 내 일이 전혀 즐겁지 않습니다"

1990년대 초의 어느 늦은 밤, 그랜드센트럴역의 벤치에 앉아 있던 나는 집으로 향하는 메트로 노스Metro North 열차에 오르기도 힘들 정도로 지쳐 있었다. 그때 나는 생각했던 것보다도 훨씬 버거운 일을 맡겠다고 가족까지 이끌고 로키산맥에서 뉴욕까지 꼭 왔어야 했는지 돌이켜보고 있었다. 상사가 원하고 조직이 필요로 하는 변화를 내가 만들어 낼 수 있을지 초조했다. 고위 경영진이 더욱 효율적으로 협업하도록 내가 도울 수 있을지 의문이 들었다.

다음 달로 계획되어 있던 수많은 사무실 개업이 가능할지도 문제였다. 한 건물 또는 한 사무실에서 트레이더들과 투자은행가들이 서로 협력하는 것이 가능한 일인지도 문제였다. 또 이미 최고 수준의 성과를 내고 있는 CEO에게 내가 꼭 필요한 피드백을 제공하여 그들의 업무 능력

향상에 기여할 수 있을지에 대해서도 진지하게 의문이 들었다.

시계를 보니 어느덧 밤 10시였다. 내가 그 벤치에 두 시간 동안 앉아 있었다는 의미였고, 또한 이제 무엇인가를 해야 한다는 뜻이었다. 벤치에서 몸을 일으켜 열차를 타고 집으로 향하면서, 나 역시 포함되어 있는 성취욕 높은 직장인들을 괴롭히는 불안과 덫에 관해 생각하기 시작했다. 박사과정을 마친 1979년 겨울 이래로 나는 이 주제에 관해서, 즉 어떻게 의욕 넘치고 야심만만한 사람들이 자신의 가장 큰 적이 되는지에 관해서 깊이 생각해 오던 차였다. 현재 하버드경영대학원의 교수로 있고, 한때 모건스탠리의 임원이었던 내게는 성취욕이 높은 직장인들과 마주할 기회가 헤아릴 수 없이 많았기 때문이다.

'성취욕이 높다'라는 말이 낯설게 느껴질 수 있다. 그러나 어떤 사람들을 보고 이런 유형이라고 하는지는 아마 잘 알고 있을 것이다. 의욕이 넘치고, 야심만만하고, 목표 지향적이며, 성공에 근시안적으로 집중하는 사람들 말이다. 나는 이 책 전반에 걸쳐서 성취욕이 높은 유형을 지칭할 때 이러한 단어들과 더불어 몇 가지 용어를 번갈아 사용하려고 한다.

이러한 사람들을 향한 내 관심은 변화의 과정에 관한 내 컨설팅 및 집필 활동과 꼭 맞아떨어졌다. 사람들의 말을 귀담아듣고 공부해오면서, 나는 성취를 갈망하는 직장인들이 엮인 상황에 변화 이론의 원칙을 적용하려고 노력했고, 이들이 정체되기보다는 배우고 성장하도록 도와줄 변화의 과정을 개발하려고 애썼다.

나는 그랜드센트럴역의 벤치에서 엉덩이를 떼지 못하는 사람들, 그리고 이제 그만 고민을 끝내야 할 사람들을 도울 방법을 찾기 위해 지난

30년간 씨름해왔다. 이 책은 그런 사람들을 염두에 두고 쓴 것이다. 곧 알게 되겠지만, 이 책은 전통적인 '학술' 서적이 아니다. 어마어마한 양의 주석이 달리지도 않았고, 사례 연구와 다른 학술서의 참조 자료로 잔뜩 채워지지도 않았다. 대신 이 책은 흥미롭고 쓸모 있을 것이며, (바라건대) 굉장히 잘 읽힐 것이다. 서문의 첫머리와 이어지는 장에서 언급할 개인적인 이야기에서 짐작할 수 있겠지만, 이 책은 내가 사회생활의 여정을 시작할 때 읽었더라면 좋았을 만한 내용으로 이루어져 있다. 우리가 살고 있는 오늘날의 시대를 고려해보면, 나는 이 책이 당신의 걱정거리에도 맞닿아 있을 거라고 생각한다.

현재를 살아가는 개인과 조직은 모두 도처에서 위협받고 있다. 경기는 불안정하고, 충격적인 신기술들이 등장하고, 기업의 형태와 문화가 급변하고, 가정은 점점 더 많은 문제에 직면하고, 우리의 시간과 에너지를 요구하는 것들이 넘쳐난다. 이 모든 문제가 우리의 불안을 단계적으로 키워나간다.

성취욕이 높은 사람들은 이러한 위협에 특히 강하게 반응한다. 우리는 우리가 상사의 눈 밖에 났고, 일이 실패로 돌아갈 것이고, 승진에서 밀려날 것이고, 인원 감축의 대상이 될 것이고, 늘 A급 직원이라고 생각했던 우리가 B급 직원이 될 것이라고 확신하게 된다.

불확실하고 예측할 수 없는 환경 속에서 우리 가운데 탁월하게 뛰어난 사람들조차 불안해하고 있다. 이런 환경에서 우리는 새로운 도전을 기피하며 잔뜩 움츠리는 방식으로 반응한다. 우리가 잘하는 업무에만 집중하고 우리의 역량을 확장할 기회를 외면한 채 판에 박힌 일상에 스스로를 가두는 것이다. 물론 이러한 반응이 우리 자신과 조직에 해를 입힌다는 사실을 알고 있으나, 우리는 새로운 것을 배우거나 새로운 접근법을 시도하면서 실수를 저지르고 스스로를 상처 입힐 수도 있는 상황으로 내몰기가 두렵다.

조직에는 현명하고 야망 있지만 생산성이 떨어지고 만족을 느끼지 못하는 사람들이 가득하다. 의사, 변호사, 교사, 엔지니어, 은행가, 기업의 리더, 경영자들은 자신들이 설정한 목표를 달성하지 못하거나 그들이 추구하는 의미를 찾지 못한다. 물론 의욕이 높은 사람 중에도 두려움을 극복하고 새로운 행동을 실천하여 대단히 성공적이고 만족스러운 인생을 이끈 이들이 있다. 그러나 안타깝게도 이런 사람은 소수에 불과하다.

무엇이 문제일까? 연령대와 분야를 망라해 최고로 현명한 사람들이 어째서 전에는 겪어본 적 없는 어려움을 겪는 것일까? 당신이 성취욕이 높은 직장인이라면 어떻게 대처할 수 있을까? 어떻게 이 같은 불안에서 벗어나 더욱 효율적이고 성공적이며 만족스러운 인생을 살 수 있을까?

그러려면 성공을 향해 날아오르는 법을 배워야 한다. 달리 말해, 당신을 옴짝달싹 못 하게 하는 불안을 헤치고 나아가는 방법을 알아내야 한다는 것이다. 그러면 당신은 배우고 성장하고 변화할 수 있는 능력이 자신에게도 존재한다는 사실을 차츰 신뢰할 것이고, 그러한 능력이 당신이 선택한 분야에서 도움이 되리라는 사실을 깨달을 것이다. 성공을 향해 날아오르는 것은 하루아침에 할 수 있는 일이 아니다. 우선 당신은 불안을 키우는 요소가 무엇인지, 덫이 되는 요소가 무엇인지, 안정감을 얼기 위해 당신으로 하여금 비생산적인 행동을 하게 하는 요소가 무엇인지를 깨달아야 한다. 이 과정은 또한 당신이 올바른 일을 능숙하게 해내기에 앞서 올바른 일을 미숙하게 할 용기를 주는, 당신의 직관에 반하는 행동을 받아들여야 하는 과정이기도 하다. 이는 의욕 넘치는 사람들이 싫어하는 것이기도 한데, 자신이 취약해질 수 있는 과정이기 때문이다.

직장에서 더 큰 성취감과 만족감을 얻으려면, 기껏해야 결과가 불확실하고 최악의 경우에는 당신을 무능한 사람으로 만들 수도 있는 새로운 배움과 경험을 열린 자세로 기꺼이 받아들여야 한다. 이러한 감정은 일시적인 것으로, 오히려 당신의 직업적·개인적 생활을 더욱 깊고 넓게 만드는 데 필요한 서막과도 같다.

이 책에서 기대할 수 있는 것이 무엇인지 미리 말하자면 다음과 같다. 첫째, 당신처럼 성취욕이 높은 사람들의 이야기를 접할 것이다. 그중에는 불안에 사로잡힌 이들의 이야기도 있고, 불안이 만든 덫을 피하거나 벗어나서 굉장히 생산적인 방향으로 선회한 이들에 관한 이야기도 있다. 둘째, 불안을 덜 느끼고 더 큰 성취감을 느끼고 싶지만 해야 할 일을 적은 목록이나 꼬리를 무는 의문에 시달릴 때 이를 어떻게 극복해내야 할지에 관해 상당한 조언을 얻을 수 있다. 의욕 넘치는 직장인인 당신은 과업 지향형이라는 강점을 지니고 있으므로, 이러한 강점을 삶에 활용할 수 있는 조언이 필요하다. 셋째, 책에서 다루는 모든 조언과 개념을 설득력 있는 맥락으로 구성한 얼개를 볼 수 있다. 책에 실린 몇몇 주요 도표가 이러한 얼개를 설명할 것이고, 당신이 어떻게 불안을 뛰어넘어 새로운 행동을 시도하고 변화할 용기를 찾을 수 있을지 알아가는 데 길잡이 역할을 할 것이다.

각 장은 다음과 같은 개념으로 구분했다. 처음 두 장에서는 이 책의 기본 개념을 확립할 것이다. 1장에서는 성취욕이 높은 직장인들과 그들의 특징을 정의하여, 당신이 어느 범주에 속하는지 판단하는 데 도움을 줄 것이다. 2장에서는 앞서 언급한 얼개를 제시하며 당신이 이를 유리하게 활용할 수 있도록 예시와 정보를 제공할 것이다. 이 장에서는 무슨 수를 써서라도 성공하고자 하는 욕망은 직장인들을 조직 내에서 일정한 수준까지 끌어올리는 데 도움이 되지만, 결국 그들의 만족감뿐 아니라 성취도에도 한계를 가져온다는 점을 강조한다.

2부에서는 당신의 행동을 부정적인 방향으로 통제하는 불안에는 어떤 것들이 포함되는지 일깨워주며, 이러한 불안에 맞서지 않으면 여러 단계에서 역효과를 낳는다는 점을 설명할 것이다. 각 장에서는 불안을 야기하는 특정 원인(목적의식 결여, 고립, 의미 결여)과 이들이 미치는 영향에 어떻게 대응할 수 있는지를 다룬다.

3부에서는 각각 다른 유형의 불안에 반응할 때 빠지기 쉬운 덫을 설명한다. 우리는 바쁨, 비교, 남 탓, 걱정을 통해 불안을 해소하려고 하지만, 사실상 이러한 반응은 더 큰 문제를 야기할 뿐이다. 변화의 아이러니가 아닐 수 없다. 내면의 불안을 해소하려 할수록 그러한 노력은 오히려 역효과를 초래해 불안을 더욱 가중할 뿐이다.

마지막으로 4부에서는 당신이 불안, 또는 불안과 관련된 덫에 효과적으로 대응하여 스스로 취약한 상태를 받아들이고, 성장하고, 변화할 수 있도록 도움을 줄 방법을 소개한다. 자기반성부터 '할 일 목록' 작성하기, 당신을 지지해줄 인맥 만들기까지, 여기서 제시하는 방법을 익히면 변화하려는 우리의 노력을 방해하는 악순환을 깨는 데 도움이 될 것이다. 이를 통해 당신은 방어적인 태도를 버리고, 용감하고 생산적인 방향으로 나아가는 법을 배우게 될 것이다.

어느 성취욕 높은 사람이 내 연설을 듣고 나서 했던 말을 인용하려 한다. 내가 이 책을 통해 바라는 것이기도 하다. 고등학교 교장들 모임에서 연설을 할 기회가 있었다. 연설을 마치고 나니 그중 한 사람이 내게 다가와 감사 인사를 전하고는 이렇게 말했다.

"들롱 교수님, 저는 마흔세 살입니다만 제 일이 전혀 즐겁지 않습니다. 아침에 일어나면 출근하고 싶다는 마음이 거의 들지 않아요. 그나마 좋은 소식은 은퇴까지 12년밖에 남지 않았다는 겁니다."

그때 나는 뭐라고 대답해야 좋을지 몰랐다. 그러나 이제는 안다. 그 대답이 바로 이 책이다. 그가 인생의 중요한 시기 동안 학생들에게 영감을 주고 그들을 이끄는 효율적인 리더가 되고 싶다면 자신의 두려움과 좌절감을 이기고 판에 박힌 일상에서 벗어나야 한다는 사실을 알았으면 좋겠다. 그는 교육위원회와 언론의 비난 때문에 걱정에 사로잡혀서는 안 된다. 보수적인 태도를 취할 것이 아니라 더욱 용감해져야 하고, 현상을 유지하려 할 것이 아니라 기꺼이 시도해야 하고, 두려움과 실패에 집착할 것이 아니라 새로운 교육 기술과 신선한 아이디어를 흔쾌히 받아들여야 한다.

이러한 일을 실천할 수 있다면, 그는 학생들에게 더 좋은 교장 선생님이 될 수 있을 뿐 아니라 아침에 일어났을 때 학교에 가기 싫어 우울해하지 않을 수 있다. 오히려 도전과 도전에 필요한 용기를 즐기게 될 것이다.

이 책을 쓰려고 마음먹었을 때 이 교장 선생님 말고도 생각나는 사람이 많았다. 어떤 이들이 생각났는지 일부 적어볼 테니, 당신이 혹시 이런 부류에 속하는지 잘 살펴보기 바란다.

- 새로운 것을 배우거나 시도하기를 두려워할 만큼 두려움에 마비된 사람
- 겉보기에는 성공한 사람처럼 보이지만, 동기부여를 느끼지 못하고 따분해하며 그저 하루하루를 버티고 있다는 느낌이 드는 사람
- 자신의 꿈에 가까이 갈 수 있을 만한 행동을 하지 않고 포기한 채 그저 어떤 일이 생기기만을 기다리고 있는 사람
- 변화를 시도했다가 다른 사람에게 언어폭력을 당하고 있는 사람
- 변화해야 할 때 자신을 둘러싼 환경이 아니라 오로지 마음속에만 존재하는 장애물을 만들어내는 사람
- 내가 정말 바라지 않을 때에도 불안이 나를 덮칠 수 있다고 굳게 생각했던 나 자신

과거의 모델에서는 성취욕이 높은 사람을 '난공불락'이란 단어처럼 까다롭고, 감정적으로 고립되고, 위험을 기피하고, 냉정하게 분석하는 사람으로 묘사했다. 그러나 이 책에서는 새롭고 취약한 모델을 만들어

어디로 가야 할지 몰라 하는 직장인들에게 방향을 제시한다.

이 책은 또한 옴짝달싹 못 하는 사람들을 위한 책이기도 하다. 당신이 남들에 비해 뒤처지고 있다고 느끼거나 도움이 필요하다는 생각이 든다면, 이 책이 도움을 줄 것이다. 당신이 자신의 재능을 의미 있게 사용하지 못하고 있다는 생각이 든다면, 이 책이 당신에게 의미 있는 일을 할 수 있도록 선택지를 제공할 것이다. 당신이 자신의 분야에서, 조직에서, 팀에서, 연인에게서, 또는 당신 자신에게서 멀어져 있다면, 이 책이 당신에게 그들과 다시 가까워질 길을 알려줄 것이다.

만약 당신이 내가 아는 대부분의 성취욕 높은 사람들과 유사하다면, 당신은 일하면서 자유를 만끽한 지 너무 오래됐다고 느끼고 있을 것이다. 과연 스스로 업무 및 성과 중독을 관리할 수 있을지를 미심쩍게 여길 것이다. 나는 이런 당신에게 그런 것들을 관리할 수 있으며 그러기 위해서 필요한 정보, 격려, 과정을 이 책이 제공한다고 말하기 위해 지금 이 글을 쓰고 있다. 그러려면 나는 우선 당신이 내 말을 의심하지 않고 받아들여야 한다고 생각한다. 이 책을 쓰기 위해 면담을 나눈 사람 중 한 명이 내게 이렇게 말했다.

"자기 자신과 다른 사람들을 믿어야 할 때가 있는 법입니다."

성취해야 한다는 당신의 욕구뿐 아니라 변화할 수 있는 당신의 능력에도 믿음을 가져보라고 당부하고 싶다.

이러한 점을 염두에 두고 다음 장을…… 그리고 성취욕 높은 직장인인 바로 당신을 당신에게 소개하고자 한다.

CONTENTS

더 나은 변화를 가로막는 4가지 덫

 두 번째 성장을 위해 잠시 멈추는 힘

Flying
Without A Net

우리는 왜
변화를 두려워하는가?

1장

성취욕이
높은 사람들에 대해서

돈 톰슨은 어리석은 짓을 할 사람이 아니다. 명문 MBA 과정을 이수하자마자 영향력 있는 컨설팅 회사에 취직했고, 전례 없이 빠르게 능력을 증명해 보이며 간부 사원으로 승진했다. 유쾌하고 영리한 데다가 비즈니스 감각까지 갖춘 그는 고객과의 관계도 좋았고, 업무 능력도 탁월했다. 특히 고객사의 전략을 수정하는 업무에서는 그를 능가할 직원이 없을 정도였다. 입사 7년 만에 그는 조직 내에서 전문성을 인정받았다. 그렇게 12년 동안 승승장구하던 그는 벽에 부딪혔다.

매력이나 업무 능력이 하루아침에 사라진 건 아니었다. 여전히 맡은 업무를 훌륭히 소화해내고 있었다. 그러나 언젠가부터 더는 떠오르는 신예라고 말할 수 없는 미묘한 징후가 하나둘 드러나기 시작했다. 돈은 회사의 미래를 설계하는 위원회에 함께할 자격을 얻지 못했다. 회사에서 중요한 유망 고객을 유치하려 할 때도 업무에서 제외됐다. 임원들은 점심 식사 모임에 그를 전처럼 자주 부르지 않았다.

중요한 부서의 책임자 자리가 났을 때에야 상황을 납득할 수 있었다. 전통적으로 그 자리는 임원진으로 가는 징검다리와 같은 직책이었다. 그 자리에 들어가려고 그가 물밑 작업까지 해놓았는데도 결국 그 자리는 사미르에게 돌아갔다. 사미르는 돈의 2년 후배로 회사에서 일한 지 겨우 8년밖에 되지 않은 직원이었다. 돈이 호시탐탐 그 자리를 노리고 있었는데 눈앞에서 순식간에 다른 사람에게 날아가 버린 것이다. 생각하면 할수록 사미르뿐 아니라 불과 몇 년 전까지만 해도 자신을 승진시켜줄 것처럼 얘기했던 상사들에게까지 화가 치밀었다. 돈은 입사 초기부터 그 자리에 적임자라는 소리를 수도 없이 들었다. 어쩌면 상사들이 그에게 입에 발린 소리를 해준 것인지도 모른다.

사무실 책상에 앉아 있던 돈은 이력서를 보관해둔 아래 칸 서랍으로 손을 뻗었다. 본인의 이력서를 찾으려는 것이 아니었다. 돈이 찾고 있던 건, 책임자 자리의 후보로 자신과 사미르가 선정되었다는 사실을 알고 나서 어렵사리 손에 넣은 사미르의 이력서였다. 돈은 사미르의 경력과 자신의 경력을 비교해가면서 어째서 상사들이 자기보다 사미르가 그 자리에 더 적합하다고 판단했는지 이해하려 애썼다. 그러고 있노라니 제삼자의 눈에 자신이 어떻게 비칠지 보였다. 남들 눈에 자신은 경쟁에 눈이 멀어 동료의 이력서를 슬쩍한 사람, 자신의 출셋길이 막힌 원인이 이력에 씌어 있기라도 한 것처럼 이글거리는 눈으로 사미르의 이력서를 뚫어져라 노려보고 있는 사람일 것이다.

그날 밤 퇴근하고 집에 돌아온 돈은 몹시 화가 나 있었다. 더한 모욕을 감당하느니 회사를 그만두겠노라고 아내에게 선전포고하듯 말했다.

"회사에서 내가 얼마나 중요한 일을 하는지 모르는 거야. 누가 봐도 내가 승진하는 게 당연한 자리였다고."

다음 날 돈은 상사를 찾아가 이 상황을 따져 물었다. 돈의 분노를 감당하기도, 돈을 떠나보내기도 원치 않았던 상사는 외부의 코치를 불러 돈을 상대하게 했다. 코치와 이야기하라는 제안을 마지못해 받아들이긴 했으나, 여전히 마음의 상처를 지우지 못하고 분노에 가득 차 있었던 돈은 급기야 다른 직장을 알아보기 시작했다.

그러나 보통 실력이 아니었던 코치는 돈과 만나기 이전에 그의 동료를 여럿 만나 이야기를 나누며 돈이 회사에서 제안했던 수많은 기회를 모조리 거절했다는 정보를 알아냈다. 돈은 글로벌 리더십 개발 프로그램에 참석하라는 회사의 제안을 두 차례에 걸쳐 거절했다. 회사는 해외 사업을 공격적으로 확장하면서 글로벌 전문가를 육성하고 싶어했다. 돈은 회사에 첨단 기술 분야의 고객사가 늘어나면서 어쩔 수 없이 관련 업무를 맡으면서도, 자신은 그런 '실리콘밸리 사람들'과 잘 통하지 않는다며 자기보다 더 어리고 첨단 기술에 능한 직원들이 해당 업무를 맡아야 한다고 불평하기도 했다.

게다가 돈은 부하 직원의 성장에도 전혀 관심을 보이지 않았다. 회사에서 사원들의 내재된 재능을 발굴해 키우라고 강조했지만, 그는 부하 직원들이 각자의 장단점을 알아낼 수 있게 교육하거나 도와주는 데 시간을 거의 할애하지 않았다. 그저 직원들이 자신의 도움 없이 스스로 찾아 나가기만을 기대했다.

코치가 돈에게 이런 문제를 지적하자 처음에 돈은 방어적 태도를 취했다. 돈은 비전문 분야의 일을 맡아서 회삿돈을 낭비하는 일이 없도록 본인이 가장 잘하는 분야의 일을 맡아야 한다고 주장하며 그동안 책임을 회피하려 했던 행동을 합리화했다.

코치는 오랜 시간 많은 노력을 기울인 끝에 돈의 진짜 문제는 자신이 밉보일 가능성이 있는 일이라면 어떤 일도 하고 싶어하지 않는 것이라는 사실을 알아냈다. 돈의 말을 들어보면 이랬다.

"저는 평생 100점만 받으면서 살았습니다. 이 회사에 와서도 고속 승진을 거듭했고요. 제 업무는 언제나 우수하다고 평가받았죠. 그런데 새로운 일을 시도했다가 실리콘밸리 고객사 직원들 앞에서 멍청해 보이기라도 할까봐 불안했어요. 부하 직원들과 툭 터놓고 솔직하게 대화를 해야 한다는 것도 무서웠죠. 저는 감정을 드러내고 교감하는 데 익숙한 사람이 아니거든요."

한마디로 돈은 자기 보호 욕구가 강한 동시에 성취 욕구도 높은 직장인이었던 것이다. 그는 자신의 강점에만 집중하며 결코 약점을 드러내려 하지 않았다. 결과적으로 그는 출세 가도를 달리는 다른 사람들처럼 스스로 출세를 방해하는 벽을 만들어놓고서 그 벽을 거세게 들이받은 것이다.

당신도 돈과 같은 상황에 처한 성취욕 높은 사람인가? 아니면 아직 돈과 같은 운명에 처하지는 않았지만 곧 그렇게 될 가능성이 있다고 생각하는가?

당신의 성격이 돈과 비슷하다고 해서 그처럼 경력에 문제가 생길 거라는 의미는 아니다. 오히려 당신이 얼마나 의욕이 넘치든 간에 그런 의욕이 만드는 덫을 피해 만족스러운 직장 생활의 길로 나아갈 수 있다는 말을 하려는 것이다. 그러나 이러한 덫을 피해 성공하려면 우선 다음의 두 가지 문제를 인식해야 한다.

- 첫째, 성취 욕구가 높은 성격이 어떻게 당신도 모르는 사이에 출세를 방해할 수 있는지 알아야 한다.
- 둘째, 어떻게 자신의 출세를 스스로 방해하는지, 그리고 방해물을 딛고 일어나 보람을 찾으려면 어떤 과정을 거쳐야 하는지를 알아야 한다.

1장에서는 두 부분으로 나눠 각각의 문제를 다룰 것이다. 여기서 소개하는 성취욕 높은 성격의 11가지 특성 가운데 당신에게 해당되는 사항이 얼마나 있는지 살펴보라.

어째서 당신의 욕구가 출셋길을 방해하는가?

유명 CEO 마크가 약물치료센터에 입원해 있는 동생을 방문했던 일을 내게 들려주었다. 마크의 동생은 명망 있는 내과 의사인데, 약물 중독에서 벗어나려고 시도한 게 벌써 세 번째였다. 마크는 가족 동반 치료 시간에 동생과 맞닥뜨렸던 일을 평생 잊을 수 없을 거라고 말했다. 둥그렇게 원을 그리고 앉아 있는데 동생이 마크에게 말을 건넸다.

"형, 형이나 나나 별반 다를 바 없어. 종류가 다를 뿐이지, 둘 다 중독자인 건 마찬가지라고. 나는 약물 중독에 빠져서 첫 번째 결혼에 실패하고 직장도 잃었지. 30년 동안 실패하고도 여전히 중독에서 벗어나려고 노력하고 있고. 형은 성취욕과 성공에 중독돼서 유명해진 거야. 그렇지만 우리 둘 사이의 차이는 아주 근소하다는 걸 알아두라고."

나는 다양한 회사의 경영진에게 강의를 할 때마다 마크와 동생의 이야기를 들려준다. 그러면 내 이야기를 들은 이들은 하나같이 비슷한 반응을 보인다. 이들은 성공한 두 전문직 남성인 마크와 마크의 동생을 언급하며, 이들이 채울 수 없는 욕구를 실현하려고 갖은 수를 쓰며 위태위태한 삶을 살고 있다고 판단한다. 그러고는 본인들 또한 해야 할 일 목록에 적어 놓은 활동, 업무, 프로젝트 등에 완료 표시를 하고 싶은 욕구 때문에 제 발등을 찍을 때가 잦다는 사실과 목록을 완수하면 할수록 해야 할 일을 적은 목록이 계속해서 길어진다는 사실을 깨닫는다. 이제 막 개업을 준비하고 있는 사라라는 이름의 새내기 의사는 이렇게 말했다.

"제가 맨 윗줄에 써 놓은 목표를 하나씩 지워나갈수록 아랫줄에 목록을 늘려가고 있었다는 사실을 더 일찍 알았어야 했어요. 제 생활 방식이 이렇게 굳어버리지 않을까 걱정이에요. 계속 이렇게 살다가는 인생의 끝자락에 피곤하다는 감정밖에 남아 있지 않을 테니까요."

교수 친구인 폴은 어느 날 나를 자신의 연구실로 데려가더니 30년 넘도록 직장 생활을 하며 쌓아온 연습장 한 무더기를 손끝으로 가리켰다. 그건 '해야 할 일' 목록이 적힌 연습장이었고, 목록에는 모든 항목이 완수되었다는 의미의 가로줄이 빼곡히 그어져 있었다. 폴이 말했다.

"내 장례식 때 관 옆에 이 연습장 더미를 쌓아놓아야 할지도 모르겠네. 이걸 보면 내 인생이 어땠는지 알 수 있지 않겠는가."

성취욕은 심리학자들이 수년간 연구하고 있는 심리사회적 욕구 중 하나다. 이러한 욕구나 사회적 동기는 에이브러햄 매슬로Abraham Maslow가 정의한 생리적 욕구와는 성격이 매우 다르다. 매슬로는 인간의 생리적 욕구를 단순한 개입을 통해 일시적으로 소멸시킬 수 있다고 주장한다. 갈증을 느낄 때 물을 마시면 해갈하려는 욕구는 얼마간 사그라든다. 수면욕, 식욕, 성욕 따위도 마찬가지다.

그러나 심리학자 데이비드 매클리랜드David McClelland는 인간의 심리사회적 욕구가 정반대의 역효과를 불러일으킨다고 설명한다. 성취욕을 채우려고 노력할수록 욕구는 더욱 커진다는 말이다.1 사실상 성취욕은 충족시키기 불가능해서 목표를 이루면 이룰수록 더 큰 목표를 이루고 싶어질 뿐이다. 게다가 일을 하거나 일에 관련된 생각을 하는 것 외에 다른 일을 하기가 더 어려워지기도 한다. 전문직 종사자 중 일부는 특정 지위, 어느 정도의 경제력, 신분, 부동산 등을 소유하게 되면 성취욕이 잦아들거라는 잘못된 가정을 갖고 살지만, 연구 결과는 정반대 방향을 가리킨다. 성취를 향한 욕구는 영원히 지속된다는 것이다.

샘이라는 내 고객은 예순 살이 되기 전에 일정 정도의 자산(꽤 거액이었다)을 축적하는 것이 목표라고 말했다. 그러나 쉰일곱 살의 나이로 처음에 세웠던 목표를 이루자 그는 목표치를 더 높게 수정하여 다시 책정한 금액을 저축하기 위해 계속해서 노력했다.

일류 월스트리트 분석가 캐비타 웬트워스Kavita Wentworth 역시 휴양도시에 두 번째 집을 지으면서 비슷한 경험을 했다고 털어놓았다. 웬트워스는 새 집이 완공되자 이전의 '본가'가 마음에 차지 않아서 집 내부를 몽땅 새로 단장하기 시작했다. 나와 마지막으로 만났을 때 웬트워스는 따뜻한 날씨의 항구도시와 추운 날씨의 항구도시 두 군데에 집을 가지고 싶다며, 집 한 채를 더 구입할까 고려 중이라고 말했다.

이미 알아차렸겠지만, 나부터가 의욕이 넘치는 사람이다. 그러므로 내가 여러분을 모욕하겠다고 이 책을 쓴 건 결코 아니다. 그보다는 내 주변의 성취욕 높은 사람들이 깨닫지 못한 진실을 알려주고 싶어서 이 책을 썼다.

성취욕 높은 성격의 긍정적인 면 덕분에 당신이 지금처럼 성공할 수 있었던 것은 사실이다. 성공을 향한 채워지지 않는 열망이 없어서 그만큼 업무에 집중하지 않았더라면 지금처럼 잘해내지 못했을 것이다. 그러나 그와 동시에 야심은 사람의 눈을 멀게 할 수도 있으므로, 업무를 효과적으로 완수하고 조직 내에서 자신의 위상을 지키는 데만 집착하다 보면 당신을 규정하는 중요한 부분을 놓치게 되고 결국 그토록 바라던 성공을 이루지 못하게 될지도 모른다.

의욕이 넘치는 직장인 사이에서 흔히 찾아볼 수 있는 11가지의 어떤 특성이 이들의 출세와 만족을 가로막는지 살펴보자.

• 업무를 완수하는 데 혈안이 된다.

- '급한' 일과 '중요한' 일을 구분하지 못한다.
- 업무를 다른 사람에게 맡기지 못한다.
- 생산자에서 관리자로 올라가기가 힘들다.
- 어떻게든 일을 끝마쳐야 한다는 강박이 있다.
- 불편한 대화를 피한다.
- 피드백을 갈구한다.
- 감정 기복이 심하다.
- 비교한다.
- 위험을 감수해야 하는 일을 피한다.
- 죄책감을 느낀다.

업무를 완수하는 데 혈안이 된다

성취욕이 높은 사람은 우수한 성과에 동기부여를 받는다. 두드러지게 뛰어나지는 않더라도 누구와 비교할 수 없을 정도로 새로운 방식으로 일을 해내고 싶어한다. 가장 근본적인 동기 요인은 업무 난이도를 향한 욕구다. 이들은 꼭 풀어내야 하는 까다로운 문제를 포함하여 자신을 극한으로 밀어붙이는 업무를 갈구하며, 이런 업무를 해결해냄으로써 상사나 고객을 돕는 일을 큰 기쁨으로 삼는다.

이들은 대체로 업무가 지루하거나 반복적이면 동기부여를 받지 못하고 자신이 처한 상황을 남 탓으로 돌리거나 다른 사람들에 비해 뒤처졌다고 느끼며 우울해한다. 더 심한 경우에는 자신은 부진을 면치 못하는데 친구나 동료들은 능력을 발휘하며 척척 순조롭게 출세하고 있다고 확신하게 된다. 한마디로 업무 능력에만 집착하는 바람에 투명성이나 공감 능력처럼 우수한 성과에 직접적으로 도움이 되지 않는 모든 자질에 등을 돌리게 된다는 것이다.

'급한' 일과 '중요한' 일을 구분하지 못한다

중요한 일과 급한 일을 구분하지 못하는 문제도 의욕이 넘치는 사람들에게서 흔히 찾아볼 수 있는 특징이다. 회계사인 낸시는 해야 할 일 목록을 훑어볼 때마다 불안해진다고 말했다. 모든 일이 똑같이 긴급하고 중요해 보이기 때문이다. 목록에 있는 어느 항목이라도 '덜 급한 일' 쪽으로 옮긴다는 생각을 낸시는 견딜 수가 없었다. 아침에 출근해서 해야 할 일 목록을 보면 화분에 물 주기, 부서원의 인사고과 평가하기, 오후에 있을 중요한 회의에서 사용할 프레젠테이션 최종본 만들기와 같은 모든 항목이 낸시에게는 똑같이 중요해 보였다.

게다가 완수한 항목을 하나씩 지워나갈 때마다 새로운 항목을 추가해야 한다는 강박에 사로잡혔다. 비교적 덜 중요한 일마저도 너무 중요해 보이는 광란의 상태에 빠진 낸시는 한 발 물러나 다시 생각해볼 여유조차 없었다. 더 큰 문제는 동료들과 마음을 터놓고 솔직하게 대화를 하지 못했다는 사실이다. 낸시에게는 집중해서 생각할 시간이나 다른 사람들의 중요한 문제에 신경 쓸 마음의 여유가 부족했기 때문이다.

업무를 다른 사람에게 맡기지 못한다

성취욕이 높은 사람들은 다른 사람에게 맡기기 어려운 다급한 일을 스스로 해낼 때 전율을 느낀다. 다른 사람을 가르치는 데 드는 시간은 일의 속도를 늦출 뿐이다. 게다가 누군가 그 일을 대신 성취한다면 자신은 그 업무에서 한 발 멀어지게 된다. 심리적으로 접근해 보면, 해야 할 일 목록을 하나씩 지워가며 기쁨을 얻는 부류는 타인에게 자신의 일을 맡길 때, 자기만큼 그 일을 해내지 못할 거라고 걱정한다. 한 전문직 종사자도 이를 인정하며 말했다.

"내가 다른 사람들보다 일을 더 잘한다고 말하고 싶진 않지만, 솔직히 그렇다고 생각하긴 합니다. 물론 그럴 리 없다는 걸 잘 알지만, 일을 하다 보면 나보다 더 잘 해낼 수 있는 사람이 있을지 의문이 들어요."

물론 누군가에게 일을 맡기려면 그에 앞서 타인이 자신의 높은 기대치를 충족할 수 있을 거라는 믿음을 가져야 하므로 어느 정도는 어쩔 수 없다는 마음을 먹어야 한다. 게다가 일을 맡기려면 시간을 내어 누군가에게 그 일을 어떻게 진행해야 하는지 가르쳐야 한다. 그러한 교육에 업무 시간을 할애해야 하는 일이 생긴다면, 단기적으로는 정해진 시간 내에 할 수 있는 일이 줄어들기 때문에 불만을 갖게 될 것이다.

생산자에서 관리자로 올라가기가 힘들다

성취욕이 높은 사람들은 기능직 업무를 포기하고 전문 지식을 활용하는 감독직으로 가게 되면 업무 능력을 잃지 않을까 걱정하기도 한다. 진 돌턴Gene Dalton과 폴 톰프슨Paul Thompson의 연구 결과에서도 사람들이 직장 내에서 다음 단계로 진출하는 데 어려움을 겪는다는 사실이 드러났다. (기술적으로 숙련된 능력이 필요한) 2단계에서 다음 단계인 멘토로 진출하는 데는 굉장한 심리적 부담이 따른다. 우리의 자아상이 어떤 일이든 완벽하게 잘 해내는 모습에 사로잡혀 있기 때문이다.[2] 다른 사람들을 관리하기 위해 본인의 기술적 우위를 포기한다고 생각하면 두려움이 밀려든다.

기술적 역량을 지닌 직원은 생산 업무에 익숙하므로 관리직에도 능할 거라고 생각하기 마련이다. 그러나 이는 대부분의 신임 관리자들의 현실을 반영하지 못한 가정이다. 신임 관리자들은 관리·감독 업무를 배우는 것을 외국어를 배우는 것처럼 어려워한다. 결과적으로 대부분은 관리직이라는 직함을 달고도 꾸준히 개인적으로 생산 업무를 보려고 하고, 일부는 부하 직원의 업무를 아주 세세한 사항까지 관리하려 든다. 부하 직원들에게 두 부류 모두 괴롭기는 매한가지이며, 이러한 행동 때문에 신임 관리자들은 새로운 지위에서 배우고 성장할 기회를 얻지 못한다.

또 다른 문제는 다른 사람들의 관리자가 되어 멘토 역할을 한다는 것은 특정 업무를 맡는 것에 비해 성과를 측정하기 어렵다는 사실이다. 부하 직원에게 건넨 피드백이 도움이 되었다는 걸 어떻게 알 수 있는가? 단기적으로 눈에 띄는 결실을 내지 못하더라도 장기적으로는 업무에 영향을 미치는 관리자의 '경영' 기술을 어떻게 측정할 수 있는가? 성취욕이 높은 사람들은 관리직을 둘러싼 이러한 사실 때문에 스트레스를 받고, 그런 스트레스 때문에 장기적 목표에 집중하지 못해 결국은 혼란에 빠지게 된다.

어떻게든 일을 끝마쳐야 한다는 강박이 있다

의욕이 넘치는 직장인들은 업무를 빠르고 효율적으로 끝내는 데 혈안이 되어 시야가 좁아지는 경향이 있다. 이런 사람들은 얻고자 하는 결과로 돌진하는 중간에 어떤 장애물이 생기거나 누군가 끼어드는 상황을 참지 못한다. 한 의사는 끝내고 싶은 업무가 있을 때, 또는 최신 의료 기기를 구매하는 데 필요한 재원을 마련하고 있는 중간에 누가 끼어들기라도 하면 어쩔 줄을 모르겠다고 인정했다.

이런 성향은 가정에서도 그대로 드러났다. 시험 성적 따위에서 자녀들이 그가 생각하기에 마땅한 성과를 내지 못하면, 부모로서 작성한 해야 할 일 목록을 하나씩 지워나가는 데 방해가 된다고 여겼던 것이다. 해야 할 일이 있는데 방해물이 생기면, 이를테면 누군가를 가르쳐야 한다거나 경험이 부족한 의사에게 조언을 하거나 시간을 내어 피드백을 해줘야 하면 일을 끝마치기 어려워진다. 당신도 이 의사처럼 업무 의욕이 과한 사람이라면, 서둘러서 완벽하게 이러한 과정을 마치고 싶을 것이다. 이런 업무를 효율적으로 빠르게 해치우는 것이 단기적으로는 동기부여가 되고 활력이 되기 때문이다.

불편한 대화를 피한다

나는 불편한 대화를 피하는 상황이 어떤 것인지 쓰라린 경험을 통해서 배웠다. 몇 년 전에 후배 동료인 스티브와 함께 고객에게 프레젠테이션을 진행했는데, 일을 끝내 성사시키지 못했다. 실망스러운 경험이긴 했지만, 일을 따내지 못했다는 데서 오는 실망보다 스티브에게 즉시 피드백을 줘야 할 만큼 긴급한 상황에서 용기가 부족해 그러지 못했다는 데서 오는 실망이 더욱 컸다. 당시 우리 둘은 프레젠테이션을 하러 비행기를 타고 시카고로 출장을 갔다.

그때 나는 스티브가 본인이 해야 할 일을 완벽하게 숙지하고 있다고 생각했다. 그러나 회의 중에 스티브는 사전에 우리가 준비했던 안건에서 벗어나 프레젠테이션에 포함할 계획에 없었던 주제를 거론했다. 역효과를 낳을 법한 행동이었으므로 그때 스티브의 프레젠테이션을 중단시켰어야 했다. 그러나 나는 그를 내버려두었다.

더 큰 문제는 시카고에서 집으로 돌아올 때까지도 스티브가 어떤 실수를 범했는지 그에게 설명하지 않았다는 것이다. 돌이켜 보면 내가 왜 그 말을 꺼내지 못했는지 합리화만 하게 된다. 나는 업무상 필요한 전화를 여러 통 걸어야 했다. 비행기에 오르기 전에 문자를 보내야 할 사람이 여럿 있었다. 가족 행사가 있어서 보스턴으로 꼭 돌아가야 했기에 비행기가 뜰 수 있을지 날씨가 걱정되기도 했다.

이런 핑계는 끝이 없다. 그러나 간단하게 할 수 있는 솔직한 대화를 나중으로 미룸으로써 훗날 나는 그날 망쳐버린 회의보다 더 큰 화를 자초했으며, 스티브에게 솔직하지 못함으로써 그를 제대로 관리하는 데에서도 실패하고 말았다.

그로부터 거의 8개월이 지나 12월이 되자 인사고과 평가가 시작되었다. 스티브가 내 사무실에 찾아왔을 때 그에게 시카고로 출장 갔던 일을 기억하느냐고 묻자 그는 "물론이죠"라고 대답했다. 그제야 나는 스티브에게 그날의 프레젠테이션에서 그가 어떤 실수를 했는지 설명하기 시작

1부 · 우리는 왜 변화를 두려워하는가?

했다.

"스티브, 지난 4월에 우리가 시카고에서 사모펀드 회사와 회의할 때 자네가 가장 중요한 부분은 빼먹고 별 도움이 안 되는 내용으로만 프레젠테이션을 진행했다네."

스티브는 그저 빤히 나를 쳐다보고 있었다. 스티브가 뭐라 대답하기도 전에 그의 얼굴이 새빨개지는 것이 보였다. 곧 스티브는 상처받은 목소리로 그때 자신이 왜 그런 식으로 프레젠테이션을 진행했는지를 설명했다. 한 시간쯤 정적이 흐른 것 같았고(그러나 사실 정적이 흐른 건 10초도 되지 않았다), 스티브의 대답에 내가 다시 방어적인 반응을 내놓았다. 나는 그날 할 일이 얼마나 많은지를 둘러대며 그 대화를 그렇게 한쪽으로 미뤄두었다.

사실관계에 입각해 전한 말이었지만 너무 부끄럽고 창피했다. 마치 거짓말을 하다가 들통난 듯한 기분이었다. 내 목소리는 떨리지 않았을지 몰라도 온몸 구석구석이 떨렸다. 얼굴이 화끈거렸고, 손은 땀으로 흥건했다. 늘 나를 신뢰했던 스티브는 앉아 있던 의자를 뒤쪽으로 밀어가며 문자 그대로 내게서 멀어지고 있었다. 그가 무슨 생각을 하는지 정확히 알 것 같았다. 분명 이런 말을 내뱉으려 했으리라.

"왜 그때 말해 주지 않으셨습니까? 우리가 꽤 가까운 사이라고 생각했습니다. 전적으로 믿고 의지한 대가가 고작 이것이군요."

끈끈한 유대와 신뢰를 바탕으로 했던 관계가 내 잘못된 처신 때문에 형식적이고 의무적인 관계로 바뀌어버렸다.

나는 아니더라도 최소한 스티브는 그렇게 생각하고 행동할 것이 분명하다. 더 안 좋았던 것은 내가 나를 향한 비난을 피하기에만 급급했다는 점이다. 그때도 나는 스티브에게 모든 것을 터놓고 솔직하게 대화를 하기보다는 방어적인 태도를 취했다. 비난받기가 두려웠던 것이다.

피드백을 갈구한다

성취욕이 높은 사람들은 보통 사람들을 모두 합한 것보다 더 심하게 피드백을 갈구한다. 이들은 맡은 업무를 가능한 한 잘 해내고 싶어하며, 그런 성격 때문에 제대로 못하는 것이 무엇인지, 개선할 점은 무엇인지에 관한 피드백을 원한다. 그러나 이들이 피드백을 원한다고 해서 본인이 받는 피드백에 늘 호응하는 것은 아니다.

특히 피드백이 부정적인 내용일 때는 더욱 그렇다. 자신의 성과를 부정적으로 평가하는 의견을 들어본 적이 거의 없기 때문이기도 하다. 이들은 부정적인 피드백을 받으면 기대치나 자성적 예언을 충족하지 못했다고 생각하기 때문에 마음속 깊이 상처받는다.

이들은 늘 어떤 수를 써서라도 기대치를 초과해왔기에 그것을 당연하게 여긴다. 언제나 주변의 모든 사람을 만족시키고 싶어하는데, 여기서 실패하면 환경을 조작해서라도 듣고 싶을 때 듣고 싶은 사람에게서 듣고 싶은 말만 듣는다. 한마디로 피드백을 원하긴 하지만, 피드백을 객관적이고 진지하게 받아들일 만큼 비난을 감당할 준비가 되어 있지 않다. 피드백으로부터 교훈을 얻고 회복력을 발휘하여 다음번에 비슷한 상황을 마주했을 때 자신의 대응 방법을 어떻게 개선해야 할지 고려하지 못한다는 의미다. 한번은 어느 내성적인 지도자가 내게 이렇게 말했다.

"나는 낙담할 때면 누구를 찾아가야 할지 정확하게 알고 있습니다. 내가 더는 자책하지 않을 수 있도록 내가 얼마나 잘난 사람인지 말해줄 사람을 말이죠. 한 번도 가만히 앉아서 생각해본 적은 없지만, 잠깐만 돌이켜 보면 이런 욕구를 충족하려고 그동안 내가 어떻게 주변 환경을 만들어왔는지 금세 알아차릴 수 있을 겁니다."

감정 기복이 심하다

성취욕이 높은 사람들은 왜 비판적인 피드백을 듣기 싫어할까? 그들이 현명하고 어느 정도 성공을 거두기까지 했다면, 도대체 왜 진실을 있는 그대로 마주하지 못할까? 그것은 자기혐오와 자기비판 때문이다. 이 둘은 이들의 감정 스펙트럼 양 끝에 존재하는 감정으로, 앞으로 보게 되겠지만 놀랍도록 빠른 속도로 요동칠 때가 많다.

[그림 1-1] 불안 곡선

성취욕 높은 사람들이 성공적으로 업무를 완수하지 못했다고 느끼면 책임감 있는 사람이라고 판단했던 자신을 금세 실패자로 인식한다. 본인이 8~10에 있다고 생각했던 수치가 1~2까지 떨어진다.

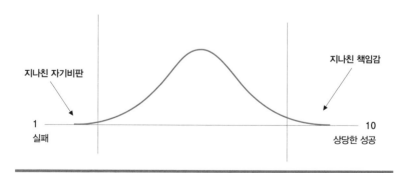

[그림 1-1]은 보통 사람들이 업무를 완수하고, 책임을 지고, 피드백을 받을 때 어떻게 대응하는지를 정규분포로 나타낸 것이다. 분포의 한쪽 꼬리는 업무를 이행하거나 완수했을 때 지나치게 자기비판적인 사람을 가리킨다. 반대쪽 꼬리는 지나치게 책임감을 느끼는 집단을 가리킨다.

내 직장 동료였던 존 J. 가바로John J. Gabarro는 지나치게 책임감을 느끼는 사람을 두고, 누구든지 가리지 않고 모든 사람을 기쁘게 해주고 싶은 욕구를 지닌 사람이라고 묘사했다. 이런 사람들은 자신에게 맡겨진 업무라면 무엇이든 해내고 싶어한다. 그리고 어떤 업무에서든지 자신을 향한 기대치를 능가하고 싶어한다. 이들이 기대치를 충족하거나 능가하면 할수록 훨씬 더 많은 요구를 받게 될 것이고, 그럴수록 이들은 더욱 승승장구한다.

그러나 이들이 조금 삐끗하기라도 하면, 실수를 대수롭지 않게 넘어가지 못하고 스스로를 패배자로 인식하기 시작한다. 스스로 굉장히 유능하고 자신감 있는 사람이라고 생각했다가도 누군가의 기대치에 미치지 못하거나 누군가를 실망시켰다는 생각이 드는 순간 그들은 스스로를 실패자라고 여긴다. 그러면서 자신의 성과나 직업 선택, 인맥, 지원 체계 등 전반적인 생활에 의문을 품기도 한다.[3] 한 친구가 말했다.

"자신감이 떨어지고 무능하다는 생각이 들면, 내가 어느덧 내 생활 전반을 비판하고 있더라고. 애들이 잘생겼으니 망정이지 이러다가는 내가 우리 애들까지 못생겼다고 할 수도 있겠더라니까. 자기비판이 지나치게 과해지면 사람이 이렇게까지 한심해진다네. 모든 게 절망적으로 보이는 거야."

그러므로 이토록 의욕이 넘치는 직장인들은 긍정적인 피드백을 받기 위해서라면, 또는 정말로 유능하다는 칭찬을 듣기 위해서라면 무슨 노력이라도 기울인다. 환경을 조작해서라도 긍정적 강화positive reinforcement 효과를 얻는 것이다. 꾸준히 업무를 성취할 수 있도록 스스로 긍정적 자존감을 심는 것이다. 재빨리 부정적인 피드백이나 좌절 속에서 튀어 올라, 보는 사람들로 하여금 자신을 눈에 띄게 회복력이 높고 자신감이 있는 사람으로 보이게 만든다.

이와 같은 특유의 감정 기복은 쉽게 눈에 띄는데, 특히 이렇게 야망이 큰 사람과 함께 사는 사람들의 눈에 잘 띈다. 의욕이 넘치는 직장인들은 같이 살기 굉장히 어려운 부류에 속한다. 그들의 삶에 중요한 존재인 사람들조차 한집에 살면서도 그들이 퇴근하고 집에 올 때 어떤 기분일지 짐작할 수 없기 때문이다. 물론 같이 사는 사람이 감정 기복이 심하다는 사실쯤은 알고 있다.

어느 날은 세상을 다 가진 듯 어떤 일이든 해낼 수 있는 사람이 되어 집으로 들어온다. 또 어느 날은 지나치게 자기비판적인 사람이 되어 경직되고 예민해지고 심하게 독선적이 되어 말끝마다 "조심해"라며 위압감을 주기도 한다. 내 친한 친구는 내면의 감정이 겉으로 다 드러나는 까닭에, 퇴근하고 집에 도착해 자동차 문을 닫을 때쯤이면 이미 자녀들이 아버지의 기분을 눈치 채고 말을 걸어도 될지 안 될지를 파악한다고 했다. 내가 그 친구의 자녀들을 만났을 때 아이들은 이렇게 말했다.

"자동차 문을 살살 닫는 날은 아빠가 트집거리를 잡는 날이라서 저희는 얼른 방으로 들어가 있어요. 차 문이 힘차게 닫히는 소리가 들리면 아빠에게 달려가 안기고, 아빠를 괴롭히기도 하고, 아빠에게 놀아달라고 해도 돼요."

비교한다

비교는 이 책의 중심 주제로, 나중에 '비교'와 '사회 상대성'을 다룰 때 구체적으로 이야기한다. 이 장에서 비교를 언급하는 목적은 남과 비교해서 자신의 성과를 가늠하는 것은 함정이라는 사실을 알려주는 것이다. 비교하기 시작하면 행동을 바꿀 수 없고, 자신의 취약함을 인정하며 비난을 감당할 수도 없다. 사람들은 경력이나 나이, 세대 따위를 꼽으며 자신의 성과를 타인의 성과와 비교한다. 자신의 성과를 정확히 파악하는 능력은 이들이 받는 피드백의 질, 그리고 듣고 싶은 말을 듣기 위해 얼마나 주변 환경을 조작하는지와 밀접하게 연관되어 있다.

성공한 사람들은 대부분 자신의 업적을 비교할 만한 요소를 쉽게 찾지 못하면 다른 기회를 찾아 나선다. 다른 사람에 비해 자신이 얼마나 잘하고 있는지 너무나도 알고 싶다며 다른 부서로 인사 이동을 요청하기도 하고, 조직을 떠나기도 하며, 심지어 다른 업계에서 일자리를 알아보기까지 한다. 비교를 향한 이들의 집착으로 그릇된 결말에 도달하기도 하는데, 이는 의식을 하든 못하든 간에 비교할 때 이들의 편견이나 맹점이 영향을 미치기 때문이다.

위험을 감수해야 하는 일을 피한다

성취욕이 높은 사람들은 좋은 기회를 노리다가 앞서 나갈 기회가 생기면 위험을 감수하고서라도 기꺼이 떠안기 때문에 위험을 감수하려 하지 않는다는 말이 모순처럼 들릴 수도 있다. 그러나 이들은 위험을 감수했다가 실패할까봐 두려워하기 때문에 대체적으로 위험을 꺼린다. 성취욕이 높은 사람들은 위험을 감지하고 선택적으로 위험 부담을 떠안음으로써 이러한 역설적 상황을 관리한다.

더 구체적으로 말하면, 이들은 계산된 모험가인 셈이다. 위험을 감당해낼 수 있는 가능성을 계산해보고, 해볼 만하다 싶을 때 돈을 건다(물론 가능성이 충분할 때만 모험을 하므로 도박과 그리 비슷하지는 않다). 일류 로펌의 아무 변호사나 붙잡고 변호사들이 모험가인지 아닌지 물어보라. 회계사도 마찬가지다. 금융계 종사자나 컨설턴트도 마찬가지다. 이들에게 동기를 부여하는 원천은 난이도 높은 업무를 해내고 싶은 욕구와 관련이 있으나, 이들은 오로지 현실적이고 달성 가능한 업무에만 동기부여를 받는다. 런던에 본부를 둔 일류 로펌에서 일하는 변호사가 이렇게 말했다.

"톰, 똑똑한 변호사라면 자신이 무능해 보이거나 멍청해 보이는 일을 죽기보다 더 싫어할 거란 사실을 알아야 하네. 곤란한 상황에 처한다는 건 재앙이야. 우리 같은 변호사들은 멍청해 보이지 않도록 주변 환경을 관리하는 사람들이기 때문에 체면을 지키는 일이라면 가리지 않고 무엇이든 할 걸세."

목전에 놓인 업무가 달성 가능해 보이지 않는다면, 의욕이 넘치는 사람들은 그 업무를 피해 간다. 이들이 일을 피한다는 것은 곧 그 업무를 해낼 수 있을지 확신하지 못한다는 의미이고, 어떤 결과물이 나올지 긴장하고 불안해한다는 의미이며, 업무를 맡더라도 충분한 자신감 없이 무리하게 업무를 처리해야 한다는 의미다.

성취욕이 높은 직장인은 중대하지만 위험 부담이 큰 프로젝트를 놓칠 때 느끼는 부정적인 감정을 끔찍하게 싫어한다. 그런 일이 일어날 때면 이들의 혼잣말은 거의 욕지거리에 가깝다. 인정사정없이 자책한다. 이런 사람들은 위험 부담이 큰 업무를 한다고 나선 부하 직원에게 부정적인 피드백을 주겠지만, 본인들에게는 훨씬 더 심한 피드백을 건넨다. 그러므로 성취욕이 높은 사람들은 먼저 목전에 놓인 일을 해낼 수 있을지를 확실하게 한다. 계산된 위험 부담만 떠안으면 자신이 취약한 입장에 서 있다는 감정을 느낄 일이 없기 때문이다.

죄책감을 느낀다

성취욕이 높은 사람들은 야망을 타고나서 결국 많은 업무를 맡게 된다. 따라서 목록에 해야 할 일이 늘어날수록 가바로가 묘사한 '역할 과중 role overload'과 '역할 간 갈등inter-role conflict'을 경험할 가능성이 높아진다.

역할 과중이란 달성할 수 있는 것보다 더 많은 역할과 책임감을 떠안고 있다는 현실을 인지하고, 많은 역할 가운데 더 중요한 역할을 골라야 하는 상황을 의미한다. 역할 간 갈등이란 어느 역할을 선택할 때 다른 책임을 무시해야 하는 상황을 뜻한다. 이런 일이 발생하면 의욕이 넘치는 직장인들은 그들이 모든 업무를 달성할 수 없다는 사실 때문에 죄책감에 시달리기 시작한다. 이들은 날마다 다른 일을 해야 한다는 생각에 사로잡힌 채 하루를 시작하게 되지만, 어떤 일을 하더라도 시간은 부족할

것이다.4

　이토록 하루 종일 죄책감에 시달린다면 업무나 직업을 즐기기 어렵다. 그렇다고 죄책감이 든다고 솔직하게 터놓을 수도 없다. 그랬다가 사람들이 자신을 게으르거나 무능한 사람으로 볼까봐 두렵기 때문이다. 이런 사람들은 내면에는 무능력하다는 느낌이 요동을 치더라도 겉으로는 용감한 척하며 세상을 향해 허세를 부린다.

11가지 특성으로 자기평가하기

　　　11가지 각각의 특성에 대한 다음의 설명을 읽어 내려가다 보면, '나도 이런데'라며 고개를 끄덕이게 될지 모른다. 그러나 이러한 특성이 당신에게 해당한다는 이유만으로 직장 생활을 망치게 될 거라는 이야기를 하려는 것이 아니다. 오히려 이런 특성을 지니고 있다는 사실을 인지하고 있으면 낭패를 겪는 상황을 애초에 피할 수 있다. 당신이 다음의 항목에 해당하는 성향을 지니고 있다는 사실을 잘 파악하고 나면, 더욱 생산적인 방향으로 행동을 고칠 수도 있다. 그 목적을 달성할 수 있도록 평가 문항을 엮어놓았다. 어떤 특성이 당신의 업무 능률을 방해하고 직업 만족도를 떨어뜨리는지 자문하며 스스로 평가해보라.

• 업무를 완수하는 데 혈안이 된다.
　- 만족스러운 직장에 다니고 있긴 하지만, 자신의 성과에는 만족하지

못하는가? 업무를 잘 마치고도 더 잘할 수 있었을 거라며 자책할 때가 많은가?

- 친구들이 어떻게 직장 생활을 하고 있는지 틈틈이 살펴보는가? 당신이 업무를 얼마나 잘하고 있든 간에 친구들이 자신보다 일을 더 잘하고 있다고 느끼는가?

- 해내기 어려운 역할이나 업무를 꾸준히 찾고 있는가? 까다로운 고난도 작업을 완수함으로써 자신의 역량을 증명해 보여야 한다고 느끼는가?

• '급한' 일과 '중요한' 일을 구분하지 못한다.

- 해야 할 일 목록에 적힌 항목의 우선순위를 매기기 힘든가? 한 항목이 다른 항목들보다 덜 중요하다고 정하는 일이 불가능해 보이는가?

- 한 번에 모든 일을 해결하려는 경향이 있는가? 어떤 일에 집중해야 할지 몰라서 한꺼번에 많은 일을 끝내려고 할 때가 있는가?

• 업무를 다른 사람에게 맡기지 못한다.

- 애초에 다른 사람에게 맡겼던 업무를 당신이 도로 가져오는 일이 얼마나 잦은가? 부하 직원이 업무를 감당하지 못할 거라는 생각 때문인가, 아니면 부하 직원이 당신만큼 업무를 잘하지 못할 것 같아 불안하기 때문인가?

- 다른 사람에게 업무를 위임하고 나면, 그 직원이 업무를 제대로 하고 있는지 끊임없이 확인하며 세세한 사항까지 관리하는가?

- 업무를 위임하기 주저하는 까닭이 다른 사람에게 일을 가르쳐주는 시간을 허비하고 싶지 않기 때문인가?

- 생산자에서 관리자로 올라가기가 힘들다.
  - 단순 사원의 업무와 비교할 때 관리자 역할을 한다는 것이 불편하고 혼란스러운가?
  - 부하 직원들을 관리하고 있을 때 지금 자신이 잘하고 있는지 알고 싶어서 초조한가? 정확하게 측정할 방법이 없다는 사실이 신경 쓰이는가?
  - 훌륭한 관리자가 될 수 있을 것이란 생각과 달리, 다른 사람을 관리하는 게 즐겁지 않다거나 생각했던 것만큼 관리직을 잘 해내지 못하는 것 같아 당황한 적이 있는가?
- 어떻게든 일을 끝마쳐야 한다는 강박이 있다.
  - 잠자리에 누워서 잠들지 못한 채 마감 시한에 어떻게 맞춰야 할지 걱정한 적이 있는가?
  - 현재의 업무 처리 속도가 괜찮은데도 어떻게 하면 더 빨리 업무를 끝낼 수 있을지 늘 고민하는가?
  - 업무를 제때 끝내기 위해서라면 자신과 다른 사람을 극단으로 밀어붙일 의향이 있는가?
- 불편한 대화를 피한다.
  - 둘 중 한 사람이라도 불편하게 만들 만한 이야기를 누군가에게 건네야 한다면 대화를 최대한 나중으로 미루는가? 또는 그런 대화 자체를 아예 하지 않으려고 할 때가 있는가?
  - 인사고과를 할 때 상대방의 방어적 반응이나 언쟁을 피하려고 사탕발림하는가?

- 대화를 통해 더 나은 결과를 내느니 차라리 덜 호의적인 업무 결과를 받아들이겠는가?

- **피드백을 갈구한다.**
  - 자신의 업무 능력을 다른 사람들이 어떻게 평가하는지 늘 피드백을 듣고 싶어하는가? 듣고 싶은 피드백만 들을 수 있도록 주변 환경을 조작하는가?
  - 부정적인 피드백을 받을까 봐 두려운가?
  - 업무 성과에 관해 자신의 기분을 상하게 할 만한 평가를 할 것 같은 사람과 대화를 회피하는가?
  - 긍정적인 피드백을 받고 싶을 때 찾는 개인이나 집단이 있는가?

- **감정 기복이 심하다.**
  - 기분이 극도로 좋다가도 금세 극도로 우울해지는 경향이 있는가?
  - 상사의 가벼운 비평에도 과민하게 반응하며 다음 날 해고될지도 모른다고 생각하는 경향이 있는가? 상사의 가벼운 칭찬을 과하게 받아들여 다음번에 파격적으로 승진할 거라고 믿는 경향이 있는가?

- **비교한다.**
  - 자신의 업적과 경력을 오로지 상대적으로만 평가하고 있는가? 업적과 경력이 의미하는 바가 자신과 같은 직위에 있는 다른 사람들이 어떻게 하는지에만 관련됐다고 생각하는가?
  - 자신의 업무 성과를 측정하기 어렵다고 판단하면 반사적으로 지금보다 더욱 명백하게 성과를 측정할 수 있는 다른 부서나 직장을 찾아보는가?

- 위험을 감수해야 하는 일을 피한다.
  - 다른 사람들이 까다롭다고 여기는 업무를 당신이 떠맡게 되면 자신에게 유리한 편으로 짜인 일이라는 생각이 드는가? 업무를 효율적으로 끝마칠 수 있다는 확신을 갖고서 일을 맡는가?
  - 체면을 구기게 될지도 모르는 위험 부담이 있는 일을 피하기 위해 수단과 방법을 가리지 않는가? 까다로운 일이라서 맡게 되면 이미지가 실추될 수도 있다는 사실 때문에 특정 업무를 피하는가?
- 죄책감을 느낀다.
  - 열심히 일해 많은 실적을 올려서 결과가 좋게 나오더라도 스스로 충분히 열심히 하지 않았으며 더 많은 책무를 맡았어야 했다는 생각이 드는가?
  - 업무 중에 어떤 식으로든 휴식을 취할 때면 늑장을 부리고 있다거나 뒤처지고 있다는 생각이 드는가? 뒤처질까봐 두려운 마음에 휴가를 가고 싶지 않다는 생각이 드는가? 평소보다 점심을 오랫동안 먹고 있으면 게으름을 피우고 있다는 느낌이 드는가?
  - 하루에 열두 시간이 아니라 여덟 시간만 일하고 나면 '일을 쉬엄쉬엄 했다'는 느낌 때문에 마음이 불편한가? 자신이 회사나 부서, 또는 자기 자신을 실망시키고 있다고 생각하는가?

2장

올바른 일을
서툴게 할 용기

1장을 마무리하며 던진 질문에 대답을 하면서도 도대체 그런 질문에 무슨 의미가 있는지 궁금했을지도 모르겠다. 달리 말해, 자신이 다른 사람에게 일을 맡기지 못하고 피드백을 갈구한다는 것을 알아서 뭘 어떻게 할 수 있겠는가? 높은 성취욕이라는 모터를 매일같이 가동하지 않기라도 할 것인가?

물론 높은 성취욕을 잠재울 수는 없겠지만, 그런 욕구 때문에 늘 궁지에 몰리거나 지칠 필요는 없다. 야망 넘치는 많은 직장인이 자신의 행동을 적절하게 관리함으로써 본인의 앞길에 놓인 방해물을 극복해냈다. 이들은 자신의 행동 양식을 직시하고 관리하는 방법을 익힘으로써 역효과를 내지 않고 오히려 생산적인 결과를 낳았다.

의욕 넘치는 직장인으로서 당신이 지닌 특성은 자신의 행동이 긍정적으로 흐를지 부정적으로 흐를지 그 패턴을 읽을 수 있는 동력을 만들어 낸다. 구체적으로 어떤 동력을 의미하는지는 이번 장에서 세 가지 도표를 통해 설명하겠지만, 도표를 보여주기에 앞서 글로 먼저 설명하려 한다.

불안이라는 수렁

앞선 질문에 어떤 대답을 내놓았는지 돌이켜보며 시작해 보자. 당신이 성취욕 높은 여느 직장인과 같다면 조금 전에 어떤 답변을 내놓았는지, 그 내용을 떠올리는 것만으로도 불안하고 초조해질 것이다. 아까 내린 답변은 당신에게 어떻게 다르게 행동할 수 있었을지 생각해 보라고 말했을 것이고, 지금보다 더 성공하려면, 그리고 직장에 더 만족하려면 앞으로 달라져야 한다고 문제를 제기했을 것이다.

그러나 변화란 우리가 마치 누군가에게 완벽하게 통제라도 당하고 있는 것처럼 눈으로 보거나 몸으로 느낄 수 없는 상황을 의미하므로 겁이 나는 일이기도 하다. 솔직한 자기반성의 과정을 거치느니 불안 속에서 뒹구는 것이 나을지도 모른다. 그러면 최소한 다른 사람의 통제를 받을 일은 없기 때문이다. 우리가 겉으로는 강한 이미지를 표출하고 있더라도 내면에서는 존재의 목적, 의미, 외롭다는 감정 따위에 관한 의문이 요동치고 있을지도 모른다.

성취욕 높은 직장인인 우리는 분명 근심과 걱정에 휘말리게 된다. 달리 말하면, 우리가 우리를 방해한다는 것이다. 변화는 이러한 진창에서 벗어날 통로를 마련해주는데, 심지어 권력과 영향력을 거머쥔 사람들에게조차 이런 통로가 필요하다.

안타깝게도 대기업 임원부터 대형 로펌의 파트너 변호사, 투자 전문가, 개인사업자, 보육교사에 이르기까지 모든 사람이 개인의 근심을 털어내지 못하고 전전긍긍하는 경향이 있다. 이러한 근심을 보살피는 일은 단기적으로는 위안이 되지만, 결국에는 우리의 발목을 붙잡는다. 지속적으로 깊은 절망에 빠져 있으면 우리는 진실을 마주할 수 없게 된다. 그저 듣고 싶은 것만 골라서 듣는 상황에 이르는 것이다. 한때 조직 내에서 리더로 일했던 사람이 내게 말했다.

"필요한 말을 듣기까지 얼마나 오랜 시간이 걸렸는지 모릅니다. 저는 일찍부터 제가 듣고 싶은 메시지를 건네줄 만한 사람과 그런 환경을 찾고 또 만들었어요. 이런 한심한 생활을 중단하고 필요한 것을 배워야 한다는 사실을 마흔 살이 되어서야 깨달았네요. 앞으로 무슨 말을 듣게 될지 생각하면 아무 생각을 할 수 없을 정도로 두렵습니다."

불안이 어떻게 장래가 유망한 직장인들을 좌절시키는지에 관해 조직행동 분야의 인사 전문가가 내게 깊이 있는 설명을 해준 적이 있다. 그는 내게 근심을 연봉이나 특전, 또는 회사 전반에 관련된 것과 현실적으로 더 개인적인 것으로 양분해 생각할 것을 제안했다. 개인적 근심이란 상사나 동료와의 관계, 자기계발에 관한 고민, 직장 생활의 의미나 성취감에 관한 것들을 의미한다.

회사의 수장이 이러한 문제를 해결하지 않고 연봉이나 직함처럼 겉으로 드러나는 문제를 푸는 데만 집중하면 직원들은 저마다의 개인적 근심에 집착하게 된다. 그렇게 되면 직원들은 너무 불안해져서 더는 위험을 떠안거나 솔직하게 터놓고 대화를 하려고 하지 않는다. 그 대신 어떻게 해야 다음에 있을 인원 감축에서 살아남을 수 있을지, 어떻게 해야 상사의 눈 밖에 나지 않을지 따위만을 생각하게 된다. 그러면 직원들의 배움과 성장은 물론이고 결국은 실적까지도 제자리를 맴돈다.

30년 넘게 직장인들을 관찰한 한 임원은 그들이 기대만큼 솔직한 피드백을 받지 못하기 때문에 굉장히 불안해한다는 사실을 깨달았다. 그들이 불안해하는 이유는 더 있었다. 바로 남들에게 인정받지 못하고 있고, 스스로 발전이 없다고 믿어 소속감을 느끼지 못했던 것이다. 그 임원이 직원들에게 물었다.

"한없이 침울할 때 무엇 때문에 회사를 그만둬야겠다는 생각이 들던가요? 또 한없이 침울한데도 그만두지 않고 회사에 남아 있는 까닭은 뭔가요?"

대답을 들어보니 직원들은 보수나 특정 분야, 회사의 입지 같은 요인 때문에 다른 회사에 혹하지만, 본인이 목적의식과 소속감을 느끼며 현재의 조직 내에서 중요한 일을 하고 있다고 생각하기 때문에 회사를 떠나지 않고 업무에 전념한다. 이들은 이러한 마음이 없을 때 퇴직을 고려했다.

문제는 과거에 비해 오늘날의 조직이 성취욕 높은 직원들에게조차 소속감과 자긍심을 심어주지 못한다는 점이다. 현재 당신이 대기업에 다니고 있다면 과거 어느 때보다 부쩍 불안할 것이다. 자영업을 하고 있거나 중소기업에서 근무하고 있다면 현재의 불안정하고 불확실한 경기 때문에 불안할 것이다. 신기술이 나왔는데 따라가지 못한다거나, 국내 업무에 만족하는데 세계 시장에 진출하라고 떠밀리면 소외감을 느끼게 된다.

정말로 당신의 성격이 내 주변의 가장 의욕적인 사람들과 비슷하다면, 당신은 지금 우디 앨런Woody Allen(미국의 코미디 영화감독—옮긴이)조차 진지하게 만들 정도로 불안에 떨고 있을 게 분명하다. 겉보기에는 자제력이 있고 차분해 보이겠지만, 내면은 신경질적으로 두려움에 떨고 있을 거라는 말이다. 그리하여 당신은 위험 부담이 있는 행동을 거의 하지 않고, 좀처럼 남에게 속마음을 털어놓지 않으며, 다른 사람의 말에 귀 기울이거나 공감하지 못할 때가 많다. 그렇게 한다면 살아남을 수야 있겠지만, 어떤 보상을 얻겠는가? 지금 맡고 있는 업무에 자부심을 느낄 일이 거의 없을 것이다. 배움이나 성장이 없을 것이며, 이전보다 나아진 자신

[그림 2-1] 성장 피라미드

역피라미드의 왼쪽 상단에 있는 꼭짓점에서 출발하여 하단의 꼭짓점을 거쳐야만 취약성을 인정하고 가능성의 길로 접어들겠다는 궁극적 목표에 다다를 수 있다.

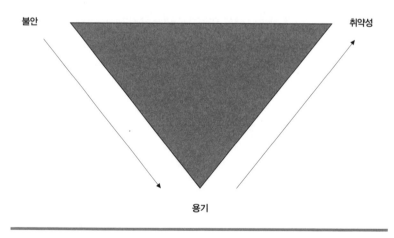

1부 · 우리는 왜 변화를 두려워하는가?

을 보고 즐거워할 일도 없을 것이다. 이런 식으로는 당신의 잠재적 능력을 끝내 끌어낼 수 없다.

[그림 2-1]은 당신이 변화하지 못하도록 붙잡는 불안과 그 불안을 극복하려면 꼭 필요한 용기, 그리고 변화를 불러일으키는 데 필수적인 취약성을 나타낸다.

삼각형의 꼭짓점은 각 여정의 단계를 뜻하는데, 상당수의 총명하고 야심 있는 직장인이 첫 번째인 '불안' 단계에서 발목을 잡힌다. 살면서 누구나 겪어보았듯이, 점점 커지는 불안감은 우리를 무능한 상태로 빠뜨린다. 그리고 우리는 이런 심리적 수렁에서 벗어나기는커녕 우리를 더 깊은 수렁으로 끌어당기는 덫에 걸려들고 만다. 그래도 수렁으로 빠져들기를 멈추고 밖으로 기어 올라가겠다고 마음을 먹는 순간이 찾아온다. 그때 가능성의 실마리를 잡으려면 충분히 용기를 내야 한다. 우리에게 심리적·정신적으로 투자하는 사람들에게 다가가 용기를 가지고 스스로 취약하다는 것을 인정하고 배우려는 태도를 취해야 한다.

올바른 일을 미숙하게 할 용기

타이거 우즈 이야기를 예로 들어보겠다. 스캔들이 있었던 비교적 근래의 일이 아니라 우즈가 스포츠계의 전무후무한 골프 선수로 발돋움 하던 때의 일이다.

우즈는 1997년 조지아주 오거스타에서 열린 마스터스 골프 대회에서

2등을 12타 차이로 따돌리고 우승을 차지했다. 우승을 재현하기 어려울 만큼 까다롭게 재정비된 오거스타내셔널 코스에서 가히 압도적인 승리를 거머쥔 것이다. 그러나 우즈의 코치였던 부치 하먼은 그에게 경기는 잘 치렀지만 스윙이 잘못됐으니, 자세를 근본적으로 바로잡아야 한다고 충고했다. 하먼은 그가 스윙을 고치지 않더라도 이따금 우승을 할 수야 있겠지만, 그렇게 해서는 절대 잭 니클라우스만큼 훌륭한 골프 선수가 될 수는 없을 것이라고 했다.

만약 당신이 우즈라면 어떤 선택을 하겠는가? 이미 짜릿한 우승을 맛보았는데 이제 와서 스윙 자세를 바로잡겠다는 마음을 먹겠는가? 이미 성공가도를 달리고 있는데 썩 대단해 보이지도 않는 기술을 새롭게 익히는 위험을 감수하겠는가?

[그림 2-2] 사이클 깨기

왼쪽 영역에서 오른쪽 하단의 영역으로 진출함으로써 변화의 단계가 시작된다.

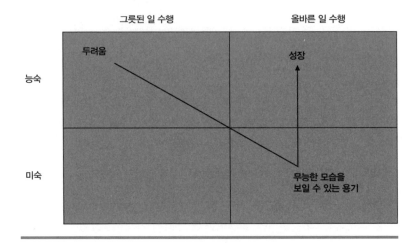

1부 · 우리는 왜 변화를 두려워하는가?

[그림 2-2]는 업무 수행의 네 영역을 제시한다. 자신의 취약성을 인정하는 단계를 거치지 않고서는 성장을 향해 갈 수 없다. 그림에 나타난 대로 우리는 어떤 일을 어떻게 할 것인지 선택할 수 있다. 그릇된 일을 능숙하거나 미숙하게 할 수도 있고, 반대로 올바른 일을 능숙하거나 미숙하게 할 수도 있다. 대부분은 올바른 일을 능숙하게 해내야 크게 성공할 수 있다고 생각하므로 오른쪽 상단 영역을 목적지로 지목할 것이다. 그렇다. 어떤 기술이나 능력을 숙달해서 적재적소에 활용하는 것은 매우 훌륭한 일이다. 문제는 방법이다. 어떻게 해야 오른쪽 상단 영역으로 진입할 수 있을까?

목적지에 다다를 수 있는 유일한 방법은 오른쪽 하단 영역을 거치는 것이다. 어떤 일을 능숙하게 하려면 처음에는 서툴게 하는 수밖에 없다. 다른 방법은 없다. 결국 스스로 취약한 상태가 되어야 한다는 뜻이다. 그러나 이를 달리 보면 변화를 통해 배움, 만족, 성장을 이룰 수 있다는 의미이기도 하다.

한번은 임원들을 대상으로 한 나흘짜리 세미나를 마치기 직전에 타이거 우즈 이야기를 들려주었다. 그러자 마흔다섯 살의 한 임원이 손을 들고 앞으로 나와 말했다.

"교수님, 제게는 그 이야기가 별로 와닿지 않네요. 적당한 예시가 아닌 것 같습니다."

나는 냉소적인 대꾸로 맞서서 그 사람의 코를 납작하게 해주고 싶었다. 그러나 손바닥에는 땀이 차고 호흡이 거칠어졌다. 간신히 그에게 왜 이 이야기가 적당하지 않다고 생각하느냐고 물었다. 돌아온 대답은 이러했다.

"교수님, 타이거 우즈가 스윙 자세를 바로잡으며 오른쪽 하단 영역으로 진입하는 모습을 지켜본 사람은 코치 한 사람뿐이었기 때문입니다. 우즈는 한 사람에게만 본인의 서툰 모습을 보여주면 되었죠. 그런데 저희 회사에는 직원이 4500명 있습니다. 제가 새로운 것을 시도한다고 할 때 저를 지켜보는 눈이 4500쌍이란 말입니다. 크게 굴욕을 당할 수도 있지 않습니까. 저는 항상 올바른 일을 능숙하게 하는 모범을 보여야 합니다."

나는 할 말을 잃었고, 세미나실에는 적막이 감돌았다. 강연을 듣고 있던 사람들은 내 대답을 기다렸다. 그때 나는 '침묵이 백 마디 말보다 낫다'는 말의 의미를 뼈저리게 실감하고 그저 "맞는 말이군요"라고 짧게 대답했다.

그 임원은 타이거 우즈와 본인의 상황을 아주 깊이 통찰했다. 본인이 임원이든 말단 사원이든, 타이거 우즈의 이야기를 듣고 생각해야 할 근본적인 문제는 한계를 뛰어넘어 새로운 일을 시작할 용기를 내려면 어떤 대가를 치러야 하는지를 깨닫느냐 마느냐다. 당시 세미나에 참가한 사람들 대부분이 그가 제기한 문제에 공감했고, 나는 성취욕 높은 사람들이 겉모습과 이미지 관리를 얼마나 중요하게 생각하는지를 절감했다. 그런 사람들은 자신이 어리석어 보이는 모습은 물론이고 어떤 일에 조금이라도 능숙하지 않은 모습을 절대 남에게 보이고 싶어하지 않는다.

몇 해 전 나는 나이키의 '보이는 게 전부다Image is everything'라는 광고 문구를 보고 격분했다. 도대체 어떤 회사가 저렇게 뻔뻔한 거짓말을 테마로 광고하는지 이해할 수 없었다. 그러나 곧 그 광고 문구가 거짓말이 아님을 깨달았다. 내가 그 광고를 보고 불편했던 건 광고에서 내건 슬로건이 불편한 진실이었기 때문이다. 사실 우리가 살고 있는 급변하는 세상에서는 보이는 게 전부다. 자기 위치가 말단이든 수뇌부든 이미지에 먹칠을 하고 싶은 사람은 아무도 없다. 안타깝게도 우리는 주변 사람들의 시선을 걱정하는 바람에 행동을 변화하거나 불편할 만한 일을 시도하지 않은 채 자신의 운명을 피상적인 존재로 결정짓는다. 결국 능숙해질 때까지 올바른 일을 서툴게 시도하기보다는 이미 능숙하게 할 수 있는 그릇된 일을 거듭하는 것이다.

능숙해질 때까지 올바른 일을 반복하는 것이 쉽다는 말은 아니다. 어느 회사의 대표는 내게 자신이 일을 마치고 집에 돌아가면 가족들을 마치 부하 직원처럼 대한다고 말했다. 그는 자신의 독재자 같은 행동이 직장에서나 가정에서나 올바르지 않다는 것을 알고 있었지만, 문제를 극복하고 도약하는 데 실패해서 부적절한 행동을 바꾸지 못했다. 변화는 곧 도약이다. 이 사람이 변화를 고민할 때 어떤 생각이 들었을지 상상해보라. '내가 더 공정해지도록, 그리고 다른 사람의 의견을 적극 수용하도록 노력하면 어떻게 될까? 틀림없이 사람들이 날 보고 약해졌다고 쑥덕거리며 날 이용하려 들겠지. 애들은 내게 반항하면서 온갖 말썽을 일으킬 테고, 아빠를 아주 우스운 사람으로 여길 거야.'

심지어 변화하겠다고 마음을 먹어도 우리는 자꾸 과거의 방식으로 퇴보하려고 한다. 마치 탄성이 좋은 고무줄을 허리에 매고 걷는 것과 같다. 변화하려면 앞으로 나아가야 하지만, 고무줄이 자꾸 과거의 무익하고 습관적인 행동 쪽으로 우리를 잡아당기는 것이다. 이처럼 불안이 차

올라 초조해지고 다른 사람의 시선이 불편하게 느껴지는 시기가 변화로 향하는 첫걸음이건만, 이때 다음 단계로 넘어가지 못하고 무너지는 사람이 많다. 특히 회계사, 프로그래머, 변호사, 기술자, 의사, 투자은행가, 운동선수들처럼 말 그대로 유능한 전문 인력은 난처한 상황에 더욱 취약하다. 멍청해 보이는 것을 끔찍한 해악으로 여기는 탓이다. 이렇게 똑똑한 사람들이 안전지대에서 멀리 벗어날수록 더욱 불안해하는 이유가 무엇일까?

사실상 이미지를 지키겠다는 것은 한 가지 동기에 불과하다. 여기에는 부정적인 제도적 제재에 관련한 문제도 있다. 조직은 리더가 혁신과 신중한 위험 감수를 지지하는 경우라도 직원이 새로운 시도를 할 때마다 보상을 하지는 않는다. 리더들이 한 입으로 두말하는 격이다. 이들이 두 가지 모두를 원하기 때문이다. 내가 아는 어느 리더는 이렇게 털어놓았다.

"제 상사는 단번에 완벽하게 성공한다는 가정 아래서 혁신과 위험 감수를 하길 바란다니까요."

이번에는 다른 고위 간부의 불만을 들어보자.

"혁신을 지지한다고 우리가 입 아프게 얘기하는데, 첫 번에 성공하지 않으면 혁신을 시도한 사람을 소외시키고 손가락질합니다. 결국 그런 사람들을 벼랑 끝으로 내몰거나 슬슬 피해 다니거나 뒤에서 흉보거나 조롱하는 거지요."

사람들이 자만심을 버리고 새로운 도전을 하기를 꺼리는 또 다른 이유는 실추된 이미지 너머에 존재하는 인지 비용perceived cost이다. 인지 비용이란 인간관계나 경쟁 또는 숙련도라는 측면에서 치러야 하는 대가라고도 할 수 있다. 일부 조직에서는 직원을 다른 부서로 옮기는 데 투자하고 싶어하지 않는다. 일을 잘하는 직원들에게 세계 시장을 경험할 기회를 주기보다는 단기적인 이익에 집중하라고 지시하며, 회사에 꼭 필요한 신기술을 익히고 있는 직원에게는 장기적 이익에 관해서는 생각하지 말라고 지시한다. 새로운 업무를 맡겠다고 고집을 부리는 직원은 상사와의 관계가 틀어질 수 있고, 조직 내에서 위상을 잃을 수 있으며 심지어 일자리를 잃게 될지도 모른다.

총명한 직원들이라도 새로운 시도를 할 때 그릇된 일을 능숙하게 수행하는 안전지대로 후퇴하는 등 스스로 문제를 만들 때가 많다. 고속 승진하는 직원들은 어떤 기술이나 기능을 빠르게 습득하고 즉각적으로 보상을 받는 데 이미 익숙해진 탓에 더딘 학습곡선을 견뎌내기 어려워한다. 내 친구는 골프를 1년에 세 차례만 쳐서는 마스터할 수 없겠기에 골프를 그만뒀다고 말했다. 뉴욕의 웨스트체스터 카운티에 있는 유명한 윙드 풋 골프 클럽에서 골프를 치던 그 친구는 4번 홀에서 공을 주운 뒤 같이 골프를 치고 있던 상대에게 골프는 이제 끝이라고 말했다. 골프를 치는 본인과 본인의 경기에 신물이 난 나머지 상대에게 월요일에 회사에서 보자는 인사를 남기고 골프장을 떠났던 것이다.

오른쪽 상단의 영역으로 가는 완벽한 방법을 모르기 때문에 오른쪽 하단의 영역으로 진출하는 일 또한 어렵다. 우리는 특히 조직 내에서 앞으로 무슨 일이 벌어질지 늘 확신할 수는 없다. 20년 전에 일류 로펌에 취직한 변호사를 예로 들어보자. 그때 사무실은 고객들로 문전성시를 이뤘을 터이므로 그가 굳이 영업까지 할 필요성을 느끼지 못했을 것이다. 그저 순조롭게 모든 일이 풀렸으리라. 그러나 이제 법조계의 상황이 달라졌다. 경쟁이 나날이 치열해졌다. 변호사들은 이제 법률 업무뿐 아니라 영업까지 해야 한다. 나이 든 변호사들은 이제 본인들이 냉대를 받는다고 느끼기도 한다. 규칙이 달라졌고 법조계도 달라졌다. 투자은행 업계에도 같은 현상이 일어나고 있다. 투자은행가들은 신속하게 일을 척척 해결해야 하는데, 그것이 늘 통하는 것은 아니다. 이들이 이제 오른쪽 상단의 영역을 과거와 다르게 정의 내리는 것처럼 은행 업계 또한 달라졌다. 목적지인 오른쪽 상단의 영역이 어떤 것인지 제대로 정의 내리지 못하는데 오른쪽 하단으로 가는 길을 무슨 수로 찾겠는가?

나는 올바른 일을 미숙하게 할 의향이 있는가?

당신이 이제 막 사회생활을 시작한 사람이든 이미 업계에서 가장 높은 곳에 올라간 사람이든 그건 중요하지 않다. 초짜 컨설턴트부터 CEO에 이르기까지 대부분의 직장인은 남들 눈에 자신이 어리석거나 어색하거나 머뭇거리는 것처럼 보일지도 모른다는 두려움 탓에 새로운 시도 앞에서 망설이게 된다. 그러면 이들은 결국 위험을 감수하고 발돋움하여 혁신적인 사람이 되지 못한 채 이미 알고 있는 것에 머문다. 직함이나 연륜에 관계없이 성취욕이 높은 직장인들은 대개 본인이 올바른 일을 미숙하게 할 의향이 있는지 자문조차 하지 못한다.

오른쪽 상단의 영역으로 향하기 이전에 우선 다음의 문항에 대답하면서 자신이 올바른 일을 미숙하게 할 의향이 있는지 파악해보라.

- 지난 10년간 행동이나 업무 방식에 중대한 변화를 준 횟수가 얼마나 되는가? 당신이 어리숙해 보일 수 있는 일이나 결과를 자신할 수 없는 일을 시도할 만큼 용기를 낸 적이 몇 번이나 있는가?
- 업무를 포함하여 삶에서 위험을 감수했던 일을 목록으로 작성하라는 요청을 받는다면 목록에 몇 가지 항목이 들어가겠는가? 그중에서 최근 5년간 일어났던 일은 몇 가지나 되는가? 지난 한 해 동안 있었던 일은 몇 가지나 되는가?
- 직장 생활을 하면서 중대한 변화를 고려하다가도 끝내 시도하지 못하는 건 어떤 불안 요소 때문인가? 변화를 시도했을 때 따라오는 가장 큰 두려움은 무엇인가?
- 지난 몇 달 사이에 아무런 의도 없이 동료를 전적으로 솔직하게 대했던 일이 있는가? 상사에게 말하기 불편한 진실을 털어놓거나 부하 직원에게 툭 터놓고 의견을 전달하거나 팀원들 앞에서 당신의 무지나 실수를 인정한 경험이 한 번이라도 있는가?

위 항목에 답한 사람들의 의견을 종합해보면, 대부분은 내면의 불안 때문에 일상적인 행동을 바꾸지 못한다. 그러나 이러한 사실을 인지한다고 해서 불안해할 필요는 없다. 오히려 자각은 변화로 가는 첫발을 떼는 셈이다. [그림 2-1]의 삼각형과 [그림 2-2]의 선에서 서로 겹치는 부

[그림 2-3] 환경에 따른 성장 피라미드

이 책의 두 가지 중심 모델인 [그림 2-1]과 [그림 2-2]를 통합한 모델

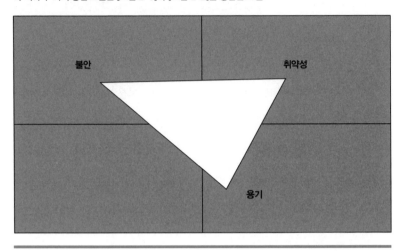

분을 보면 알 수 있듯이, 그릇된 일을 능숙하게 수행하다가 올바른 일을 미숙하게 수행하는 것은 [그림 2-3]에서 보이는 바와 같이 불안을 이겨내고 용기를 향해 나아가는 것이다.

밀려오는 불안을 떨쳐내고 위험을 감수할 만큼 용기를 내지 않고서는 오른쪽 하단의 영역으로 진입할 수 없다. 일단 그 영역에 발을 들여놓고 나면 신기술을 배우고 새로운 지식을 습득하고 때로는 "잘 모르겠습니다"라는 말을 입 밖으로 뱉으면서 자신의 취약성을 인정해야만 한다. 어려운 일이지만 이렇게 해야 비로소 올바른 일을 능숙하게 해낼 수 있는 오른쪽 상단의 영역으로 향하는 마지막 여정에 오를 수 있다.

코치에서 영웅으로

　　　　스스로 취약한 상태가 되는 것을 두려워하지 말라고 당신을 격려하고자 용기를 북돋울 만한 이야기로 이 장을 마치려고 한다.

　모리스 칙스는 1980년대부터 90년대 초까지 필라델피아 세븐티식서스라는 농구팀에서 활약한 아주 유명한 프로 농구선수였다. 선수 시절 칙스는 적재적소에 패스하는 능력이 매우 뛰어난 포인트가드로 활약했으며, 은퇴 후에는 시애틀 슈퍼소닉스와 포틀랜드 트레일 블레이저스를 거쳐 2008~2009년도 시즌까지는 애정이 깃든 세븐티식서스에서 코치로 활약했다. 트레일 블레이저스 팀의 코치로 활동하던 2004년 댈러스 매버릭스와의 홈경기 직전에 벌어진 사건은 그 후 칙스 코치에게 꼬리표처럼 늘 따라붙었다.

　그날 오리건주 포틀랜드의 로즈가든은 지역 노래대회에서 우승한 젊은 여성이 부르는 국가로 채워지고 있었다. 그러나 그 여성은 몇 소절 부르지 못하고 그만 얼어붙고 말았다. 가사를 잊은 것이었다. 더듬더듬 노래를 잇던 그녀는 이내 노래를 중단했고, 관중석에는 적막이 감돌았다. 1초가 마치 1분처럼 길게 느껴졌다. 적막함에 귀까지 먹먹해질 지경이었다. 한 가지 확실한 사실은 장내의 모든 사람이 어쩔 줄 몰랐다는 것이다. 그 여성에게 도움의 손길을 내미는 사람이 아무도 없었다.

　그런데 갑자기 어디선가 나타난 칙스 코치가 겁에 질린 여성에게 다가가더니 그녀의 옆에 서서 국가를 부르기 시작했다. 곧 정신을 차린 여성은 머뭇거리며 노래를 이어 불렀고 금세 안정을 되찾아 이전보다 한층 더 감정을 실어 노래를 불렀다. 칙스 코치는 여전히 그 옆에서 함께 노래를 부르고 있었다. 곧 로즈가든에 모인 관중 모두가 큰 목소리로 노래를 따라 부르기 시작했다. 화면에 비친 상대편 선수들과 코치 돈 넬슨도 한목소리를 내고 있었다. 심판들도 마찬가지였다. 관중석의 팬들은 점점 더 큰 소리로 노래를 불렀다. 경기장 내 모두가 이 여성이 가사를 잊지 않도록 돕고 있었다. 어떤 이는 눈물을 훔치기도 했다. 끝까지 여성과 함께 노래를 부른 칙스 코치는 마지막 소절을 부르고 나서 여성을 가볍게 안아준 뒤 재빨리 선수들이 모여 있는 벤치로 돌아갔다.

칙스의 행동은 압박감을 느낄 때 올바른 일을 미숙하게 하는 영역으로 뛰어드는 일이 어떤 것인지를 잘 보여준다. 아무리 상상력을 동원해봐도 칙스를 보고 노래를 잘한다고 할 수는 없었다. 당시 칙스가 하나라도 제대로 맞춘 음정이 있었는지 모르겠다. 솔직히 나는 칙스만큼 노래를 못 부르는 사람을 본 적이 없다. 그러나 그게 중요한가? 그 와중에 칙스가 얼마나 노래를 잘하는지 신경 쓴 사람이 있었겠는가? 당연히 없다. 그 여성에게 다가갈 때 칙스는 긴장하며 불안에 떨었을 게 분명하다. 그러나 그는 스스로 취약한 상태로 뛰어들어 노래를 부르는 용기를 발휘했다. 불안을 극복하고 한계를 뛰어넘은 것이다.

모양새가 이와 다르거나 상황이 이만큼 분명하지 않을 수는 있지만, 누구나 모리스 칙스처럼 행동할 수 있다. 불안을 극복하고 행동을 변화시킬 용기를 낼 수 있다는 말이다. 누구나 올바른 일을 능숙하게 수행하기 이전에 올바른 일을 서툴게 할 용기를 내고, 배우고, 성장할 수 있다.

[그림 2-2]에서 본 것처럼 성공으로 향하는 길은 직선이 아니다. 예상치 않은 방향으로 살짝 꺾여 있다. 그렇지만 조금 멀리 돌아가는 그 길은 우리를 삶의 만족도가 더욱 큰 곳으로 안내할 것이다.

Flying
Without A Net

성장을 방해하는
3가지 불안

3장

나는 무엇 때문에
일을 하는가

모리스 칙스의 이야기에 자극을 받고 올바른 일을 미숙하게 하고 싶은 마음이 생겼더라도 이를 실제 직장 생활에 적용하기란 여간 어려운 일이 아니다. 자신을 성장시킬 수 있는 업무를 맡겠다거나 초반에는 난항을 겪을 수밖에 없는 일이라는 것을 알면서 한번 뛰어들어 보겠다고 다짐을 하더라도 생각과 실천 사이에는 늘 무엇인가가 끼어들게 마련이다. 그 무엇이 바로 불안이다.

우리가 살고 있는 시대를 '불안의 시대'라고 일컫은 학자가 한두 명이 아니며, 그런 감정이 우리 사이에 얼마나 널리 퍼져 있고 얼마나 깊숙이 박혀 있는지 심리 훈련을 받아야만 알 수 있는 것도 아니다. 급변하는 시대에 살면서 우리 모두가 스트레스를 받고 있지만, 성취욕이 높은 사람들은 스스로 만들어낸 압박감 때문에 특히 더 힘들어한다. 직장은 갈수록 불안정해지고, 직원들은 더 짧은 시간 동안 더 많은 일을 해내길 요구받는다. 승진을 향한 경쟁은 한층 치열해지고, 성과를 가늠하는 기준은 점점 더 높아진다. 직원들은 놀라우리만큼 빠른 속도로 들고 난다. 의미 있는 일을 하고 싶다는 의식이 커지는 추세라서, 먹고살겠다고 지금 자신이 어떤 일을 하고 있는 것인지 의문을 품는 직장인이 많다. 일거리가 없는 직장인은 특히 더한 스트레스를 받는다. 어떤 종류의 것이든 의욕이 넘치는 직장인들이 이미 겪고 있는 불안은 현재와 같은 상황에서는 몇 단계 더 증폭될 수밖에 없다.

불안은 출세를 향해 맹렬히 돌진하는 직장인의 숨통을 조이고 이들의 한계를 제한하는 감정적 결함으로 작용한다. 이와 같은 특징을 지닌 직장인들은 자신이 감정을 내보이고, 좀 더 솔직해지고, 본인의 실수를 인정한다면 직장생활을 더 잘 해낼 것이고 업무 만족도도 높아질 거라는 사실을 어느 정도는 알고 있을 터다. 그런데도 본인의 취약성을 드러내지 못하는 건 불안 때문이다. 이 책에서도 곧 다루겠지만, 불안 때문에 사람들은 말 그대로나 비유적으로나 한곳에 매이게 된다.

직장인이 경험하는 온갖 불안 가운데서도 목적과 관련한 근심과 두려움이 상위 목록에 자리한다. 목적이 어떻게 불안을 낳는가. 이를 알기 위해서는 목적이 의미하는 바가 무엇인지, 그리고 목적이라는 개념이 직장인에게 어떤 영향을 미치는지를 먼저 이해해야 한다.

2부 · 성장을 방해하는 3가지 불안

도대체 목적이란 무엇인가?

　　1970년대에 개봉한 컬트 영화 〈알피Alfie〉의 주제가 제목이 '도대체 무엇 때문일까?What's It All About?'다. 영화에 등장하는 인물들이 존재의 이유를 찾는 까닭에 이 노래가 영화의 주제곡 역할을 했다. 개인의 행동에 역기능을 일으키는 원인이 되는 세 가지의 주요한 두려움과 불안은 다음과 같다.

- 목적과 방향성 결여
- 누구도 나를 신경 쓰지 않는다는 소외감과 고립감
- 중요한 사람이 아니라는 느낌(예로, '내가 뭐가 중요해?')

　　달리 말해, 내가 이 조직이나 가정에 속하든지 말든지 신경 쓰는 사람이 있는가? 내가 출근을 하든 말든 신경 쓰는 사람이 있는가? 인간관계에 대한 확신, 또는 조직으로부터의 확신이 부족하다는 것은 무서운 일이다. 윌리엄 버틀러 예이츠William Butler Yeats(아일랜드의 시인 겸 극작가—옮긴이)의 말을 빌리면, "중심이 무너지는" 시대에 방황한다는 것은 끔찍한 일이다.1 종잡을 수 없는 변화와 혼돈의 상황에 직면할 때 사람들은 자신이 중요한 사람이길 바란다.

　　정신적·가정적·직업적으로 우리가 존재해야 하는 이유는 각각 다르다. 여기서 우리가 집중적으로 다룰 것은 한 가지다. 우리는 자신이 누구인지, 무엇 때문에 일을 해야 하는지 알아야 한다. 이보다 더 중요한 것은 우리는 자신의 일이 무엇인지 알고 싶어하는 존재라는 사실이다. 빅터 프랭클Victor Frankl은 제2차 세계대전 직후에 《죽음의 수용소에서》를 집필하며 '사람들은 무엇을 하기 위해 지구라는 행성에 떨어져서 살아가고 있는지를 미치도록 알고 싶어한다'고 썼는데, 우리가 찾고자 하는 것도 바로 이와 같은 것이다.[2]

하버드경영대학원의 신입생들은 학교에 입학해 새로운 여정을 시작할 무렵이 되면 내 연구실을 자주 찾는다. 이들은 자신이 올바른 진로를 선택했는지 아니면 새로운 진로를 탐색해야 하는지를 고민하며, 이에 대한 해답을 찾으려고 다른 900명의 신입생을 두루 살핀다. 이력서에 적은 경력 외에 자신에게 다른 무엇이 더 존재하는지 궁금해한다. 그렇게 자신을 돌아보는 과정을 겪으면서 이들은 자기 자신과의 관계나 타인과의 관계를 비롯하여 가족, 가치관, 동기, 욕구에 집중된 근본적인 질문을 스스로에게 던지기 시작한다.[3] 이런 식으로 대부분의 학생이 자신의 재능을 알아가며 진로를 결정하는 데 갈피를 잡을 수 있는 진로 탐색의 과정을 겪는다.[4] 이들은 상대적으로 경력이 부족한 학생들이기 때문에 자신이 올바른 결정을 하고 올바른 방향으로 나아가고 있다고 확신하고 싶어하는 것이다.

일에 내재된, 그리고 그것을 관통하는 의미를 찾고 싶어하는 학생들의 경우처럼, 이러한 모든 것이 목적과 관련이 있다. 많은 이가 의미를 지위와 연관 지어 생각한다. 더 자세히 말하면, 이들은 본인에게 어느 정도 명성을 가져다줄 회사에 다니거나 그럴 만한 직업을 갖거나 업무를 담당하길 바란다. 어떤 학생은 주변의 모두가 디즈니를 행복을 가져다주는 멋진 직장이라고 생각하기 때문에 사람들에게 자신이 디즈니에서 일한다고 얘기하는 것이 뿌듯하다고 말했다.

소비재 업계에서 명성이 높다는 이유로 프록터앤드갬블에 취직하고 싶어하는 학생이 많다. 명성과 관련이 있는 이러한 현상은 강력한 브랜드를 창출하는 회사에서 일하고 싶은 마음에서 생겨난다. 하버드에서 MBA 과정을 밟는 우리 학생들이 겸손한 태도를 보이면서도 한편으로는 하버드대학교에 다닌다는 사실을 자랑스럽게 여기는 것 또한 이와 맥락이 같다.

그러나 우리가 우리 자신을 바라볼 때는 직업이나 조직에서 부여한 지위를 초월한다. 자아상을 그릴 때는 이보다 더 깊은 심리적 문제가 개입하기 때문이다. 우리의 정체성은 우리가 스스로에 관해 어떤 이야기를 하는지와 관련이 있다. 이는 몇 번을 말해도 부족할 만큼 가치가 있다. 중요한 것은 단지 우리에 관한 진실된 이야기까지는 아니더라도 개인적인 인생의 여정이 담긴 이야기를 해야 한다는 사실이다. 직장을 다니며 끔찍한 경험을 한 적이 있다면, 스스로를 실패자로 여길 것인가 아니면 곤혹스럽지만 견문을 넓힐 수 있는 일을 겪은 학생으로 여길 것인가? 이런 경험이 쌓이면서 우리는 목적을 추구할 수 있게 된다.

물론 이러한 이야기에 긍정적인 해석을 붙여서 오해의 소지나 자기기만의 여지가 생기게 하면 안 된다. 그보다는 경험을 돌이켜보고 배움과 성장, 자기계발에 집중된 이야기를 함으로써 과거에 매이기보다는 과거를 활용할 줄 알아야 한다. 이처럼 우리는 자신의 삶을 돌아보는 이야기를 통해 타인과의 관계와 경험을 돌아보며 목적의 정의를 세울 수 있다.

많은 사람이 자기 이야기를 할 때 불안을 표출한다. 방향성과 목적이 덜 뚜렷할수록 내재된 불안은 더욱 크다. 이는 청년이든 노인이든, 신입 사원이든 CEO든 모두에게 적용되는 사실이다. 이 글을 읽고 있는 당신은 어쩌면 나이에 걸맞은 위상을 갖춘 사람들은 불안에 떨지 않을 거라고 생각할지도 모르겠다.

그렇다면 당신의 생각이 틀렸다. 일례로 하버드 MBA 과정을 밟고 있는 젊은 청년들은 엘리트층에 속하지만, 이들이 하는 이야기를 들어보면 상당수가 매우 불안해하고 있다는 사실을 알 수 있다. 스물 몇 살 정도 먹은 이 학생들은 어떤 진로를 택해야 할지 확실히 모르겠다는 사실 때문에 자기를 비판하는 이야기를 내뱉는다. 스물일곱 살의 후안이라는 학생이 내 연구실에 전화를 걸어 면담을 요청한 적이 있다. 내 조교와 통화를 하던 후안은 인생을 어떻게 살아야 할지, 어떤 방향으로 나아가야 할지에 관해 지도받고 싶다고 말했다고 한다. 우리가 만났을 때 후안은 내게 이렇게 말했다.

"들롱 교수님, 교수님은 하시는 일에 매우 열정이 있어 보입니다. 직업에 만족하시는 것 같아요. 저도 교수님처럼 만족하고 싶습니다. 지금은 굉장히 혼란스럽기만 한 MBA 학생인 제가 어떻게 해야 인생에서 확실한 방향과 목적을 가진 사람이 될 수 있을까요?"

나는 이렇게 대답했다.

"나는 내 재능과 현재의 직업이 내 목적에 부합한다는 것을 마흔여섯 살에야 알았다네."

그러나 내 대답과는 상관없이 후안은 여전히 자신이 가야 할 길을 찾지 못한다는 이유로 자책하고 있었다. 굉장히 야심 차고 의욕 넘치는 청년이었던 후안은 자신의 목적을 필사적으로, 그리고 서둘러 찾고 싶어 했다. 인간은 목적을 추구하는 존재다. 후안처럼 사회생활의 초창기에 놓인 사람이든 아니면 사회생활을 한창 하고 있는 사람이든 그들이 하는 일의 중심에 목표가 자리하고 있을 때 이들은 최고의 역량을 발휘한다. 어느 방향으로 나아가야 할지, 특정 방향으로 나아가야 하는 이유가 무엇인지, 무엇보다 지금 하고 있는 일을 왜 해야 하는지조차 모르고 있다면, 자기회의를 비롯하여 삶과 삶의 본질에 관한 기본적인 의문이 잇따른다. 또는 [그림 2-1]의 삼각형에서 불안이 증폭되며 전체를 장악하게 된다.

산제이는 자신을 고용한 CEO가 물러나자 유망한 직장을 그만두었다. 그는 자신이 처음으로 제안받은 중요한 자리를 수락하지 않고 대학교에서 강의를 하고 싶은지, 기업에서 컨설팅을 하고 싶은지, 아니면 은퇴하기 전에 전혀 다른 일을 시작하고 싶은지 시간을 가지고 생각해 봐야겠다고 마음먹었다. 몇 개월이 지나자 산제이는 다음 단계를 제대로 찾을 수나 있을지 매우 걱정되기 시작했다. 게다가 중도에 일을 그만둔 자신을 누구도 고용하지 않을 거라고 걱정했다.

어느 날 저녁 산제이에게서 전화가 걸려왔다.

"삶과 일과 가족에 대해 생각할 시간이 많아질수록 인생의 가장 기본적인 문제에 관한 걱정이 늘어납니다. 더는 '내 인생의 진정한 목적은 무엇인가?'와 같은 근본적인 질문을 생각할 필요가 없도록 아무 직장에나

들어가는 게 나을지도 모르겠다는 생각이 들어요. 이런 문제들을 고민하지 않으려고 그저 바쁜 생활을 유지하고 있었던 걸까요? 아무래도 제 삶과 직업에 목적이 있어야 할 것 같아요. 그렇지 않으면 불안과 걱정이 극복할 수 없을 정도로 쌓이겠어요."

사람들은 직장을 옮길 때 생기는 공백기뿐 아니라 일을 하고 있는 중에도 어느 방향으로 나아가야 할지 몰라 불안해한다. 취업을 한다고 해서 불안해하지 않을 수 있는 프리패스가 주어지는 것은 아니다. 사실 일류 기업에서 높은 보수를 받는 직장인들 중에서도 다수가 목적의식이 없어 불안에 시달린다. 존 J. 가바로, 로버트 J. 리스^{Robert J. Lees}와 함께 집필한《우리가 리드해야 할 때^{When Professionals Have to Lead}》에서 우리는 금융 서비스, 컨설팅, 의료, 대학, 회계 분야에 종사하는 이들에게 지침이 될 만한 리더십 모델을 제안했다.[5]

이러한 직종은 대개 파트너십으로 운영되며, 세 단계로 계층화된 수습직으로 이루어져 있다. 이 리더십 모델에서 우리가 제일 먼저 꼽은 리더의 책무는 조직의 구성원들에게 방향을 만들어주는 것이다. 직장인들에게는 미래상이 필요하다. 눈앞의 업무에만 너무 집중한 이들을 향해 더 큰 맥락에서 업무를 바라보라는 명령을 내릴 목소리가 필요하다. 이토록 열심인 직장인들이 물리적으로 본사에서 떨어져 나오게 되면, 대부분 동료들 곁에서 연대감을 느끼고 싶어한다. 그렇게라도 목적을 찾고 불안을 억제하는 것이다.

당신의 업무가 더 큰 목적과 연결되어 있다고 느끼는지 생각해보라. 직장에 다니고 있다면 다음의 문항을 자문해보라.

- 내 일이 얼마나 중요한지 이해하고 있는가?
- 상사는 내 업무가 조직의 큰 목적과 어떻게 연결되어 있는지 잘 알려주고 있는가?
- 나는 지금 단순히 앞에 놓인 업무를 하고 있다고 느끼는가, 아니면 이런 업무들이 어떻게 하여 더 큰 전체의 조각이 되는지 이해하고 있는가?

프리랜서이거나 자영업자라면 다음의 문항을 자문해보라.

- 그저 돈벌이의 수단으로 일을 하고 있는가, 아니면 내가 하는 일이 돈벌이 이상의 의미가 있다고 믿는가?
- 내 노력이 다른 이들에게 영향을 미친다는 사실에 만족감을 느끼는가?
- 내가 조직에 의미 있는 기여를 하고 있다고 생각하는가? 내 지식과 기술을 나라는 개인과 조직의 성공에 의미 있는 방식으로 사용하고 있다고 생각하는가?

목적이 없는 곳에는 불안이 찾아든다

　　명확한 목적의식이 있으면 불안이 성취의 방해 요소가 되는 일이 거의 없다. 역사를 돌아보면 방해물과 장애물이 있는데도 야심찬 목적을 이루어낸 사람들이 많다. 찰스 오라일리Charles O'Reilly와 마이클 투시먼Michael Tushman은 목적을 통해 방향을 찾음으로써 특별한 일을 해내는 평범한 사람들에 관해 가슴을 울리는 글을 썼다.6 27년간 감옥에 갇혀 있다가 조국을 이끌고 아파르트헤이트apartheid를 없앤 이, 신념대로 신을 섬기기 위해 엄동설한에 지붕 달린 마차를 타고 미국의 평원을 횡단한 이, 달에 인류를 보낸 최초의 국가를 만든 이, 한 나라를 나누고 있는 장벽을 무너뜨린 이…….

목적은 성취욕이 높은 사람들이 불안을 헤치고 야심 찬 목표를 향해 나아갈 수 있도록 길을 내는 데 도움을 준다. 그러나 요즘 사람들에게는 목적을 달성하는 것이 도전일 수 있다. 한 가지 이유는 이들이 몸담고 있는 조직이 직원들에게 방향을 제시하고, 회사의 더 큰 목적을 나누며, 의미 있고 만족스러운 업무를 찾도록 돕는 일을 현명하게 해내지 못한다는 것이다.

또 다른 이유는 일의 본질이 달라졌다는 것이다. 이제 일은 사람들에게 목적이 무엇인지 의문을 제기하게 하며 그들을 혼란에 빠뜨린다. 자신의 법률 지식을 활용하기를 즐기던 변호사는 이제 영업까지 뛸 것을 요구받는다. 자신의 직업을 사랑했던 의사는 이제 실리를 중시하는 경영진과 보험회사 때문에 어려움을 겪고 있다. 또 시간이 흐르면서 목적도 달라지는 탓에 한때 만족스러웠던 것이 이제는 만족스럽지 않을 수 있다. 파트너를 찾는 것 말고는 원하는 것이 없었던 열정적인 기업체 간부는 이제 그것만으로는 충분하지 않다고 생각하며 새롭고 한층 더 야심 찬 존재의 이유를 찾는다.

당신은 직장 생활에 대한 불만이나 목표와 관련된 성과에 실망을 표한 적이 한 번도 없을 수 있다. 진로 선택이나 이직이 어리석었다며 후회했을 수는 있어도 '지금 하는 이 일을 왜 하고 있는 거지?'와 같은 질문을 한 적은 없을 것이다. 충분히 이해할 만하다. 우리는 목적과 관련된 큰 문제에 집중하기보다는 당장 해결해야 하는 일과에 집중하는 경향이 있다. 이 책의 후반부에서 우리는 곤란한 질문을 피하기 위해 바쁜 업무로 할 일 목록을 가득 채우는 이유를 집중적으로 살펴볼 것이다. 그렇지만 목적에 관한 큰 문제는 항상 우리 마음 한구석에 존재한다. 특히 성취욕이 높은 사람일수록 더욱 그렇다. 우리는 우리가 중요한 일을 하고 있길 바란다. 우리가 영향력을 미치고 있다고 믿고 싶어한다. 우리가 단순히 '돈벌이를 하고 있다'고 생각한다면, 그 일을 얼마나 잘하고 있는지는 문제가 되지 않는다. 목적이 없다는 것은 불안을 불러들이는 것과 다름없고, 그렇게 스며든 불안은 우리로 하여금 우리가 추구하는 성과나 만족을 얻기 어렵게 하거나 불가능하게 만든다.

그러므로 당신의 일에 목적이 결여되었다면 목적을 확실히 하는 것이 도움이 된다. 나는 목적 결여의 원인으로 조직의 실패, 업무 환경의 변화, 개인적 요구 사항의 변화, 자기인식의 부족 네 가지를 언급했다. 이제 각각의 원인을 자세히 들여다보자. 어떤 원인이 자신에게 적용되는지 판단하고 나면 대처법에 대해서도 생각해볼 수 있을 것이다.

조직의 실패

　　다수의 조직이 직원들에게 목적의식을 심어주고 싶어하지만, 수많은 장애물이 길을 막고 있다. 회사 곳곳에 핵심 인물들을 배치해 직원들의 업무가 어떻게, 그리고 왜 중요한지 그들과 소통하게끔 고안한 프로그램이 있을지라도, 그런 프로그램은 마감의 압박과 때때로 발생하는 위기 상황 속에서 잊히고 만다. CEO가 직원들이 자신의 업무를 통해 회사에 의미 있는 기여를 한다고 느끼는 것이 중요하다는 신념을 갖고 있더라도 조직 내에 이러한 행동에 따르는 보상이 없기 때문에 경영진은 직원들이 목적을 찾을 수 있도록 도와줄 생각을 하지 않는다.

　　그러나 당신이 왜 이 일을 하는지(그리고 왜 이토록 열심히 일하는지) 명확하게 알지 못하는 가장 큰 원인은 조직의 말과 행동 사이에 존재하는 괴리일 것이다. 크리스 아지리스Chris Argyris는 조직의 일부 리더들이 왜 말과 행동을 달리 하는지에 관해 연구한 바 있다.[7]

　　그 원인을 설명하기 위해 아지리스는 제2차 세계대전 당시 시카고의 조선소에서 그가 팀을 이끌었던 방식과 브루클린 해군 조선소로 발령을 받자 팀원들이 파티를 열어주었던 일을 회상했다. 수년이 지나 아지리스가 미시간 호반에서 일하고 있는 그의 팀을 다시 방문했을 때, 그는 직원들에게 솔직히 리더로서 자신을 어떻게 생각했느냐고 물었다. 직원들은 하나같이 그를 보고 형편없었다고, 지금까지 겪어본 리더 중에서 최악이었다고 말했다. 아지리스는 그럼 어째서 자신이 떠날 때 파티를 열어주었느냐고 재차 물었다. 그들은 파티를 열었던 건 아지리스가 떠난

다니 몹시 기뻤기 때문이라고 한목소리로 대답했다. 일종의 축하 파티였다는 것이다.

수년에 걸쳐 아지리스는 기존의 모델을 지지이론espoused theory(조직에서 목적이 중요하다고 주장하는 이론)과 상용이론theory in use(조직 내에서 실제로 어떤 일이 일어나는지, 어떤 식으로 일처리를 하는지, 직원들은 어떤 대우를 받는지 따위를 관찰하여 밝혀내는 이론)을 활용하여 조직과 리더들 내면에 존재하는 파괴적 성질을 강조하는 모델로 개선했다. 아지리스의 팀원들은 과거 아지리스가 다른 업무 방식에 관해 충분히 논의할 준비가 되어 있다고 말했으나, 실제로 그런 모습을 본 적은 한 번도 없었다고 지적했다. 아지리스는 팀원들의 새로운 아이디어를 지지해줄 것이라고 말했으나, 팀원들의 경험은 정반대의 말을 하고 있었다. 우리가 하는 말과 다른 사람들이 경험하는 우리의 행동 사이에 존재하는 괴리는 직원들을 고통스럽게 만든다. 이런 일을 기대한 직원들은 저런 일을 경험하게 된다. 우리가 만들어내는 불일치가 커질수록 다른 사람이 느끼는 고통과 불만, 분노도 커진다.

당신도 말과 행동이 다른 리더 때문에 직장에서 이와 비슷한 괴리를 경험하고 있는지 생각해보라. 만약 그렇다면 당신의 상사나 다른 경영진이 당신의 기여가 조직 내에서 중요하다고 말을 했겠지만, 그들의 행동이 그들이 뱉은 말과 모순되기 때문에 당신은 그들의 말을 믿지 못하고 있을 것이다. 가령 그들이 아이디어를 내는 당신의 능력과 당신의 다기능팀Cross Functional Team 활약이 대단하다고 칭찬했지만, 당신은 당신이 아닌 다른 직원들이 다른 유형의 업무 기여를 이유로 승진하거나 당신보다 더 많은 보너스를 받는 모습을 지켜보았다고 하자. 그렇다면 당신은 왜 이 팀의 실적을 유지하겠다고 등골 빠지게 일하고 있는가? 당신의 목적은 정당한 것인가, 아니면 그저 이런 팀이 있다고 자랑하고 싶어하는 조직을 뒷받침하기 위한 겉치레에 불과한가?

이와 같은 조직의 괴리 때문에 목적을 찾는 데 어려움을 겪고 있다면, 당신은 아마도 다음과 같은 두 가지 특징을 지니고 있을 것이다.

- 냉소주의: 상사가 당신에게 업무를 줄 때, 또는 그러한 업무가 조직에 얼마나 중요한지 당신에게 설명할 때 당신은 자주 회의적인 반응을 보인다. 상사들이 새로운 프로젝트나 프로그램에 착수할 때, 당신은 다른 사람들을 찾아가 상사들에게 숨겨진 의도가 있을 거라고 말한다.
- 정체성 결여: 조직 내에서 당신이 어떤 존재인지 더는 실감하지 못한다. 조직 내에서 당신이 맡은 역할이 무엇인지, 그 역할이 당신이 속한 조직의 성공에 어떻게 기여하는지 분명하게 말하지 못한다. 당신이 바라보는 자신의 모습과 조직이 바라보는 당신의 모습 사이에 괴리가 존재한다는 사실을 인식한다.

이러한 상황에 놓여 있다면 명확한 목적의식을 되찾기 위해 할 수 있는 일이 몇 가지 있다. 당신의 업무와 일하는 방식이 당신의 직업정신과 더욱 잘 맞을 수 있도록 직무를 재편성하라. 혼자 힘으로 할 수 있는 일도 있고, 상사와의 의논을 통해서만 할 수 있는 일도 있을 것이다. 어떤 사람들은 자신의 목적에 더욱 가까워진 느낌을 받기 위해서 다기능팀에 지원하거나 자신이 해야 한다고 생각하는 일을 맡고 있는 부서에 일손을 보태는 식으로 새로운 책무를 더해나가기도 한다. 아니면 다른 회사로 이직하거나 새로운 일자리를 찾거나 심지어 전혀 다른 분야의 일을 배우기 위해 학교와 같은 교육기관에 돌아가는 등 더욱 극적인 변화를 만들어야 할 수도 있다.

업무 환경의 변화

취직했을 때, 관리직으로 처음 승진했을 때, 또는 자기 사업을 시작했을 때 얼마나 신났는지 생각해보라. 그때는 당신의 목적이 뚜렷했다. 당신은 왜 그 일을 하고 있는지 분명하게 알았고, 그 일을 함으로써 굉장한 만족감을 얻었다. 스스로를 회사 사람이라고, 임원진이라고, 사장이라고 일컬었다. 무엇을 하고 있는지, 왜 하고 있는지, 어디를 향해 가고 있는지 알고 있었다. 당신은 목적의식이 매우 뚜렷한 존재였다.

그러나 이제 상황이 달라졌다.

굳이 영업까지 할 필요가 없었던 1980년대에 로펌에 입사했던 밥을 생각해보라. 이제는 업계의 사정이 악화되었다. 갈수록 많은 회사가 법률 업무를 사내 법무팀에 맡기고, 경쟁이 치열해지면서 특히 대규모 로펌은 모든 파트너 변호사들이 새 고객을 유치해 오길 바라기 시작했다.

영업을 어떻게 해야 할지 몰랐던 밥은 자신이 점점 시대에 뒤떨어지고 있다는 생각이 들었다. 고위 경영진은 갈수록 호되게 밥을 비판했고,

부정적인 피드백을 받을수록 밥은 더욱더 자신이 무능하다는 생각에 빠져들었다. 단순히 밥이 영업을 할 줄 모른다는 것이 문제였다. 애초에 밥의 목적은 자신의 해박하고 깊은 법률 전문 지식을 능력이 닿는 최대한으로 잘 활용하는 것이었다. 그것이 밥이 늘 해왔던 일이었으며, 자신과 고객들에게 만족을 주었던 일이었다.

그러나 이제 밥은 내부의 다양한 장벽이 자신의 눈앞에서 무지막지하게 높아지는 듯한 기분이 들었다. 이제 사람들 눈에 밥은 건실하고 믿음직한 파트너가 아니라 제 역할을 다하지 못하는 사람으로 비쳤다. 밥보다 더 젊고 야심만만한 직원들 중에는 밥을 파트너-평사원 비율로 지급되는 상여금을 갉아먹는 간접비쯤으로 여기는 이들도 있었다. 날이 갈수록 밥은 점점 더 조직의 목적에 기여하지 못하고 있다는 생각이 들었다.

밥의 회사는 분명 이 상황에 더 현명하게 대처할 수 있었을 것이다. 어쨌든 밥의 법률 전문 지식은 매우 가치 있는 것이었으므로 밥의 전문 지식을 인정해주든지, 밥이 더 긍정적인 방향으로 역할을 재정립할 수 있도록 도와주든지 했어야 했다. 안타깝게도 조직의 리더들은 때때로 직원들의 직장 생활에서 목적이 얼마나 중요한지 인지하지 못한다.

그러므로 당신의 목적을 혼란스럽게 만드는 상황이나 사건에 어떻게 반응하느냐는 당신 자신에게 달려 있다. 이는 당신의 분야 또는 회사에서 발생하는 일이 당신 스스로를 규정하는 데 어떤 영향을 주었는지 인식해야 한다는 의미다. 밥 같은 사람은 당연히 자신의 통제 능력을 넘어선 일들 때문에 문제가 발생하고 있다는 사실을 인지했어야 하는 것처

2부 · 성장을 방해하는 3가지 불안

럼 보이지만, 일이 한창 벌어지는 순간에는 이를 알아채기가 어렵다. 그보다 우리는 전에 그랬던 것만큼 우리가 더는 가치 있지 않다는 사실을 알아갈수록 초조해지고, 이런 초조함 때문에 안으로 숨어들어 가며 그릇된 일을 능숙하게 하려고 하는 것이다.

다음의 항목을 자문해봄으로써 당신의 가치가 떨어졌다고 느끼게 만드는 일이 있는지 생각해보라.

- 회사나 고객에 대한 나의 가치에 영향을 주고 있는 산업 동향은 무엇인가?
- 조직 내의 어떤 변화가 나를 과거에 비해 덜 능률적이고 덜 생산적으로 만드는가?
- 지난 10년간 이룬 성공을 돌아봤을 때 어떤 유형의 지식이나 기술(또는 이들의 조합)이 나를 우수 성과자로 선발했는가? 그런 지식이나 기술의 가치가 조직의 안팎에서 어떤 식으로든 떨어졌는가?
- 조직이 지향하는 바와 내 존재가 일치하지 않는다고 생각하는가?

밥의 회사가 어떻게 다른 방식으로 대처할 수 있었을까? 밥은 어떻게 다른 방식으로 대처할 수 있었을까? 이 두 가지 중대한 질문은 다음 장에서 더 상세하게 다룰 것이다. 지금은 밥의 회사가 밥에게 회사의 새로운 방향을 명확히 제시하지 못했다는 점과 변화하는 법률 업무 속에서 밥이 어떻게 해야 자리를 유지할 수 있을지 명확하게 제시하지 못했다는 점만 알아두면 된다.

밥은 점점 더 입지가 좁아져 불안에 갇히게 되었다. 젊은 변호사들과 파트너들의 부정적인 태도에 마음이 상한 그는 자신의 업무 패턴에 틀어박혀 올바른 일을 미숙하게 하려고 하지 않았다.

개인적 요구 사항의 변화

바꿔 말하면, 당신이 달라진 것이다. 초창기에는 컨설팅 회사에서 파트너가 되겠다는 야심에 차 있었을지 모르나, 이제는 자기 사업으로 성공하겠다는 마음에 사로잡혀 있을 것이다. 지금보다 더 어렸을 때는 세상을 바꿀 수 있는 일을 하겠다는 목표를 품었을지도 모른다. 그러나 나이가 들고 부양할 가족이 있는 지금은 그 목표가 달라졌을 것이다. 이제 당신은 재정적 성공과 안정된 직장을 바라고 있다.

이렇게 극적으로 변하지는 않았을 수도 있다. 그렇다고 그 변화의 의미가 덜한 것은 아니다. 어쩌면 경력을 쌓고 있는 지금 당신은 개인의 성취보다 직원들의 역량을 개발하는 데에서 더 큰 만족을 느낄 수도 있다. 어쩌면 더 많이 신경 써야 할 장기 프로젝트나 목적이 있을 수도 있다. 어쩌면 직업을 바꿨을 수도 있고 이혼, 출산, 지인의 죽음 등 인생의 대소사가 당신의 목적을 바꿔놓았을 수도 있다.

크든 작든 당신의 목적이 달라지면 불안에 시달리는 자신의 모습을 마주하게 될 것이다. 어쩌면 이런 일이 생기더라도 당신은 자신의 삶에 찾아온 변화 때문에 다른 목적에 관해 생각할 필요가 있다는 사실을 인

2부 · 성장을 방해하는 3가지 불안

식조차 못할 수도 있다. 그보다는 직업이 더욱 불만족스러워지거나 지금 하고 있는 일에 관한 걱정만 늘어날 것이다. 제대로 된 현실을 인식하지 못하기 때문에 직장 생활에 무엇이 결여되었는지 다른 사람과 이야기를 나눠야 한다는 사실을 깨닫지 못한다. 새로운 목적에 부합하는 일들을 성취하려면 다른 부서로 옮기거나 이직까지 해야 할지도 모른다는 사실을 당신은 이해하지 못하는 것이다.

개인적 변화가 당신의 목적에 영향을 미쳤는가? 이 질문에 대답하기 위해 다음의 항목들에 관해 생각해보라.

- 5년 또는 10년 전과 비교해 현재 당신이 직장에서 성취하고자 하는 목적이 달라졌는가?
- 당신이 직장에서 즐기고 있는 일(당신이 즐겨 활용하는 지식과 기술)이 극명하게든 사소하게든 달라졌다고 생각하는가?
- 과거와 비교해 현재 직장인으로서의 자신에 관해 스스로에게 말하는 내용이 달라졌는가? 당신의 개인적인 삶이나 업무 관심사가 달라졌는가? 더는 과거만큼 당신의 역량을 발휘하지 못하는 상황이 되었는가?

목적의 추구를 가능케 하라

목적이 없어서 직장 생활에 문제를 겪고 있다면, 이 문제 때문에 밤에는 잠을 설치고 낮에는 걱정에 사로잡혀 있다면, 또 이 문제 때문에 [그림 2-2]의 왼쪽에서 오른쪽으로 넘어가지 못하고 있다면, 이제 조치를 취해야 할 때다. 우선 이러한 상황을 인식하는 것이 중요한 첫 단계다. 상황을 인식하는 데는 지금까지 내가 했던 조언들이 도움이 될 것이다. 이제는 당신이 불안을 이기고, 목적에 걸맞게 변화하고 성장할 수 있도록 용기를 내는 데 도움이 될 두 가지 방법을 알아보자.

- 당신의 일에 완전히 몰두하라.
- 모호한 말이 아닌 단도직입적인 말을 요구하라.

당신의 일에 완전히 몰두하라

출세 가도를 달리는 야심 찬 사람들은 일에 소홀해지거나 적당히 몰두하기도 한다. 능숙한 일은 완벽하게 해내지만, 그들이 하고 있는 일에 대한 헌신과 믿음이 부족하다. 헌신과 믿음은 그들에게 위험을 감수하며 새로운 도전을 받아들이고, 최고 수준의 성과를 낼 수 있도록 용기를 북돋는 요소다.

일에 완전히 몰두하려면 일하는 방식이나 심지어 일하는 장소까지 바꿔야 할 수도 있다. 물론 상사와 솔직한 대화를 나누는 것처럼 단순한 변화로 해결할 수 있는 경우도 있다. 당신에게 필요한 것이 무엇인지 상사에게 얘기하면 상사가 당신에게 부족한 부분을 채워줄지 모른다. 또는 당신에게는 자신의 역할이 무엇인지, 그 역할이 조직에 어떻게 적용되는지에 대해 명확한 설명이 필요할 수도 있고, 자신의 역량을 충분히 발휘하고 있다고 느낄 만한 새로운 업무가 필요할 수도 있다. 극단적으로는 일에 완전히 몰두하기 위해 회사 내에서 담당하는 업무를 바꾸거나 이직을 해야 할 수도 있다.

몰두는 거저 할 수 있는 게 아니다. 몰두는 그냥 일어나지 않는다. 다시금 목적의식을 갖고 일할 수 있도록 책임감을 가지고 환경을 바꿔야 한다. 조직이 당신을 대신해서 그 일을 해주길 바라서는 안 된다. 물론 나 또한 직장에서 목적의식을 찾으려면 시간과 노력이 필요하다는 사실을 잘 알고 있지만, 그럴 만한 가치가 충분히 있는 일이다.

조직과 조직의 목적에 헌신하는 사람일수록 우수 성과자일 가능성이 높다는 사실은 여러 연구에서 증명된 바 있다. 실제로 가장 큰 성과를 올리는 사람들과 조직에 가장 몰두하는 사람들 사이에 밀접한 상관관계가 존재한다. 이는 단순히 그들이 일을 가장 열심히 해서가 아니라 목적의식을 가지고 회사 일에 몰두하면 위험을 감수하고 상황에 맞게 행동하는 데 도움이 되며 올바른 일을 미숙하게 하도록 동기부여가 되기 때문이다.

이들은 중요한 신기술이나 지식을 습득하기 위해 단기간 동안 다른 사람들 눈에 능력자로 보이지 못하는 희생의 가치를 알고 있다. 이는 내가 성취욕이 높은 다수의 성과자들과 면담을 해 얻어낸 결과이기도 하다. 이들 중 한 사람은 일에 몰두하는 자신의 마음가짐을 전달하기 위해 이렇게 말했다.

"나는 많은 일을 해봤고, 많은 상사를 만났으며, 다른 사람들과 다른 회사에 몰두할 기회가 많았습니다. 그러나 이런 경험을 한 건 여기가 처음이에요. 여기는 지위 고하를 막론하고 모두가 명확한 목적의식을 갖고 있습니다. 그 명확성은 내가 시간을 어떻게 보내는지, 동료들과 어떤 식으로 협업하는지, 상사에게 어떤 방식으로 피드백을 받는지, 조직의 리더가 조직 내·외부의 사람들을 어떻게 대하는지를 보면 고스란히 드러납니다. 나는 지금 하고 있는 경험을 계속 하고 싶었기 때문에 지금껏 한 번도 일을 줄이겠다고 말한 적이 없습니다. 프로젝트 때문에 동료들과 늦게까지 야근하는 날도 있습니다. 가족들과도 떨어져 있지요. 환풍기도 없는 무더운 방에서 차갑게 식은 중국 음식으로 끼니를 때웁니다. 그래도 나는 스스로에게 이렇게 말합니다. '늦은 시간이지만 여기서 이 사람들과 이 고객들을 위해 일하고 있는 게 너무 좋다. 미친 짓이라는 걸 알지만, 나는 이 미친 짓을 사랑한다.'"

당신은 이 정도로 몰두해본 일이 있는가? 거의 세상을 바꾸기라도 하려는 듯한 이 사람의 열정까지 따라갈 필요는 없으나, 당신이 어떤 일을 하는지, 어떻게 하고 있는지, 어디에서 하고 있는지에 관해서는 강한 소신을 지녀야 한다. 좀 더 구체적으로, 완전한 몰두의 기준은 다음과 같다.

- 당신이 일하는 곳의 가치가 당신의 가치와 부합한다는 느낌
- 고위 경영진들이 서로 잘 화합한다는 느낌
- 당신의 일상 업무가 당신이 지향하는 방향으로 나아가고 있다는 어느 정도의 확신
- 당신이 하는 일에 대한 소신(이 일이 당신의 소명이라는 감정)
- 당신의 기술과 지식이 빈틈없이 사용되고 있다는 인식
- 업무 기대치와 업무 현실이 부딪히지 않음

모호한 말이 아닌 단도직입적인 말을 요구하라

제2차 세계대전 당시 윈스턴 처칠은 연합군 장군들이 전투를 개시하려 대기하고 있을 때 기밀문서를 수정하고 있었다. 처칠은 자신이 의견을 달 만한 여백을 거의 두지 않고 작업한 타자수의 작업 방식을 지적하며, 한 페이지에 "가장자리 여백 주의Watch the borders"라고 썼다. 그 문서를 받아 읽던 장군들은 '가장자리 여백'을 '경계'로 오해하고, 영국 남동부의 국경을 지키라는 처칠의 지시라고 믿었다. 다행히 적의 침략은 없었고, 처칠과 장군들과 타자수 사이의 오해로 수천 명이 죽는 일도 없었다.

성취욕이 높은 사람들에게는 모호함이 아니라 명료함이 필요하다. 상사나 고객이 자신의 의견을 분명하게 전달하지 못하면 이들의 불안은 점점 커진다. 가령 당신이 상사에게 프로젝트를 제출하고 의견을 물을 때 상사가 고개를 끄덕일 뿐 어떤 대답도 하지 않는다고 하자. 상사는 당신에게 실망했다고 생각하고 있는 걸까? 당신에게 상처가 되는 말을 뱉을까봐 일부러 아무 말도 안 할 정도로 불쾌한 걸까? 고개를 끄덕인 것은 그럭저럭 괜찮다는 의미일까, 아니면 기대에 한참 못 미쳤다는 의미일까?

의욕이 넘치는 사람들은 모호한 반응을 마주하면 보통 최악의 상황을 가정한다. 반복적으로 모호한 반응을 마주하다 보면 부정적인 감정을 마음에 품고 최악의 시나리오를 만들기 시작한다. 그들이 회사에서 일하는 목적에 의문을 제기하기 시작한다. '주변에서 일어나는 모든 변화를 고려해보면 여기는 더 이상 내가 있을 곳이 아닐지도 몰라.' '내가 회사에 너무 오래 머물러서 폐를 끼치고 있는 것일지도 몰라.' '다른 사람들 눈에는 내가 한물간 사람으로 비칠지 몰라.' 모호성은 비옥한 땅에 불안을 심어 그 땅을 황무지로 만든다.

당신이 최대 고객에게든 최고경영자에게든 명료한 의사 전달을 기대하는 것은 당연하다. 그러나 우리 중에는 그렇게 하지 못하는 이들이 너무도 많다. 우리는 무슨 말을 듣게 될지 모른다는 두려움 때문에 정확하게 말해달라고 요청하지 않는다. 우리를 향해 고개를 끄덕거렸던 것이 실제로 실망의 끄덕거림이었다는 사실을 알고 싶어하지 않는 것이다.

그러나 모호함 때문에 불안을 겪는 것보다는 진실을 듣는 편이 낫다. 그리고 대부분의 경우 모호하게 말을 한 사람들은 자신이 모호했다는 사실조차 인식하지 못하므로 명확한 말을 들으면 오히려 안심하게 된다. 게다가 부정적인 피드백을 듣는다고 하더라도 이를 통해 당신이 어디쯤 서 있는지, 발전하려면 무엇이 필요한지 알 수 있으므로 안심이 될 것이다.

나 역시 실수를 저지르고는 전혀 알아채지 못한 적이 있다. 상황을 더 잘 파악하고 있었더라면 주변 사람들의 불만과 분노가 덜했을 것이다.

어느 날 나는 MBA 강의를 마치고 다음 수업으로 가기 위해 학생들을 지나 서둘러 교실을 빠져나가고 있었다. 내가 생각하기에 수업은 잘 진행되었다. 학생들이 강의 주제에 굉장히 몰두한 것 같았고, 나는 그런 상황을 즐겼다. 사실 그 주제로 수업을 할 때마다 학생들이 집중한다는 것을 알고 있던 터였다. 내가 출입문을 향해 서둘러 나가고 있을 때 한 학생이 나를 올려다보며 말했다.

"들롱 교수님, 오늘 수업은 정말 대단했습니다."

나는 멈칫거리며 그 학생을 바라보았다. 약간 멍한 눈으로 학생을 빤히 내려다보았던 것 같다. 그러고는 아무런 대꾸도 하지 않은 채 재빨리 문을 빠져나왔다. 다음 수업에 들어가 90명의 학생들을 가르칠 준비를 마치기까지 내게 주어진 시간은 10분뿐이었다. 그리고 건강에 문제가 있던 학생이 내게 면담을 요청했기에 그 학생과 만나 이야기도 나눠야 했다. 또 외국에서 방문한 학부모들이 나를 기다리고 있을 터였다.

문밖으로 나가는 내게 칭찬의 말을 건넨 이 학생에게 내가 어떤 생각과 감정을 불러일으켰을까? 그때 내가 왜 아무런 말도 하지 않았는지 나도 잘 모르겠다. 나는 닷새 후에 그 학생(브루스라고 부르자)이 면담 신청을 했다는 것을 알고 깜짝 놀랐다. 우리가 만났을 때 나는 브루스가 그 일이 있은 뒤로 어떤 수업에도 참석하지 않고 있다는 사실을 알고 있었다. 면담을 하는 중에 나는 브루스에게 어떻게 지냈느냐고 물으며, 그가 면담을 신청한 이유를 꺼내기 전에 잡담을 나눠보려고 노력했다.

브루스는 내게 자신이 수업을 잘 따라가고 있는지, 그리고 내가 그의 발표 내용을 어떻게 생각하는지를 물어보며 대화의 물꼬를 텄다. 나는 그에게 수업 중반부인 지금까지는 그가 잘하고 있다고 말했다. 브루스는 자신이 내 기분을 상하게 하거나 화나게 한 행동을 한 적이 있느냐고 물었다. 나는 브루스가 왜 그런 질문을 하는지 알 수 없었다.

그제야 브루스가 닷새 전 수업이 끝나고 있었던 일을 꺼냈다. 내가 교실을 떠난 뒤에 그는 자기가 한 말에 무슨 문제가 있는 게 분명하다는 의혹을 품기 시작했다고 했다. 브루스는 어쩌면 내가 그의 말을 못 들었는지도 모른다고, 어쩌면 그의 말에 대답하기에는 내가 너무 중요한 사람이라고 생각했는지도 모른다고 생각했다(브루스는 나중에야 내게 이런 말을 했다). 브루스는 그날 수업 시간에 자신이 낸 의견을 하나하나 곱씹으며 내가 그 의견을 마음에 들어 하지 않는다고 생각하기 시작했다. 그리고 그때까지 내 수업에서 자신이 받은 성적을 검토하며 자기가 잘 따라가고 있는지 궁금했다. 스스로 이런 질문을 던질 때마다 그는 부정적으로 대답했다. 걱정이 되기 시작하자 부르스는 자신에 관해 형편없는 학생이나 할 만한 부정적인 가능성을 제기했다(그는 형편없는 학생과는 거리가 멀었다). 나와 대화를 나눌 때쯤 브루스는 이미 신경쇠약에 시달리고 있었다.

나는 당시 내가 대처를 달리 했어야 했다는 사실을 인정하며, 너무 시간에 쫓긴 나머지 아무런 대답을 하지 못했던 거라고 해명했다. 그리고 그가 당시의 사건을 부정적으로 해석했노라고, 내 반응을 오독한 것이라고 덧붙였다. 내 속마음을 모두 알게 된 브루스는 깜짝 놀랐다. 나는 브루스에게 내가 그때 다음 수업에 들어가야 했으며, 수업 시작 전에 처리해야 할 행정 업무에만 몰두해 있었다고 말했다.

서른 살 무렵 아버지와 함께 포틀랜드의 메모리얼 경기장으로 농구 경기를 보러 간 적이 있다. 포틀랜드 트레일 블레이저스가 휴스턴 로케츠를 상대로 경기하는 모습을 보면서 나는 아버지에게 다섯 명의 자녀를 키우는 일과 직장 생활 사이에서 어떻게 균형을 잡으며 살았느냐고 물었다. 이런 질문을 했던 기억이 난다.

"아버지, 제가 대학교에 가기 전 10년 동안 왜 그렇게 자주 기분이 언짢으셨어요?"

아버지는 내게 무슨 소리를 하고 있는 거냐고 되물었다. 나는 말을 이었다.

"아시잖아요. 퇴근하고 집에 오시면 저녁 먹을 때 한마디도 안 하셨던 거. 저희한테 무뚝뚝할 때도 많았고요. 그때 저희는 우리가 뭔가를 잘못했거나 곧 혼날 거라고 생각했어요. 식사를 마치면 아버지는 소파로 가서 신문을 보다가 곧 잠드셨죠. 한참 커서까지도 저희는 늘 아버지가 저희한테 화나신 줄 알았어요."

아버지의 대답은 이러했다.

"네 말은 전혀 사실이 아니란다. 진실은 내가 일 걱정을 하고 있었다는 거지. 매일같이 느끼는 요구 사항을 내가 모두 충족할 수 있을지 걱정이었어. 너희들에게 딱딱하게 대할 때가 있었다는 걸 나도 알고 있단다. 네가 자라면서 남들 하는 정도로 속을 썩이긴 했지만, 평상시에 내가 너한테 화나 있었던 건 아니란다. 네가 잘못 판단한 거야."

우리가 모호한 말에 반사적으로 오독한다는 점을 감안하고, 다음과 같은 방식으로 명확하게 말해줄 것을 요청하라.

- 확실하게 알아듣지 못했다고 표현하라. 모호한 반응을 보인 상대에게 그가 뱉은 중의적인 표현이나 고개를 끄덕거린 행동이 무슨 의미인지 모르겠다고 말하라. "죄송한데, 무슨 말씀이신지 잘 모르겠습니다"라는 식으로 말하면 된다.
- 염려하는 바를 표현하라. 모호한 반응 때문에 갖게 되는 가장 큰 두려움이 무엇인지 말하라. 대부분의 경우 당신의 두려움은 불필요한 것

으로, 상대방이 분명하게 의사를 전달하면 사그라들 것이다.

올바른 길을 가고 있는지 평가하라

일에 완전히 몰두하고 단도직입적인 말을 요구함으로써 목적의식을 갖고 일할 가능성을 높일 수 있다. 이는 사분면의 한 영역에서 다른 영역으로, 즉 그릇된 일을 능숙하게 하는 곳에서 올바른 일을 미숙하게 또 올바른 일을 능숙하게 하는 곳의 용감한 여정을 떠나기 위해 절대적으로 필요한 일이다. 목적을 이 여정을 떠나는 데 꼭 필요한 교통수단으로 생각하라. 목적은 당신이 난관을 만날 때 힘이 되어주고 나아갈 방향을 제시해준다. 당신이 새로운 도전을 시도하면서 일하는 방식을 조정해야 할 때 목적은 당신으로 하여금 [그림 2-2]를 헤치고 나아갈 수 있도록 해준다. 앞서 언급했듯이, 성취욕이 높은 사람들은 대부분 직장 생활의 어느 한 순간에 정체하게 되는데, 목적이 있으면 이를 피해 갈 수 있으며 틀에 박힌 일상에서 벗어날 수 있다.

성취욕이 높은 사람들은 남들과 비교해 자신의 경력이 어떤지, 자신이 하는 일에 정당한 보상을 받고 있는지 등을 아주 많이 생각하지만, 대개 자신의 목적이 무엇인지에 관해서는 곰곰이 생각하지 않는다. 일부 사람들은 목적을 너무 난해한 개념으로 받아들여서 눈앞에 있는 성과에만 집중하기도 한다. 그러나 당신의 목적이 무엇인지 주기적으로 생각해보기 바란다. 사회생활을 시작할 때 어떤 목적이 있었는지, 현재의 목적은 무엇인지, 미래에는 어떤 일을 하고 싶은지 생각해보라.

당신의 목적이 '세상을 바꾸고 싶다'라는 문장처럼 거창하지 않다고 해서 걱정할 것 없다(물론 거창하다면 그것대로 훌륭하다). 목적은 무한히 다양한 형태를 취할 수 있으며, 마찬가지로 헤아릴 수 없이 많은 방법으로 표현될 수 있다. 당신의 목적은 업계 최고의 회사에서 일을 잘 해내는 것이 될 수 있다. 직원들과 사업 모두를 성장시키는 리더가 되고 싶다는 것일 수 있다. 당신이 가치 있는 사람이라고 느끼는 것, 중요도와 상관없이 어디에든 이바지하고 싶다는 것이 될 수도 있다.

어떤 목적이든 간에 자주 생각하고 가까이 붙들고 있어라. 그러면 꾸준히 발전하는 데 도움이 될 것이며, 여정의 다른 단계에서 일어나는 불안 때문에 탈선하지 않도록 당신을 지켜줄 것이다.

4장

나는 중요한 사람이
맞는가

성취욕이 높은 사람들은 자신이 핵심층이라고, 특정 클럽의 일원이라고 믿고 싶어한다. 현명하고 출세한 사람들은 자신감이 충만해서 이러한 소속감이 필요 없을 것 같지만, 겉으로 보이는 이들의 자신만만함 안에는 의심이 깃들어 있다. '내가 기대에 부응하고 있는가? 사람들이 생각하는 것만큼 내가 잘하고 있는가? 경영진은 나를 없어서는 안 될 A급 직원이라고 생각할까, 아니면 한 번 쓰고 버리는 부속품이라고 생각할까?' 이러한 의문은 이미 더할 나위 없이 출세한 사람들조차 괴롭힌다. 이들은 이러한 의문에 긍정적으로 대답하지 못하면 불안해한다. 상사의 눈 밖에 났다거나 출세 가도에서 벗어났다는 생각에 사로잡혀 초조해한다. 남들의 시선으로 자신을 바라보기 시작하며 걱정에 빠져드는 것이다.

설령 이들의 인식이 틀린 것이라고 할지라도 그건 중요하지 않다. 사실 경영진은 이들을 아주 좋아할지도 모르지만, 이들 생각에 자신은 이미 소외당하고 있다. 상황이 이렇게 되면 인식은 곧 현실이 된다. 일단 이들이 스스로 버림받았다고 믿으면, 자신의 성과와 성취감을 저해하는 방식으로 행동한다. 사실 처음에는 이들이 소외당하고 있지 않았더라도 불안 때문에 반드시 이들의 생산력에 차질이 생길 것이고, 그렇게 되면 결국 경영진과 사이가 틀어질 수밖에 없다.

이러한 고립감은 때로는 눈에 띄게, 때로는 미묘하게 다양한 방식으로 전개된다. 출세한 사람은 대부분 특히 배타적인 행동에 민감하다. 당신도 그러한가? 지금 내가 하는 이야기가 지난 몇 년간 살아온 당신의 삶을 말하는 것처럼 들리는가? 이 질문에 대답하기 전에, 다른 사람들의 시선으로 자신을 바라보고 있다는 사실을 인지하고 있었던, 굉장히 야심만만한 사람의 이야기를 먼저 들어보라.

롭 파슨은 그의 상사인 폴 나스르를 의지할 만한 사람이라고 믿었다. 파슨은 월스트리트에 있던 나스르를 따라 그만 믿고 두 곳의 다른 회사로 옮겨 갔다. 나스르는 고객을 상대하는 데 타고난 재능이 있었다. 단순히 회사의 상품을 판매하는 데 그치지 않고 실제로 고객의 필요에 부합하는 구체적이고 독특한 상품을 만들어내기까지 했다.

1990년대 초에 당시 모건스탠리의 회장이었던 존 맥에게 특별한 제의를 받은 나스르는 맥의 밑에서 일할 기회를 냉큼 잡았다. 그 후 나스르가 전에 일하던 회사에서 가장 먼저 데리고 나온 사람이 바로 파슨이었다.

그들은 서로의 마음을 읽을 수 있을 정도로 신뢰하는 관계였다. 고객과 회의를 할 때 서로의 눈짓 한 번이면 뜻이 통했다. 이들은 같이 식사를 하고 술을 마시며 특히 월스트리트 업계에 관한 고민을 나눴다.

파슨이 모건스탠리로 이직한 이유 가운데 하나는 그가 월스트리트의 엘리트 세계에 들어갈 수 있다는 사실을 본인과 남들에게 증명해 보이고 싶었기 때문이다. 골드만삭스와 모건스탠리는 당대 최고로 손꼽히는 회사로 지위 보장, 세계적 인정, 재정적 보상을 약속하는 직장이었다. 무엇보다 수많은 아이비리그 졸업생이 이 회사들의 본사에서 근무하고 있었는데, 그들은 자신들이 두려워하는 상사 때문에 힘들어하거나 고통받는 것 같지 않아 보였다.

당시 모건스탠리에는 다른 회사 출신인 이가 상무이사 직함으로 입사할 수 없다는 정책이 있었다. 정책상 새로 온 사람들은 우선 이사로 들어와 회사에서 일하며 승진해야 했다. 결국 이전 회사에서 상무이사였던 파슨은 회사를 옮기고 11개월 뒤에 예정된 인사이동에서 승진될 거라고 생각하며 모건스탠리의 본부장으로 이직했다.

파슨이 업계 10위를 달리고 시장점유율이 2퍼센트인 업체를 고객으로 유치하는 업무에 투입되기에 앞서 동일한 계약을 시도했던 상무이사가 다섯 명이었다. 그리고 이들은 계약을 따내지 못했다는 수치심에 계약 실패 후 1년 만에 모두 회사를 그만두었다. 이 리더들은 연봉으로 각각 100만 달러 이상을 받았다.

파슨이 그 업무를 맡자 회사의 이사들과 부사장들, 그룹 동료들의 사기가 떨어졌다. 자신이 일을 배우지도, 재능을 활용하지도 못하고 있다고 느낀 탓이었다. 그들은 다른 회사에 다니며 바닥부터 승진해 올라온 친구들에 비해 뒤처지고 있다고 느꼈다. 그리고 그들은 자신이 받게 될 거라고 꿈꿨던 연봉을 받고 있지 못했다. 한마디로, 그들은 자신의 경력에 대해 생각할수록 우울하고 화나고 겁이 났던 것이다.

한편 파슨은 고객 개발과 서비스 분야에서 미술을 부리기 시작했다. 그는 후배 직원을 데리고 다니면서 회사와 본인들 모두에게 유리한 성과를 내며 모자에서 토끼를 꺼내듯 뚝딱뚝딱 해결책을 내놓았다. 그러나 파슨에게는 걸어 다니는 활화산 같은 면도 있었다. 그는 뱃사람 저리 가라 할 정도로 언제든지 폭발하고 소리를 지르고 욕지거리를 퍼부을 수 있는 사람이었다. 공항에서도, 식당에서도, 사무실에서도 폭발할 수 있었다. 만약 어떤 직원이 전략적으로 사고하지 않는다거나 이해하고 학습하는 속도가 더디다고 느끼면, 그는 다른 직원들이 지켜보는 앞에서 그 직원에게 큰소리로 주의를 주고도 남을 사람이었다.

역설적인 사실은 파슨이 고객들에게는 정반대의 모습을 보인다는 것이었다. 고객들은 그를 정말 좋아했다. 그는 고객의 말을 귀 기울여 들었고, 고객을 치켜세우며 만나자마자 친구로 만들었다. 고객들은 그와 약속을 잡기 위해 몇 주 전부터 연락을 했다. 개인적인 조언을 듣기 위해 연락을 해올 정도였다.

사업은 성장하기 시작했다. 그것도 빠른 속도로 효율적으로 성장했고, 모건스탠리와 월스트리트의 모든 사람이 파슨이 회사를 변화시키는 모습을 예의 주시했다. 그 모습을 가장 가까이에서 지켜본 사람이 나스르였다. 파슨이 이직해 오기 전에 나스르는 회사의 순위가 급락하는 상황을 목격했고, 파슨이 주도권을 잡은 지 11개월도 되지 않아서 회사의 시장점유율이 12.2퍼센트까지 올라가는 모습을 목격했다. 나스르는 파슨이 직원들에게 가혹하게 대한다는 이야기를 들었지만 별다른 조치를 취하지 않았다. 가끔 파슨에게 긴장을 풀고 좀 밝게 지내라고 놀리듯 얘기하긴 했다. 그러나 나스르는 모건스탠리가 지향하는 리더십의 정반대 방향으로 가고 있는 파슨의 행동에 대해 한 번도 따끔하게 충고하지 않았다. 그리고 상황이 어떻게 흘러가고 있는지 파슨이나 나스르에게 확인하는 인사부 직원도 없었다.

파슨의 승진을 검토할 시기가 되자 나스르는 그가 작성한 승진 관련 자료를 승진위원회에 송부했다. 위원장은 파슨에 관해 들었던 긍정적인 평가와 부정적인 평가를 저울질하며 염려했다. 파슨의 승진 문제를 놓고 위원장이 존 맥과 의논한 결과, 두 사람 모두 파슨이 승진 기준을 통과하지 못한다는 데 동의했다. 나스르가 맥의 사무실에 찾아가 파슨의 승진 가능성에 대해 어떻게 생각하느냐고 묻자 맥은 파슨이 승진하지 못할 것이라고 대답했다. 맥과 짧은 대화를 나눈 뒤 나스르는 맥의 사무실에서 나와 거래소에 있는 자신의 사무실로 발걸음을 옮겼다. 엘리베이터로 걸어가는 동안, 곧 일어날 법한 온갖 상황이 나스르의 머릿속을 스쳐갔다. '회사를 그만둬야 할까? 롭에게는 언제, 뭐라고 말해야 하나? 어떻게 말해야 하지? 내가 롭을 실망시켰어. 맥은 내가 제대로 관리하지 못한다고 생각할 테니 이제 내 커리어는 망했구나. 롭이 그만두면 어떡하나? 시장점유율은 어떻게 될까? 누가 롭의 자리를 대신하지? 롭이 그만두면 내 보너스는 어떻게 되는 거지? 롭이 그만두면 고객들도 롭을 따라

가려나?'

나스르는 공식적으로 승진과 연봉 협상 결과 발표가 있기 한 달 전이 었던 그날 파슨에게 이 사실을 털어놓기로 마음먹었다. 이 대화를 매듭 짓고 싶었다. 나스르는 퇴근 후 술자리로 파슨을 불러냈다. 술을 몇 잔 들 이켠 뒤 나스르는 파슨 쪽으로 몸을 돌리고 말했다.

"그나저나 자네 이번에 승진이 안 될 걸세."

파슨은 잠시 나스르를 쳐다보더니 욕지거리를 몇 마디 퍼붓고 술집을 나가버렸다.

다음 날 파슨은 결근했다. 그러더니 그날 오후 6시쯤 승진위원회의 위 원장에게 연락을 해 만나서 얘기를 좀 하자고 말했다. 그날 밤에 만난 두 사람은 두어 시간 동안 잡담을 나눴다. 그러고 나서 파슨이 입을 뗐다.

"지난 24시간 동안 제 이력서를 뚫어져라 쳐다봤습니다. 월스트리트 에 있는 거의 모든 회사에서 돈을 두 배로 주겠다며 제게 스카우트 제의 를 해왔습니다. 하지만 저는 그동안 너무 여기저기 옮겨 다녔죠. 그리고 저는 진심으로 맥이 월스트리트에서 최고의 회사를 만들고 싶어한다고 믿습니다. 그런 맥을 신뢰합니다. 그래서 대안을 제안하고 싶습니다. 한 가지 조건만 맞춰주신다면 저는 모건스탠리에 남겠습니다. 그 한 가지 조건은 앞으로 제가 폴 나스르에게 보고할 일이 절대 없도록 해달라는 겁니다. 솔직히 폴을 다시는 보고 싶지 않습니다. 폴은 저한테 거짓말을 했어요. 저는 폴을 전적으로 신뢰했는데 말입니다. 저는 밖에 서서 회사 내부와 저를 거부한 사람들을 바라보고 있지요. 저는 정말이지 간절하 게 상무이사가 되고 싶었습니다. 그런데 지금 또다시 바깥에서 안을 바라보고 있습니다. 그들의 클럽에 들어가는 데 또 실패했죠. 그런데 나스르는 마지막 순간에 저를 버렸습니다."

파슨은 모건스탠리에서 상무이사로 승진하는 데 그의 경력을 걸었다. 그는 명문대를 다니지 않았고 특권층 출신도 아니었으므로 본인 스스로 대다수 동료들만큼 수준이 높지 않다고 생각했다. 매일 아침 브로드웨이 1585에 위치한 본사에 들어갈 때면 그는 자신과 다른 직원들을 비교하며 마음속 깊이 스스로 부족하다고 느꼈다. 자신은 이렇게 대단한 그룹의 일원이 될 만큼 가치 있다고 생각하지 않았다. 훗날 그는 당시를 이렇게 회상했다.

"그때 저는 거의 매일같이 화가 나 있었던 것 같습니다. 이제 와 깨달은 것이지만, 그때 저는 세상을 상대로 싸움을 걸어서 모조리 해치우고 싶어했어요. 그때는 또 제가 그들의 클럽에 속해 있다는 느낌을 받은 적이 전혀 없었습니다."

나는 많은 시간을 할애해 이 이야기를 전해왔다. 배척이 얼마나 다양한 방식으로 일어날 수 있는지, 이 이야기가 아주 잘 드러나기 때문이다. 이 이야기는 파슨이 말 그대로 승진자 클럽에서 제외된다는 결말로 끝난다. 그리고 그런 일이 생기기 훨씬 이전부터 파슨은 배척당한다는 느낌을 온몸으로 느끼고 있었다. 자신이 다수의 동료들과 사회적 혈통을 나란히 하지 않는다는 이유 때문이었다. 역설적이게도 배척감 때문에 생긴 그의 괴팍한 행동은 그가 승진에서 탈락하는 결과를 낳았다. 파슨이 모건스탠리에 나타났을 때 회사 사람들은 그들 중 한 사람이 아닌 파슨이 리더로 선정되었다는 사실에 배척감을 느꼈다.

모건스탠리의 직원들뿐 아니라 모든 사람이 단절에 대한 두려움을 지니고 있다. 그룹의 주변부에 있는 사람들이 의문을 갖는 근본적인 질문은 이런 것이다. '내가 이 그룹의 안에 서 있는가, 밖에 서 있는가? 내가 이 그룹의 일원인가, 아닌가? 이 그룹 또는 팀, 부서, 조직에 언젠가는 들어맞는 사람이 될까?' 물론 어떤 사람들은 그들 조직의 내부 핵심층에 확고하고 편안하게 앉아서 안정감을 느낀다.

그러나 대부분은 핵심층의 가장자리로 내몰리고 있다는 느낌을 받는다. 이 시점부터 이들의 행동은 달라지고 기이해진다. 이들은 자신의 어깨너머로 뒤돌아보며 걱정하기 시작한다. 이들의 달라지는 행동은 이들을 한층 더 고립시킨다. 악순환에 빠진 이들은 배척당하고 있다는 생각을 시작으로 핵심층의 바깥쪽으로 내몰리다가 결국 추방당하고 있는 자신의 모습을 발견한다.

당신도 이러한 악순환에 빠져 있는가? 당신이 느끼는 소외감과 배척감을 얼마나 인지하고 있는가? 이러한 감정이 당신을 불안하게 하는가? 성취욕이 높은 사람 다수가 이런 일이 발생하고 있다는 사실을 인지하지 못한다. 의욕이 넘치는 사람에게는 인지하기 어려운 성질의 일인 탓도 있다. 이들은 일을 열심히 하고 강한 모습을 보이려 하므로 남들에게 무시당한다는 느낌을 받는다는 사실을 인정하지 못한다. 당신이 경험하는 고립의 정도를 꾸준히 인지하려면 다음의 질문을 통해 스스로를 돌아보라.

- 동료들에 비해 나이가 더 적거나 혹은 더 많거나, 동료들과 다른 기업 문화 출신이라거나, 동료들에 비해 배경이나 지식 따위가 부족하다는 등 동료들과 비교했을 때 당신이 다르거나 '부족하다'고 느낄 때가 종종 있는가?
- 당신이 성과를 냈는데도 상사가 당신보다 다른 사람들을 더 총애한 다고 믿는가? 당신이 어떤 일을 하든, 얼마나 잘 해내든 늘 다른 사람이 총애를 받는 것처럼 보이는가?
- 당신의 회사 또는 문화에 당신이 적합하지 않은 사람인 것 같아서 걱정하는가? 어떻게 하면 더 잘 어울릴 수 있을지 고민하느라 많은 시간을 쏟는가?
- 당신이 승진에서 탈락하거나 당신이 맡는 것이 당연하다고 생각하는 업무를 받지 못할 때 진지하게 이런 상황을 '무시'라고 생각하는가? 당신이 승진하기에 준비가 되어 있지 않았거나 다른 사람이 그 업무에 더 적합했을 가능성이 있을 때조차 당신이 원했던 것을 얻지 못한이유에 집착하는가?

헌신과 고립의 관계

친밀함을 위해서는 헌신이 필수적이다. 안타까운 일이지만, 당신이 대부분의 사람과 같다면, 다양한 환경적 요인이 직장과 조직을 향한 당신의 헌신을 감소시켰을 수 있다는 사실을 이미 깨달았을 것이다. 의식적으로든 아니든 당신은 이미 단절되어 있다. 앞선 예시에서 본 것처럼, 당신이 소외감을 느꼈기 때문에 이런 일이 벌어졌을 수 있다. 인원 감축을 시행한 회사의 리더들에게 일말의 충성심조차 느끼기 어려울 만큼 사기가 떨어진 탓에 이런 일이 벌어졌을 수도 있다.

이유가 무엇이든 당신은 더 이상 당신의 직업, 당신의 회사, 당신이 맡은 특정 업무에 헌신하지 않는다. 헌신이 없으면 고립감과 외로움을 느끼게 된다. 이러한 고립이 실제든 허상이든 그건 중요하지 않다. 고립은 새로운 도전을 하고, 일하는 방식을 바꾸고, 올바른 일을 미숙하게 할 용기를 갖지 못하도록 방해하는 불안을 낳을 뿐이다.

운이 좋은 사람들은 포용을 핵심 가치로 여기는 직장을 찾을 수도 있다. 그렇다면 직장에 헌신해야겠다는 동기부여를 강하게 느낄 것이고, 조직의 목표와 가치에 소속감을 느낄 것이다. 예컨대 컨설팅 회사인 맥킨지에서는 성취욕이 높은 다수의 직장인이 불안을 이겨낸다. 맥킨지가 포용을 회사의 사명으로 만든 덕분이다. 맥킨지의 전 임원은 이렇게 말했다.

"정말 맥킨지에 관해 안 좋은 점을 꼽고 싶지만, 되돌아보면 긍정적으로 평가할 수밖에 없네요. 무엇보다 회사를 나오기로 결심했을 때 제게 보여준 그들의 모습에 제가 이 회사의 일원이라는 사실이 정말이지 자랑스러워졌습니다. 심지어 회사를 떠난 뒤에도 늘 그곳에 속해 있다는 느낌이 들었죠."

이 임원은 맥킨지에서 15년 이상 일했던 사람이므로, 그가 이런 대접을 받은 것이 연공서열 때문일 거라고 생각할 수도 있다. 그러나 이 회사에서 2~3년만 근무했던 사람들도 이직하면서 같은 말을 한다.

맥킨지는 어느 회사보다도 퇴직자들을 지원하는 데 많은 돈을 쓴다. 이런 제도 덕분에 퇴사한 직원들은 최대 6개월까지 급여를 지원받을 수 있으며, 직원들은 이직을 결심하고도 계속해서 팀의 일부라는 생각을 갖게 된다. 지위 고하에 상관없이 모든 직원이 커리어 코칭을 받는다. 심지어 맥킨지는 퇴사하는 직원들과 네트워크를 공유하기도 한다.

더 놀라운 것은 퇴사한 직원들과 의사소통을 더욱 활발히 한다는 사실이다. 맥킨지는 조직을 떠난 모든 사람을 미래의 고객 또는 일감을 물어다주거나 조직을 응원해줄 컨설턴트로 생각하기 때문이다. 여기서 내가 강조하고 싶은 점은, 회사가 먼저 나서서 당신에게 헌신하고 있다는 것을 증명해 보여야 당신도 회사에 헌신하고자 하는 마음이 커진다는 것이다.

그러나 어떤 상황에서는 회사에 헌신하고자 하는 마음이 회사보다는 당신의 내면에 존재하는 꿈과 악마에 더 많은 영향을 받기도 한다. 성취욕이 높은 사람들은 자신이 회사에 얼마나 소속감을 느끼는지에 관해 스스로를 기만할 수도 있다. 자신의 업무와 회사에 매우 충성하고 있다고 본인과 타인에게 이야기를 하다가 그렇게 되는 것이다. 자신의 기술이나 변화하는 조직 문화가 더는 손에 붙지 않는다는 진실을 인정하기 두렵기 때문이다.

이런 사람들은 맥킨지처럼 활기찬 조직에서 일하게 되면 오히려 아노미를 겪을 수 있다. 아무리 회사의 문화나 상사, 동료들이 그들을 품어주려고 노력해도 그들 내면의 무언가가 그들로 하여금 소외감을 느끼게 만들기 때문이다.

당신이 직장에 얼마나 친밀감을 느끼는지(혹은 단절되었다고 느끼는지) 알아보고 싶다면, 1970년대 말 에드거 샤인^{Edgar Schein}이 도입한 '경력 닻 ^{Career Anchor}'이라는 개념을 적용해보라. 이를 이루는 요소는 우리가 직업 세계를 경험하는 방식을 구성하는 가치, 동기, 욕구다. 샤인은 직장 경험 을 통해 형성된 특정 동기부여, 수완, 자아상의 가치가 경력 전체를 안내 하고 제한한다고 주장한다. 사실상 자아상은 경력 선택에 영향을 미칠 뿐 아니라 고용주들이 내리는 결정에도 영향을 미치고, 개인이 인생에 서 바라는 바를 형성하며, 미래관에 영향을 미치는 닻 역할을 한다.[1]

우리는 복합적인 요인에 따라 우리가 하는 일이나 우리가 일하는 회 사에 매여 있다고 느낀다. 당신이 친밀하다고 느끼는지 아니면 단절됐 다고 느끼는지 판단할 수 있는 세 가지 요인을 살펴보자. 당신이 일에 얼 마나 매여 있는지 판단하는 데 도움이 될 것이다.

- 기술적 역량
- 계급 이동
- 소속감의 경계

기술적 역량

첫 번째 요인은 지식/기술, 전문적인 업무 감각, 기능적 역량이다. 사 회생활을 시작할 때는 전문 기술에 능숙해지는 데 초점을 맞춰야 한다. 이는 당신이 팀, 그룹, 조직의 게임에 들어가는 데 필요한 판돈과 같다.

능숙해질수록 당신은 조직의 일원으로서 받아들여지고, 당신의 그룹과 내·외적으로 유대감을 구축해나간다. 당신이 발휘하는 능숙함과 당신이 받는 보상 덕에 당신은 내적으로 소속감을 느낀다.

반대로 새로운 기술을 배우거나 어떤 분야에서 능숙함을 발휘하는 데

[그림 4-1] 경력의 3차원 모형

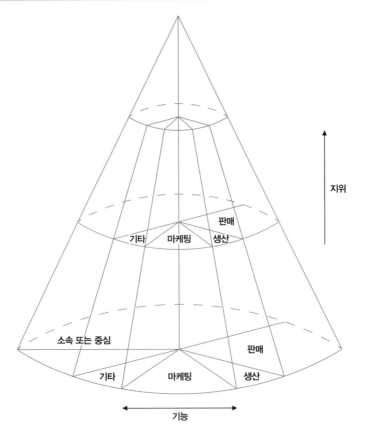

출처: Edgar H. Schein, *Career Anchors: Discovering Your Real Values*(San Diego, CA: Pfeiffer & Company, 1993), 17.

2부 · 성장을 방해하는 3가지 불안

실패하면 마치 실패자가 된 것 같은 기분을 느낀다. 더 중요한 것은 한때 당신을 좋아하고 호의적이었던 사람들이 이제는 당신을 덜 똑똑하고 덜 효율적이고 발전 가능성이 낮은 사람으로 본다고 느낀다는 것이다. 당신은 능숙함을 발휘하는 데 실패했다는 이유로 이제 더는 출세 가도에 있지 않고, 심지어 클럽의 일원이 아니라고 믿는다.

배움은 다양한 단계에서 이루어진다. 로펌의 신입 변호사라면 법률 지식뿐 아니라 시스템을 익혀나가는 것 또한 배워야 한다. 다른 사람들을 어떻게 도울지, 그들에게 어떻게 도움을 받을지 등 협업하는 방법을 배워야 한다. 다른 이들의 피드백이나 도움 없이 일하는 방법도 배워야 한다. 세금이든 소송이든 부동산이든 특정 법률 업무에 실력이 있다는 평판 또한 쌓아야 한다. 사실상 업무 능력을 기반으로 직업적 평판과 자아 개념을 구축해나가야 하는 것이다([그림 4-1]을 보라).

계급 이동

반드시 관리해야 할 두 번째 요인은 조직의 사다리를 따라 올라가는 계급 이동이다. 수직 사다리는 학교에 입학하는 아이들이든 사회생활을 시작하는 초년생들이든, 제도 속에 들어가는 모든 사람의 앞길에 서 있다. 이 사다리는 가족적 단계와 함께 우리의 생물사회적 단계와도 밀접한 관계가 있다.

우리는 굉장한 책임감이 따르는 업무를 맡았을 때뿐만 아니라 승진을 했을 때에도 소속감을 느낀다. 반면에 사다리에서 떨어져 스스로 뒤처졌다고 생각하면, 경주에서 지고 있다는 생각에 두려움과 부끄러움을 느낀다. 자신의 능력에 의문을 갖기 시작하는 것이다.

다른 사람이 승진을 하거나 중요한 업무를 맡게 되면 당신이 배척당했다는 명백한 '증거'를 얻게 되는 셈이므로 계급 이동의 요소에서는 불안이 굉장히 강력해진다. 당신은 다른 사람이 앞서 나가고 있을까봐 걱정한다. 당신은 다른 사람이 조직의 거물들과 더 많은 시간을 보내고 있을까봐 걱정한다. 그리고 당신은 지금 적절한 속도로 조직의 다음 단계 또는 다음 기준점으로 가고 있는 게 맞는지 걱정한다.

하버드대학교 법과대학 교수인 아시시 난다Ashish Nanda는 모든 계급의 기준점을 밟았던, 젊고 야망 넘치는 변호사의 사례를 글로 쓴 바 있다. 그 변호사는 홍콩에서 국제 업무를 맡아달라는 요청을 받았다. 런던의 본사에서 떨어져 근무한 지 5년 만에 본사로 돌아와 보니 조직 내에서 빠르게 앞서 나간 동료들에 비해 자신은 뒤처져 있었다.

그가 떠난 뒤로 회사의 가치관이 달라졌다는 사실도 눈에 띄었다. 파트너들은 이제 그들 자신의 곳간과 일에만 우선적으로 집중했다. 파트너 직함을 달고 난 뒤 그는 회사에 새로 생기는 부서의 부서장 후보에서 자신이 제외되었다는 소식을 들었다. 그보다 더 젊은 직원이 부서장으로 승진했다. 불길한 조짐이었다. 그는 더 이상 회사에 영향력을 행사하는 사람으로 보이지 않았다. 그는 그냥 평범한 변호사가 되어 있었으며, 젊은 직원들은 그가 언제 퇴직해 자리를 떠날지 궁금해하기 시작했다. 젊은 변호사들은 뒤에서 그에 대한 험담을 하기 시작했고, 그에 대해 부정적인 말들을 내뱉기 시작했다.

어느 순간 그는 경주에서 이미 졌다고 믿었다. 수년간 회사에 헌신한 대가가 이런 것이었다. 금시계는커녕 인생에서 성공하지 못했다는 불안 감을 보상으로 받은 것이었다. 그는 당연히 이룰 수 있을 줄 알았던 목표를 이루지 못했다.

이 변호사의 생각이 정확한지 아닌지는 지금 우리가 다루는 문제와 관련이 없다. 그는 새로운 부서의 수장으로 임명되지 못했기 때문에 낯선 섬에 떨어진 이방인이 된 것처럼 느꼈다. 회사의 높은 직위에 있고 높은 수준의 역량을 지녔는데도 그는 간접적인 배척감과 그에 따른 온갖 불안을 경험했다.

소속감의 경계

세 번째 요인은 앞서 살펴본 두 가지 요인만큼 눈에 띄지는 않지만, 그렇다고 중요성이 덜한 것은 아니다. 소속감의 경계는 회사의 본질에 관여하고 있다는 인식을 중심으로 전개된다. 그리고 직장인들에게 이와 같은 의문을 품게 한다. 내가 조직이나 가족, 팀, 그룹의 정신과 연결되어 있다고 느끼는가? 내가 조직의 목표와 방향에 영향력이 있다고 느끼는가? 이 공동체와 이 조직에서 내가 작더라도 의미 있는 역할을 맡고 있다고 믿는가?

그룹이나 조직에 더는 연결되어 있다고 느끼지 못하는 사람들의 행동은 매우 예측 가능하다. 예를 들어 윌리엄은 특정 위원회 회의에 초대받지 못했는데, 그룹에서 윌리엄을 제외하고 회의를 개최한 것이 벌써 세 번째였다. 처음 그런 일을 겪었을 때 윌리엄은 그냥 떨쳐버렸다. 두 번째로 초대받지 못했을 때는 배우자에게 그 일을 언급했다. 그러나 세 번째로 그런 일이 생기자 윌리엄은 뭔가 잘못됐다는 것과 그가 더 이상 회사에서 중요한 결정을 내리는 그룹의 일원이 아니라는 사실을 깨달았다.

그룹 사람들에게 무슨 일이냐고 묻거나 같은 사무실의 친구에게 자신의 상황을 논의하거나 사장을 찾아가 면담을 하는 대신, 윌리엄은 스스로를 고립시키기 시작했다. 점심도 혼자 먹거나 비서와 먹었다. 그는 닫힌 사무실 문 뒤에 오래도록 홀로 앉아 있었다. 더 큰 문제는 다른 사람들의 행동에서 아웃사이더가 되고 있다는 자신의 믿음을 더욱 강화할 만한 증거를 찾는 데 어마어마한 시간을 쏟기 시작했다는 것이다. 윌리엄이 말했다.

"더는 제가 사무실에서 중요한 사람이 아니라고 확신했어요. 그때부터 제 경력을 걱정하면서 업무를 소홀히 하기 시작했죠. 완전히 나락으로 떨어지고 있었던 거예요."

여기서 우리는 배척당하고 있다는 생각 때문에 불안에 휩싸인 직장인의 모습을 보았다. 윌리엄의 경우에 배척당했다는 본인의 인식이 잘못된 것일 가능성도 있으나, 그건 중요하지 않다. 윌리엄은 그것이 사실이라고 확신했고, 그런 망상이 그의 업무에 부정적인 영향을 미쳤다.

실적이 떨어지면서 이런 상황을 상사가 눈치채고, 그러면 윌리엄의 인식은 현실이 된다. 주의 산만한 윌리엄의 모습을 본 사람들은 누구도 그를 주요 팀이나 중요한 회의에 참석시키고 싶어하지 않는다. 그 결과 윌리엄은 더욱 단절되고 고립된다. 그가 [그림 2-2]의 '그릇된 일을 능숙하게' 하는 영역에 머무를 수 있다면 차라리 다행이다. 그 영역에 머문다고 할지라도 기회를 잡아 처음에는 잘할 수 없는 새로운 것에 도전할 자신감을 내려면 소속감이 반드시 필요한데, 윌리엄에게는 소속감이 결여되어 있다. 결국 기껏해야 윌리엄은 현재의 영역에 머물 것이고, 최악의 상황에서는 그릇된 일을 미숙하게 하기 시작할 것이다.

중력처럼 우리를 끌어당기는 소외감의 덫

성취욕이 높은 사람들은 중력에 이끌리듯 소외감을 느끼는 방향으로 끌려간다. 당신도 성취욕이 높은 사람이라면 사람들이 당신을 원하지 않는다는, 당신이 배척당하고 있다는 징후를 자신도 모르게 찾고 있을 것이다. 그러면 곧 움츠러든 채로 혼자 있으면서, 자신을 좋아했던 사람들에게 어떻게 배척당하고 버림받고 있었는지 곰곰이 생각하게 되어 있다. 이는 당신이 거절을 경험해보거나 사람들의 눈 밖에 나고 있다는 느낌을 가져보기 전까지는 이해와 공감이 어려운 파괴적인 감정이다.

어떤 외부적인 압력이 아니라 당신 자신이 이러한 중력을 만들고 있을지도 모른다는 사실을 의식하라. 이 책의 서두에서 나는 당신에게 연말이 되도록 업무에 대한 피드백을 주지 않고 미루었던 상사(나)에 대한 신뢰를 잃은, 스티브라는 젊은 동료의 이야기를 들려주었다.

그때 스티브는 결국 자기 입맛에 더 맞는 이야기가 되도록 현실을 꾸며내기 시작했다. 그는 수개월 전에 시카고에서 있었던 학회가 엉망이 되었기 때문에 상사가 여러 번의 출장에 자신이 아니라 다른 직원들을 데리고 간 것이라고 믿기 시작했다. 그때부터 스티브는 상사의 모든 행동을 상사가 편향적이고 협력적이지 않은 사람이라는 증거로 보았다.

스티브의 생각이 사실이 아니라고 설득할 수 있는 사람은 아무도 없었다. 이제 그는 자신이 꾸며낸 모든 이야기를 사실이라고 확신했으며, 자신의 인지 격차를 채우기 위해 만들어낸 이 이야기를 절대적인 진리로 확신했다.

마이크 마틴은 월스트리트에서 최고로 손꼽히는 트레이더다. 당시 내가 근무했던 모건스탠리는 마틴이 있던 주요 은행에서 그를 스카우트했다. 우리 회사의 고위 간부들과 직원들은 축하 파티를 열었다. 이보다 더 좋을 수가 있었을까? 이들은 최고 경쟁사로부터 최고의 선수를 꾀어냈다. 그로부터 한 달 뒤에 마틴에게서 전화가 걸려왔다. 마틴은 전에 일했던 은행으로 돌아갔다고 말했다.

"톰, 저 고향으로 돌아왔어요."

내가 대답했다. "고향으로 돌아갔다니 무슨 말입니까?"

그의 대답을 듣고 있자니 마치 건물이 폭파되어 땅바닥으로 무너져내리는 소리를 듣고 있는 것 같았다. 그는 이렇게 말했다.

"제가 거기서 받은 대우 때문에 이전 회사로 돌아왔습니다. 한 달 동안 제 사무실에 들러서 환영 인사를 건넨 사람이 톰 말고는 없었어요. 전무이사 중에 제게 와서 자기 소개를 한 사람은 아무도 없었죠. 저는 제 업무를 보좌해줄 사람을 배정해달라고 수차례나 요청했습니다. 그런데 아무도 듣지 않더군요. 전에는 한 번도 이런 대접을 받아본 적이 없었어요. 이런 대접은 필요 없습니다."

나는 그에게 사과했다. 다른 파트너들을 대신해서 미안하다고 말했다. 그는 자신을 다시 불러들이려는 헛수고를 하지 않게 하려고 도중에 내 말을 끊었다. 그리고 모건스탠리에 입사한 것은 사회생활을 통틀어 최악의 선택이었다는 말로 대화를 마무리 지었다. 결국 우리는 마틴이 우리 조직에 제대로 들어오기도 전에 그를 밀쳐낸 것이었다. 그가 땅에 발을 딛기도 전에 그를 배척하고 버렸던 것이다. 내게도, 우리 회사에게도 수치스러운 일이다.

그렇다 하더라도 고의적인 일은 아니었다. 조직이 직원들을, 특히 조직의 가치 있는 직원들을 배척하고 싶어하지는 않는다. 그런 조직은 직원들에게 소속감을 심어줄 효과적인 절차를 만들어내는 데 실패한 것뿐이다.

이러한 환경에 처하면 중력으로 하여금 잘못된 인식을 만들어내도록 내버려둘 가능성이 높다. 당신은 사람들이 당신을 무시하거나 일부러 배척하는 시나리오를 만들어낸다. 당사자에게 맞서거나, 사람들이 당신의 가치를 인정하게 하거나, 내부 핵심층으로 들어갈 수 있게 할 조치를 취하는 대신 당신의 불안이 당신을 이기도록 내버려둔다. 당신은 못마땅해하고 초조해하며 조직을 향한 소속감을 잃는다.

상황이 이렇게 되면 당신은 행동 방식을 바꾸거나, 확신할 수 없는 업무를 맡거나, (가르치는 사람의 역할이 아닌) 배우는 사람의 역할을 맡기 어렵다. 대신 당신은 자신이 잘할 수 있는 업무를 피난처로 삼아 자기 안에 더욱 깊숙이 갇힌다. (당신이 잘하는 줄 알고 있는 일을 하면 기분이 나아지므로) 이런 대처는 당신이 느끼는 불안을 어느 정도 완화할 수 있다. 그러나 당신을 조직 내의 다른 사람들에게 사랑받게 할 수는 없다. 업무를 확장하고 성장하고 더욱 야심 찬 목적을 이루는 대신 제자리에 갇혀 있는 것이다.

당신이 스스로 꾸며낸 중력에 갇혀 있는지 확인하고 싶다면 다음과 같은 힘에 끌려 내려간 적이 있는지 살펴보라.

1. 조직 내에서 발생한 어떤 사건 때문에 어떤 식으로든 소외감을 느끼거나 무시당한다고 느끼거나 배척당한다고 느낀 적이 있다.
2. 무슨 일이 있었는지 누구에게도 말하지 않는다. 대신 마음속으로 조직 내에서 당신의 위상이 줄어들고 있다는 의심과 분노를 품는다.
3. 상사 또는 다른 이들과 대화를 나누며 당신이 의심하는 바를 확인하기보다는 의심이 더욱 곪아서 커지도록 내버려둔다. 그러다 더는 의심이 아닌 확신이 되는 시점에 이른다.
4. 배척당한다는 증거를 매일 찾기 시작한다. 상사의 몸짓 언어부터 팀원이 무심코 뱉은 의미 없는 말까지 모든 것을 당신이 배척당하고 있다는 빼도 박도 못하는 증거라고 해석한다.
5. 불안 수준이 높고, 이에 의지할 것이라고는 가장 잘하는 업무로 능력을 발휘해 보이는 것이라고 판단한다. 당신이 '어리숙해' 보일 수 있을 만한 업무라면 모두 거절하거나 피한다.
6. 이 상황이 개선되고 있지 않을 뿐 아니라 어느 때보다 당신이 느끼는

고립감이 더 크다고 생각한다. 다른 직장을 찾기로, 또는 당신이 편하게 느끼는 업무를 고수하기로 마음먹는다.

이와 같은 중력의 절차가 자신의 이야기 같더라도, 여기서 완벽하게 벗어날 수 있다는 점을 명심하라. 어떻게 벗어날 수 있는지 방법을 살펴보자.

고립감에 대응하는 3가지 방법

특히 당신이 의욕 넘치는 사람인 데다가 무시당하고 있다고 확신하는 상황이라면, 본인은 아니라고 생각할 수도 있겠지만 소외감이 들도록 당신을 잡아당기는 중력으로부터 벗어나서 소속감을 되찾을 수 있다. 그러나 무엇을, 언제, 어떻게 하느냐 이 세 가지가 관건이다. 우선 '언제' 해야 할지를 살펴보자.

• 고립감이 굳어지기 전에 실행하라.

사람들에게 언제부터 소외감을 느끼기 시작했느냐고 물어보면, 대부분은 회사나 팀, 그룹에 들어간 지 얼마 되지 않았을 때 겪었던 일을 언급한다. 사람들의 생각과 달리, 조직 일부의 배타적인 반응은 장기간에 걸친 실적 때문이 아니다. 그보다는 주로 특정 직원이나 사건에 반응하는 개인의 문제다. 상사가 무심코 던진 한마디 말을 의욕이 넘치는 신입 부하 직원이 오해하는 것이다.

어느 경우든 간에 일을 해결하지 않은 채로 그냥 넘어가지 말라. 그것이 하찮은 말이라면, 입사하자마자 불안에 사로잡히지 않도록 별 말이 아니었다는 사실을 즉시 아는 것이 좋다. 누군가 당신에 관해 부정적인 의견을 내놓는다면, 더더욱 빨리 오해를 바로잡아야 한다. 당신이 실수를 저질렀다면, 실수를 만회하고 다시 소속감을 느끼기 위해 어떻게 해야 하는지 알아내야 한다.

나는 조직에서 신입사원들이 성급하고 확고한 판단을 내리는 모습을 여러 번 목격했다. 한 부사장이 이런 말을 한 적이 있다.

"회사에 직원이 새로 들어오면, 6~8주 안에 그 사람이 회사의 스타가 될지 미래의 낙오자가 될지 판가름할 수 있습니다."

신입사원을 어떻게 평가하느냐고 내가 조금 더 밀어붙이자 그 부사장이 대답했다.

"보통 느낌이죠. 또 우리랑 얼마나 잘 어울리는지를 보기도 하고요."

직원들의 업무 능력을 바탕으로 평가가 이루어지느냐고 내가 다시 한번 물어보니, 그 친구는 말을 멈추고 양손을 깍지 껴 머리 뒤에 갖다 대더니 살며시 미소를 지어 보였다. 그러고는 곧 애석한 듯 대답했다.

"앞으로는 직원들의 업무 능력을 더욱 세심히 봐야겠네요. 그렇지만 너무 오랫동안 이런 식으로 해온 터라 변할 수 있을지 잘 모르겠습니다."

당신의 자존심을 지키고 부정적인 첫인상도 바로잡으려면 고립감의 원인이 되는 사건이 수면 위로 드러나자마자 대처하라.

- 한 발 뒤로 물러나 당신이 균형감을 잃고 있을 수도 있다는 사실을 인지하라.
- 당신을 고립시키는 당사자들과 분명하고 솔직하며 간결하게 대화하라.

물론 이런 문제는 당신이 신입사원이든 고참 직원이든 간에 입을 떼기 어려운 대화 주제라는 사실을 이해한다. 성취욕이 높은 사람들은 자신들이 생각하는 최악의 두려움이 사실로 판명 날까봐, 즉 자신들이 상사들 또는 사측과 사이가 나쁘다거나 출세 가도에서 멀어진 것이 정말로 사실일까봐 두려워한다.

그러나 대부분 상사나 동료들에게 솔직하고 분명하게 속내를 털어놓으면 이러한 두려움은 진정되거나 사라진다. 그렇다고 그들을 찾아가당신이 어떤 두려움을 느끼고 있는지 한바탕 연설을 늘어놓거나 방어적인 태도를 취해 보이지는 말라. 대신 당신의 염려를 빠르고 간결하게 말하라. 그러면 회사에서 중요한 직원이라는 내용의 마음 놓이는 대답이나 도움이 되는 조언 등 당신의 고립감을 완화하는 답변을 듣게 될 가능성이 높다.

사람들이 어떤 말이나 행동을 해서가 아니라 어떤 말이나 행동을 하지 않아서 당신이 고립감을 느끼게 될 때도 있다. 예를 들어, 고든은 비교적 작은 회사 두 곳에서 10년 넘게 일하다가 〈포천〉 선정 500대 기업으로 이직했다. 그는 명문 MBA 과정을 거쳤고, 이전에 일했던 두 군데 회사에서 눈에 띄는 실적을 쌓는 등 화려한 경력을 보유한 인재였기에 사람들이 그에게 거는 기대가 남달랐다.

그러나 무슨 이유에서인지 이 회사에서는 고든이 사람들의 관심을 끌지 못했다. 그가 딱히 잘못한 일이 있는 것도 아니었다. 그렇게 고든은 큰 조직 안에서 갈 곳을 잃었다. 그렇게 된 데에는 고든이 고용된 직후 그가 속한 그룹이 개편되면서 새로운 상사가 있는 새로운 팀으로 배정받은 상황이 한몫했다. 새로운 상사와 팀원들이 다정한 사람들이긴 했으나, 고든에게 같이 점심을 먹자고 제안하는 일이 거의 없었고 무엇보다 고든이 즐겼던 도전적인 업무를 잘 맡기지 않았다.

이 상황에 대처하면서 고든은 두 가지 실수를 저질렀다. 첫 번째 실수는 상사와의 대화를 미루었다는 것이다. 고든이 마침내 용기를 내서 상사의 사무실에 찾아가 그동안 '따돌림을 당하고 있는 것' 같다고 이야기하기까지 수개월이 걸렸던 것이다.

그리고 이것이 곧 두 번째 실수였다. 수개월 동안 불안이 쌓인 탓에, 고든은 상사와 대화를 하러 갔을 때 그동안 느꼈던 모든 슬픔을 일일이 열거하는 데만 20분을 할애했다. 고든이 그런 생각을 하고 있으리라고는 상상조차 하지 못했던 상사는 처음에는 충격을 받았지만, 불평이 이어지자 곧 짜증이 나서 그에게 정 그런 마음이 든다면 이 회사가 적합한 곳이 아닐 수도 있겠다고 넌지시 얘기해버렸다.

훗날 그 상사는 그렇게 모질게 말한 것이 후회되지만 당시 고든이 평정심을 유지하고 정중하게 대답하지 못할 정도로 짜증나게 했다고 자신의 상사에게 털어놓았다. 당신이 염려하는 바를 털어놓는 것은 정서적으로 건강하고 지적으로 정직한 일이긴 하지만, 잠깐 시간을 내서 다음의 항목을 고려해보며 그 동기가 무엇인지 먼저 평가해보라.

- 당신이 과민 반응을 보이고 있는 것은 아닌지 자문해보라.
- 당신이 피드백을 너무 개인적으로 받아들이는 경향이 있는 것은 아닌지 자문해보라.
- 당신이 속한 조직과 특히 조직의 CEO가 포용을 실천하는지 생각해보라.

마지막에 언급한 사항은 생각만큼 실행하기 어렵지 않다. 이 문제에 관한 한 대부분의 회사는 CEO의 결정을 따라간다. CEO가 직원들이 자신감을 가지고 회사 공동체에 소속감을 느낄 수 있도록 모범을 보이면, 성취욕이 높은 사람들이 일하기 좋은 환경이 된다.

CEO들이 다양한 그룹의 의견에 반드시 귀를 기울이고, (단순히 실적만 쌓는 게 아니라) 직원들의 성장을 돕기 위해 열심히 노력한 이들에게 마땅한 보상을 하고, 모든 직위에 있는 직원들의 배움과 성장을 돕기 위한 프로그램을 도입한다면 이 조직은 포용력을 지닌 공간이 될 가능성이 크다. 당신이 어떤 유형의 상사를 찾아야 할지 쉽게 알 수 있도록 포용력이 있는 세 명의 CEO를 예로 들어보겠다.

존 매키는 직원들을 배척하지 않고 포용하기 위해 엄청난 노력을 기울이는 유형의 CEO다. 홀푸드의 회장인 매키는 신입사원을 채용하고 그들이 조직에 잘 어울리도록 하는 방법을 알고 있다. 그는 집착에 가까울 만큼 포용과 친목을 중요시한다.

홀푸드에서는 어느 매장의 치즈 부서에 직원을 채용하면, 모든 치즈 담당자가 채용 후보자와 면담하고 채용을 할 것인지 말 것인지 결정권을 행사한다. 투표는 익명으로 진행된다. 이런 방식은 특정 매장의 다른 부서에서도 동일하게 적용된다.

어째서 모두에게 채용에 관한 결정권을 주는 걸까? 이는 매키가 새로 오는 직원이 자리를 잡고 성공하는 데 부서원 모두가 신경 쓰길 바라기 때문이다. 직원이 실패를 맛볼 때까지 기다리다가 "그러게 내가 뭐라고 하던가요?"라고 말하는 대신, 일찍부터 그 직원이 지지를 받고 있다고 느끼게 만들어줌으로써 그의 성공을 돕는 것이다.

사우스웨스트항공은 훌륭한 비즈니스 모델로 칭찬이 자자한데, 그뿐 아니라 직원을 포용하는 이 기업의 정책도 칭찬받아 마땅하다. 사우스웨스트항공의 전 회장인 콜린 배럿은 회사의 채용 정책에 관해 이렇게 설명했다.

"우리 회사는 직원을 공식적으로 채용하기 전에 1년 동안 임시 채용 기간을 둡니다. 양쪽이 서로 잘 맞는지 확인할 기회를 갖기 위해서죠. 이 기간이 회사에는 새로 온 직원이 조직에 잘 맞는지 확인하는 기회가 되고, 새로 온 직원에게는 회사를 탐색할 기회가 됩니다."

다른 항공사와 비교하면 사우스웨스트항공의 이직률은 극미하고, 고객 서비스 만족도는 꾸준히 최상위권을 유지하며, 입사를 희망하는 사람들이 너무 많아서 하버드 로스쿨에 입학하는 것보다 사우스웨스트항공에 채용되기가 더 힘들 정도다.

마지막으로 최근 아마존이 인수한 자포스의 회장이자 CEO인 토니

셰이는 어떻게 해야 포용적이고 헌신적인 팀을 만들 수 있을지에 집착했다. 신입사원이 적응할 수 있도록 사회화 기간을 갖는 것이 하나의 비결이라는 사실을 깨달은 뒤로, 그는 사람들이 스스로를 더욱 중요하다고 여기고 자포스에 소속감을 느끼게 할 수 있는 과정을 만드는 데 집중했다.

3주간의 교육 기간이 끝나면 모든 신입사원은 회사를 떠나는 조건으로 2000달러를 제안받고, 날이 저물기 전까지 결정을 내려야 한다. 그러나 실제로 회사를 떠나는 사람은 아무도 없다. 신입사원들이 이 조직에 연대감과 소속감을 느끼기 때문이다. 교육 기간이 끝날 때 그들은 자포스의 목표와 과정에 헌신하는 마음을 갖게 된다.

물론 CEO나 회사를 고를 기회가 항상 주어지는 것은 아니다. 모든 CEO가 앞서 언급한 세 사람처럼 포용에 집착하지도 않을 것이다. 그럼에도 CEO의 스타일 파악이 회사의 포용 정도를 확인하는 시금석으로 활용할 수 있다는 것은 말하고 싶다. 만약 당신의 CEO가 단단한 내부 핵심층을 편애하며 다른 모든 직원을 무시한다면, 직원들의 가치를 일깨워주고 이들의 기술과 지식을 개발할 수 있는 프로그램이 거의 존재하지 않는다면, 최고경영자가 대다수 직원으로부터 스스로를 고립시킨다면, 이직을 고려해야 할 시기일 수 있다.

이제 성취욕이 높은 사람들에게 불안과 스트레스를 야기하는 세 번째 요인인 의미 결여에 대해 살펴보자.

5장

나는 의미 있는 일을
하고 있는가

불안을 야기하는 세 번째 요인은 앞의 두 가지에 비해 포착하기 어려울지도 모른다. 그러나 결코 간과해서는 안 되는 요소다. 우리는 무엇 때문에 조직 내에서 무의미하다고 느끼는 걸까? 상사에게 꾸준하게 인정을 받지 못해서일까? 누구나 대체할 수 있는 분야를 담당하고 있다는 막연한 느낌 때문일까? 업무 성과가 대수롭지 않다는 생각 때문일까?

모두 다 정답이다. 성취욕이 높은 직장인은 스스로 중요한 일을 하고 있다고 믿고 싶어하며 다른 사람들이 이를 인정해주길 바란다. 의미를 인정받고 싶어하는 욕구가 꾸준히 최우선 순위를 차지하고 있는 사람들도 있다. 이런 사람들은 조직 내에서 본인이 매우 가치 있는 직원이라는 사실을 늘 인정받아야 한다. 다른 사람들은 이러한 욕구가 그리 높지 않아서 이따금 받는 칭찬으로 욕구가 충분히 충족된다.

그러나 성취욕이 높은 사람 대부분은 큰 조직에 들어가 높은 보수를 받는 것으로 만족하지 못한다. 이러한 요소에 큰 의미를 부여하지 못하기 때문이다. 이런 직장인들은 일류 회사에서 높은 연봉을 받고 있더라도 이를 자신에게 싫은 소리를 하지 못하는 사람 좋은 상사 덕분이라고 생각하거나 자신이 그동안 경영진의 눈을 속여왔기에 가능한 일이라고 믿으며 본인이 받는 특혜와 보수를 합리화할 수 있다.

자신에게 부여하는 의미가 결여될 때 어떻게 불안이 생기는지 이해하기 쉽도록, 출세 욕구가 강했던 임원이 조직에서 자신의 의미를 찾지 못해 더 나아가지 못하고 그 자리에 주저앉은 이야기로 시작해보겠다.

개인적 의미 상실이 직업에 미치는 영향

카라는 미시간의 3대 자동차 회사에서 일했다. 관리직에 있는 대부분의 동료와 달리, 카라는 블루칼라 집안에서 자랐고(아버지가 디트로이트의 자동차 생산라인에서 일했다) 공립학교를 졸업했다. 그러나 자동차를 향한 열정이 대단했을 뿐 아니라 경영에도 소질이 있었던 그는 엔지니어링과 경영학으로 복수 학위를 취득했다. 1990년대 후반에 대학을 졸업하자마자 가장 들어가고 싶었던 회사에 취직했을 때 카라는 너무도 기뻤다. 입사한 회사는 잘나갈 때도, 그렇지 않을 때도 있었지만, 당시에는 호황을 누리고 있었고 회사의 미래도 밝아 보였다.

카라는 그리 화려하지 않은 말단 자리를 배정받았지만, 지식과 열정이 넘쳤으므로 금세 상사의 눈에 들었다. 1년도 채 되지 않아서 그는 책임이 더 큰 자리로 승진했고, 곧 마케팅 부서, 엔지니어링 부서, 재무 부서를 차례로 경험하며 두 번의 해외 파견을 다녀오는 등 리더가 될 훈련을 받았다. 다양한 업무를 맡으면서 신차의 설계 특성과 최신 시장 트렌드를 매치하는 데 탁월한 능력이 있다는 사실을 입증해 보이기도 했다. 그는 정기 인사고과에서 높은 등급을 받았고, 꽤 많은 성과급을 받은 것은 물론이고 기본급도 꾸준히 올랐다.

입사 후 10년간은 모든 일이 완벽하게 흘러갔다. 그러다 불황이 찾아와 자동차 산업에 막대한 타격을 입혔고, 카라는 두 번의 인원 감축에서 살아남았다. 그러나 카라의 상사와 멘토는 인원 감축을 피해 가지 못했고, 카라는 결국 폐지 수순을 밟고 있는 생산라인의 책임자로 자리를 옮겼다. 그리고 그가 전반적인 책임을 맡고 있던 분야이자 자신의 강점이었던 설계 및 전략 분야의 업무에서도 제외되었다. 더구나 퇴직 예정자였던 새 상사는 누구보다 상냥하게 카라를 대했으나, 그의 능력을 제대로 이해하지 못했으며 그가 보고서를 제출할 때마다 피드백에 인색하게 굴었다. 따지고 보면 결국 그의 상사가 브레이크를 걸었던 것이다.

새 부서로 옮겨온 지 몇 달이 지나, 카라는 입사 후 처음으로 자신이 있으면 안 될 곳에 있다는 느낌을 받았다. 직장 생활을 하면서 몇 차례 위기를 겪었지만, 그때마다 특유의 활력과 지혜로 잘 이겨냈다. 그러나 지금은 어쩔 도리가 없는 것 같았다. 더 큰 문제는 업무를 하고 있을 때조차 한쪽 눈이 계속 시계로 향한다는 것이었다. 친구에게 지금 하는 업무는 잠을 자면서도 할 수 있겠다고 얘기할 정도였다. 카라는 현재 처한 상황을 어떻게 하면 좋을지 상의할 사람이 필요했지만, 그동안 자신을 도와주었던 두 임원이 이제 회사에 없었기에 누구를 찾아가야 할지 막막했다. 그렇다고 많은 동료가 실직할 때 여전히 회사에 출근하고 있다는 사실에 감사할 줄 모르는 사람으로 비치는 것도 바라지 않았다.

결국 카라는 마음에 들지 않는 일을 꾸준히 능숙하게 해내면서 어떠한 위험 부담도 감당하지 않았다. 업무를 맡겠다고 먼저 나서지 않았고, 연수를 받겠다고 프로그램에 등록하지도 않았으며, 그렇다고 전근을 신청하지도 않았다. 카라에게는 직장이 필요했다. 부부 중 누구 하나라도 일을 그만두면 주택담보대출을 감당해나갈 수 없었다.

그러나 잘못된 일을 능숙하게 해내는 것은 카라에게 직업적으로도 개인적으로도 도움이 되지 않았다. 새 부서에서 일하는 동안 그는 배우고자 하는 의욕을 상실했다. 한때는 본인이 능숙하고 경험이 풍부한 직장인이라고 생각했지만, 이제 더는 그렇게 느껴지지 않았다. 마치 서른다섯 살 나이에 어디론가 사라질 위기에 처한 것 같은 느낌이었다.

회사에서 자신이 중요한 역할을 할 기회가 두 번 다시 오지 않을 거라는 생각이 드는 날은 하루 종일 우울했다. 그렇게 카라는 변화나 성장의 의지 없이 제자리에 갇히게 되었다.

성취욕이 높은 여느 직장인들처럼 카라 또한 자신이 중요한 일을 하고 있으며 자신이 속한 부서와 조직에 영향력을 행사하고 있다고 느끼길 바랐다. 처음 10년간은 그러한 의미를 발견하며 개인적으로도, 직업적으로도 커나갈 수 있었다. 그러나 이러한 의미가 줄어들다가 완전히 사라지자 카라는 그 자리에 얼어붙고 말았다. 그는 능숙하게 업무를 해낼 수 있는 정체 상태에 돌입한 채로 어떠한 변화도 마주하지 않았다. 본인이 중요한 일을 하고 있다고 느끼지 못하게 되면서부터, 새로운 시도를 해야 할 때가 오면 극도로 불안해졌다. 변화야말로 그에게 꼭 필요한 일이었으나, 그가 피하고 있는 일 또한 변화였다.

이처럼 업무 '커뮤니티'를 형성해 직원들에게 성취감과 의미를 느낄 수 있는 업무를 배정해야 한다는 사실을 알게 된 지금, 당신은 현명한 리더라면 카라와 같은 직원들이 직장에서 의미를 찾을 수 있도록 도와야 마땅하다고 생각할 것이다. 틀림없이 리더들은 대부분 직원들이 스스로 중요한 일을 하고 있다고 느끼길 바랄 것이다. 그러나 안타깝게도 그렇게 느끼는 직원은 별로 없다. 일반적인 조직에서 어떤 일들이 일어나고 있는지 살펴보면서, 중요한 일을 하고 있다고 느끼고 싶어하는 당신의 욕구가 충족되지 않는 이유를 알아보자.

의미를 찾고 싶은 당신의 욕구를 가로막는 것들

직장 생활에서 느끼는 의미가 얼마나 중요한지 이해하기 전에, 제 발로 떠났든 짧은 안식 휴가를 받았든 직장에서 잠시 떠나 있던 시기를 떠올려보길 권한다. 그때가 직장에서 해고를 당한 직후처럼 꼭 암울한 시기일 필요는 없다. 그때 가족들과 평소보다 더 오랜 시간을 함께 보내거나, 취미 생활을 즐기거나, 오랫동안 꿈꿔 왔던 해외여행을 갈 수 있었을 것이다. 그러나 성취욕이 높은 직장인이라면 분명 이제 자신이 더는 쓸모가 없는 것은 아닌지 걱정했을 것이다. 처음에야 이런 생각이 마음 한구석에 희미하게 존재했겠지만, 일을 쉬는 기간이 길어질수록 불안도 같이 커지기 마련이다.

CEO인 한 친구가 일하던 직장을 나와서 이직을 준비하고 있었다. 그 무렵 그 친구는 내게 이렇게 말했다.

"내가 가장 그리운 건 확신이라네. 다른 사람의 인생에 영향을 주고 있음을 확실하게 알고 있는 그런 것 말이야. 내가 일을 잘하고 있다고, 나를 보는 사람들이 내가 하는 일을 인정하고 있다고, 오만한 말이긴 하지만 내가 떠나면 회사가 어려워질 거라고 느끼는 그런 감정을 말하는 거라네. 마지막에 한 말은 망상처럼 들릴 걸 알지만, 그래도 그런 망상이라면 떠안고 살아갈 만하지 않겠는가."

당신도 이 친구처럼 자신의 존재가 의미 없다는 생각을 해본 적이 있는가? 직장에 다니고 있는데도 이런 감정을 느껴본 적이 있는가?

무엇보다 놀라운 건 직원들이 스스로 의미 있다고 느끼는 것이 얼마나 중요한지 대다수 경영자가 모르고 있다는 사실이다. 다음 목록을 읽어 내려가면서 당신의 상사나 조직의 주요 임원들이 이 목록에 나열된 행동을 마지막으로 한 것이 언제였는지 생각해보라.

- 내 컨디션을 물었다.
- 내게 일을 잘하고 있다고 격려했다.
- 내게 도와줄 일이 있느냐고 물었다.

- 내 노력이 없었으면 우리 부서 또는 회사가 지금 이 자리까지 오지 못했을 거라고 말했다.
- 내 업무가 조직의 큰 목표에 긍정적인 영향을 미쳤다고 설명했다.
- 내게 회사에 중요하다고 판단되는 부서 또는 프로젝트에 참여할 것을 요청했다.
- 최근에 내가 끝낸 업무를 보고 단순히 칭찬만 하는 것이 아니라 우리 부서의 향후 발전에 필수적인 것처럼 얘기했다.
- 상사 또는 부서 전체가 나를 굉장히 믿고 있다고 말했다.

최소한 지난 몇 달간의 직장 생활을 돌아봐서는 위에 나열된 어떤 항목 옆에도 표시하기 어려울 수 있다. 많은 회사가 생산성과 이익에만 집착하는 근시안적 성과주의에 발목이 잡혀 있다. 그 결과 다수의 조직은 직원들이 본인의 업무를 가치 있다고 느끼고 직장 생활에서 의미를 찾을 수 있어야 한다는 사실을 자각하지 못한다.

어떤 조직이든 간에 확신이 필요한 성취욕 높은 직원들이 존재한다. 그들은 조직에서 퇴물 취급을 받는다고 생각하는 나이 든 직원일 수도 있고, 그동안의 사회생활을 자체적으로 평가하고 직업 선택을 제대로 했는지 돌아보며 더 중요한 일을 하고 있어야 하는 건 아닌지 고민하는 중간 관리자들일 수도 있다. 또는 조직 내에서 자신의 입지를 다지려고 애쓰는 신입사원일 수도 있다.

어떤 그룹에 속해 있든 우리는 자신이 현재 중요한 일을 하고 있다고 느끼길 바란다. 그러나 안타깝게도 당신의 상사는 이런 감정에 관해 서로 대화를 나누고 당신의 목적에 맞게 업무를 배정해주는 일이 중요하다는 사실을 깨닫지 못하고 있을지도 모른다. 어째서 이러한 감정이 소통되지 않는 것인지 이해하기 위해, 1978년 이후에 출생한 밀레니엄 세대의 의욕적인 직장인이라는 특정 집단에 집중해서 살펴보자.

베테랑 리더 중에는 밀레니엄 세대의 태도에 문제가 있다고 지적하는 이들이 있다. 밀레니엄 세대는 이제 모든 것을 원한다는 것이다. 그들은 그럴 자격이 있다고 믿는다. 컴퓨터와 함께 자란 이들은 모든 것과 모든 사람에게 즉각적인 반응과 정보를 얻기를 기대한다. 이들은 이러한 태도 때문에 조직 생활에 비현실적인 기대치를 갖게 되거나 논쟁을 불러일으킨다. 이러한 상황에 들어맞는 젊은이가 많을 거라고 확신하지만, 그렇지 않은 이들 역시 꽤 많다. 나는 대다수 젊은 직장인이 회사에서 그런 식으로 행동하는 건 상사들의 태도에 문제가 있기 때문이라고 생각한다. 특히 상사들은 젊은 직원이 회사에 기여하는 바를 인정하려는 노력을 일관되게 하지 않는다. 어쩌면, 정말 어쩌면 관리자와 멘토들이 사원들을 관리하거나 멘토링하지 않고 있을지도 모른다. 아니면 이런 상사들이 조직에 새로 들어온 직원이나 말 그대로 직장 생활 도중에 옮겨온 직원들과 시간을 보내야 하는 업무에 막중한 책임감을 느끼고 부담스러워하고 있는지도 모른다.

런던의 유명 로펌에서 일하는 대표 변호사가 불평을 토로했다.

"내가 왜 신입사원들하고 시간을 보내야 합니까? 어찌 됐든 결국 떠날 사람들 아닙니까. 요즘 신입사원들은 회사에 충성심이 없어요. 통계를 보면 3~5년이 지나도록 회사에 남아 있는 직원이 거의 없습니다. 시간 낭비라는 걸 뻔히 알면서 내가 왜 이 새파랗게 젊은 직원들에게 시간을 할애해야 합니까?"

다음은 자신이 조직 내에서 의미 있다고 느끼는지를 확인할 수 있는 아주 효과적인 테스트 방법인데, 상대적으로 젊은 직원들이 아래의 질문에 답을 내놓기 어려워한다.

> 그동안 만나본 리더, 선생님, 코치 가운데 가장 훌륭하다고 생각하는 사람의 이름을 적는다. 당신의 직장 생활에 당신보다 더 많은 신경을 써주며 당신의 인생에 영향을 미친 사람의 이름을 적는다.

당신의 나이가 마흔이 넘었다면 최소한 한 사람의 이름 정도는 적을 수 있을 것이다. 둘 이상을 적는 사람도 꽤 있을 것이다. 일반적으로 적은 이름 가운데 한 사람은 당신의 상사다. 그러나 당신이 마흔 살이 안 된 직장인이라면 위 질문을 보고 머릿속에 한 사람이나 떠올렸을지 모르겠다. 그마저도 같은 직장에서 일한 적이 있는 동료인 경우는 드물고, 보통 고등학교 때 선생님의 이름을 썼을 것이다. 최근 몇 년간 다양한 연령대의 경영진에게 이 질문을 던져본 결과, 대답은 거의 항상 그런 식이었다.

많은 조직에서 악순환이 반복된다. 고위 리더들은 젊은 MBA 출신 직원들이 세상 경험이 없어 순진해 빠졌다고 손가락질하며, 젊은 세대가 자신들의 '소극적인' 태도를 회사에까지 끌고 들어왔다고 생각한다. 그러나 젊은 직장인들이 그러한 태도를 보이는 까닭은 자신에게 관심을 보이는 사람, 중요한 인재라고 말해주는 사람, 회사에 긍정적인 영향을 미치는 재목이라고 말해주는 사람이 절실히 필요하기 때문이다.

일을 제대로 하지 못했는데도 긍정적인 피드백을 달라는 것이 아니다. 이들에게 필요한 사람은 신입사원인 자신이 회사에 중요한 사람이길 바라고 있다는 점을 알아주고, 소소하게라도 이런 주제로 대화를 나누려 노력하는 경영자와 리더다.

그렇다고 직원들이 직장 내에서 본인의 의미를 찾는 노력을 스스로 할 책임이 없다는 말은 아니다. 젊은 직원이든 중년의 직원이든 노년의 직원이든 간에 성취욕이 높은 사람이라면 업무 환경에서 자신의 입지를 다지려는 욕구 또한 높아야 한다. 언제까지나 조직이 자신의 업무에 의미를 불어넣어 주기만을 기대해서는 안 된다.

의미를 찾는다는 것은 부분적으로 연령대, 심적 상태(예를 들어, 현재 이혼 절차를 밟고 있는 등 인생의 위기를 겪고 있다), 회사의 상황(예로, 곧 대규모 인원 감축이 예상된다거나 사내 문화가 달라질 것 같다), 그리고 이러한 문제에 접근하는 경영진의 태도 때문에 쉽지 않다는 것을 알아두어야 한다. 이 중에는 당신이 통제할 수 없는 요인도 있지만, 문제에 대응하는 당신의 태도는 통제할 수 있다.

당신이 어떤 일을 하고 싶은지, 어떤 문화를 지닌 조직의 일원이 되고 싶은지, 어떤 목적을 추구하는지 규정하고 재정립해야 한다. 지금은 중요하다고 느끼는 요인이 1년 뒤에는 지금만큼 중요해 보이지 않을 수 있으므로 이 일을 정기적으로 해야 한다. 본인이 속한 분야를 선도하는 회사에 입사하는 것을 가장 의미 있는 일로 생각하는 사람이 있는가 하면, 규모가 작고 친밀한 사내 문화를 공유하는 회사에 입사하는 것을 중요하게 생각하는 사람도 있다.

마지막으로, 업무에서 의미를 느끼도록 도와주는 조직에 들어갈 가능성을 높이려면 중세의 도제 제도와 비슷한 체계를 갖춘 회사를 찾아보라. 전문 서비스 회사Professional Service Firm, PSF는 한때 수습생 제도를 갖추고 직원을 계층화하여 교육, 멘토링, 성장, 책임 단계를 필수적으로 거치게 했다. 이제 이러한 제도에서 벗어난 기업이 많지만, 공식적으로는 아니더라도 정신적으로 이 제도를 유지하고 있는 회사가 여전히 많다.

젊은 사람들과 신입사원들, 베테랑 직원들까지도 새로운 업무를 시작할 때 '사수'를 모시는 수습생의 태도로 일하는 회사를 찾아라. 그러면 직장 선배들을 따라다니며 질문을 던지고, 질문을 받고, 새로운 일을 시도하고, 실패하고, 끝내 성공해내면서 많은 것을 배울 수 있다.

수습생을 담당하는 사수가 이들의 교육까지 책임지고 있으므로 수습생들은 스스로 중요하다고 느낄 수밖에 없다. 사수는 수습생에게 꾸준히 피드백을 제공하고 이들이 제대로 배우며 발전하고 있는지 감독하면서, 때가 되면 책임 있는 자리로 승진하도록 이끌어준다. 직원들은 이런 식으로 의미를 찾아간다.

상담하는 시간을 낭비로 생각하지 않고 멘토링을 즐기는 사람들이 일하는 조직에 들어가라. 당신의 배움과 성장을 가치 있게 여기는 회사, 당신을 대체 가능한 부품이 아니라 대체 불가능한 일원으로 대접해주는 회사에서 일하라. 이러한 회사를 찾기가 점점 더 힘들어졌지만, 일단 찾기만 하면 당신이 추구하는 의미를 찾는 데 큰 도움이 되므로 노력할 가치가 충분히 있다.

건실한 직원이 된다는 것의 어려움

성취욕이 높은 직장인이라고 해서 모두가 출세 가도를 달리거나 어마어마한 잠재력이 있는 것처럼 보이는 건 아니다. 그 속에는 야심과 성취욕이 가득하지만 스스로 인지하지 못하는 이들도 있다. 또 직장 생활을 시작할 때에는 잠재력이 엄청나다는 평가를 받았을지라도 성장을 거듭하고 회사도 달라지면서 특정 틈새시장에 정착하여 이제는 떠오르는 신예라기보다는 훌륭한 개발자로 인정받는 이들도 있다. 그런데도 이들은 주목받지 못하는 경우가 많다. 이들은 적어도 한두 가지 측면에서는 큰일을 성취할 능력이 있는데도 B급 직원으로 분류된다.

사실 어떤 조직이든 건실한 직원Solid Citizen(조직 내에서 업무를 잘 수행하고 있으나 정체기에 머물러 있는 직원을 비유하는 말—옮긴이)이 대부분이고, 엄청난 잠재력을 지닌 구성원은 상대적으로 소수에 불과하다. 그러므로 내면의 욕구가 얼마나 빠른 속도로 커지든 간에 어느 시점이 되면 중간 그룹에 속해 있는 자신을 발견하게 될 것이다. 그때, 과연 회사에서 중요한 일을 맡고 있는지 의문을 품고 있는 자신의 모습을 마주하게 될 수도 있다.

이런 일은 조직 내의 건실한 직원들이 대개 눈에 띄지 않기 때문에 발생한다. 어떤 위치에 있는 리더든 건실한 직원들이 무엇에 자극을 받는지, 이들을 어떻게 포용해야 좋을지, 이들의 경력 관리를 어떻게 도울지 전략적으로 고민하는 사람은 거의 없다. 〈포천〉 선정 500대 기업의 리더가 말했다.

"그렇게 많은 직장인이 잘못한 일이 없는데도(정치적으로 기민하지 않았거나 스스로 이목을 끌 만한 행동을 하지 않았을 수도 있지만) 조직적으로 괄시를 받고 있다니, 말도 안 된다고 생각했습니다. 그러다 우리 회사는 어떤지 돌아보았죠. 저 또한 틈만 나면 높은 성과를 내는 직원들 걱정만 하면서 다른 직원들은 모두 아무런 문제없이 잘 지내겠거니 하고 있더 군요."

그러므로 당신이 건실한 직원이라면, 다른 사람이 나서서 당신이 중요한 사람이라고 말해주기를 기다려서는 안 된다. 그 대신 본인이 판단하기에 의미 있는 일을 해야 하고, 당신의 상사나 영향력 있는 사람들에게 당신이 어떤 성과를 냈는지 알려야 하며, 만약 타성에 젖어 현재의 업무에서 어떤 성취감도 느끼지 못하고 있다면 그들에게 이러한 사실을 솔직하게 털어놓아야 한다.

나는 어디에 속하는가?

[그림 5-1]은 회사에서 직원을 어떻게 분류하는지를 보여준다. 대부분 조직은 업무 특성과 조직의 가치관 사이의 균형을 맞추기 위한 그들 고유의 사분면을 보유하고 있다. Y축은 조직의 성과 기준을 충족하여 사업에 박차를 가할 수 있도록 기여하는 직원을 평가하는 방법에 중점을 둔다. [그림 5-1]에서 Y축은 회사에서 주력으로 삼는 성과 항목을 충족하는 데 있어서 직원들이 어떻게 평가되는지에 중점을 둔다.

　　　　　　　　　　　　　　　　　　　2부 · 성장을 방해하는 3가지 불안

[그림 5-1] 의미의 사분면

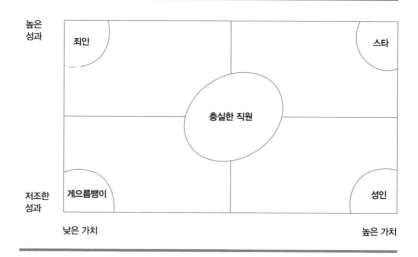

X축은 인간을 평가하는 관점 속에서 직원들이 어떻게 기대에 부응하며 지내는지에 집중한다. 당신이 지금 어느 위치에 있는지 알고 있다면 조직으로부터 어떤 대우를 받게 될지, 이를테면 회사에서 당신에게 멘토링이나 지도, 피드백, 성장 기회를 제공할 것인지 여부를 예측할 수 있다.

이러한 지식이 있으면 당신이 소속된 조직에서 어떤 기대치를 갖고 있는지 현실적인 상황을 파악할 수 있다. 그러면 (잘못된 생각일 때가 대부분이지만) 회사에서 당신을 신경 쓰지 않는다거나 당신을 유능하고 도전적인 직원으로 여기는 것 같지 않다는 생각이 들더라도 불안해하지 않을 수 있다.

오른쪽 상단은 모든 것을 알고, 모든 일을 해내는 우수 성과자(스타)의 영역이다. 여기에 속한 직원들은 본인이 중요하고 특별하고 유일하다는 칭찬을 꼭 받아야 하는 이들이다. 어떤 경영자가 이런 불평을 토로했다.

"월요일마다 제가 관리하는 우수 성과자들에게 그들이 얼마나 잘났는지 칭찬을 하는데도 그 사람들은 그걸로 부족해합니다. 자기가 대단한 존재라서 자기가 없으면 일이 돌아가지 않는다는 얘기를 듣고 싶어서 목요일쯤 되면 제게 전화를 하거나 아예 사무실로 찾아온다니까요. 아주 중요한 존재라고 칭찬하고 격려하는 데 얼마나 많은 시간을 쏟아부었는지 말로 다 못할 지경이에요."

당신도 이런 유형에 속한다면, 현재 칭찬을 받으면서 업무 영역을 확장해나가고 있는데도 이제는 긍정적인 피드백도 으레 하는 말이라고 믿으며 본인이 중요하지 않은 사람이라고 느낄 수도 있다. 그렇다면 조직 내에서 무조건적으로 신뢰할 수 있는 상사나 멘토 또는 영향력 있는 사람을 찾아야 한다. 그런 사람을 찾았다면 정기적으로 만나서 잔인하리만큼 솔직한 피드백과 조언을 구하라. 당신이 능력껏 열심히 일한다면 그 역시 솔직한 의견을 건넬 테니, 그 사람이 하는 말을 신뢰하면 된다.

왼쪽 상단 모서리의 집단(죄인)에 속한 직장인들은 매우 생산성이 높지만, 같이 일하기에는 어려울 수 있다. 동료들을 혹사하더라도 단지 이들이 성과가 높다는 이유로 아무런 저지를 당하지 않기 때문이다. 모건스탠리의 회장을 지낸 존 맥은 승진 대상자를 결정하는 회의에서 이런 의견을 내놓았다.

"성과는 좋지만 관리자로서는 부족한 직원을 승진시킨다면, 우리가 무슨 쓸모가 있겠습니까. 평균 수준으로 성과를 내고 있는 직원들에게 회사의 가치관을 따르라고 요구하기는 쉬울 테지만, 높은 성과를 달성하는 직원들을 향해 불리한 결정을 내리는 건 쉽지 않을 것입니다."

일을 훌륭하게 해내고 있는데도 승진을 하지 못하거나 인사고과에 실적이 반영되지 않는다면, 자신이 그동안 이루어낸 전반적인 업무 성과에 깊은 회의를 느끼게 될 것이다. 바라던 자리로 승진할 기회를 놓치면 자신이 생각보다 못한 사람이라고 느끼거나 본인에게 치명적인 결함이 있다고 생각하게 될 수도 있다.

그렇다면 완전한 직장인이 될 수 있도록 대인 관계 기술을 개발하고, 거기서 만족감을 느껴야 한다. 누군가의 지도가 도움이 될 수 있다. 당신의 대인 관계에 어떤 문제가 있는지 깨닫는 것 또한 도움이 된다. 물론 그렇게 한다고 해서 하루아침에 완전히 다른 사람이 되지는 않겠지만, 가장 큰 문제점부터 조금씩 고쳐나가면 지금보다 더 나은 사람이 될 것이고, 그렇게 발전하는 자신을 발견하면 기분도 지금보다 훨씬 나아질 것이다.

[그림 5-1]의 왼쪽 하단 모서리에 위치한 집단(게으름뱅이)은 인지적·정신적으로 또는 성과 측면에서 조직과 가깝지 않은 사람들이다. 자금이 넉넉한 조직이라면 이처럼 실적이 저조한 직원들을 간섭하지 않을 수 있지만, 돈줄이 죄어 오면 회사는 단호한 태도를 취하기 마련이다.

상황이 이렇게까지 된 데는 조직과 직원 모두에게 책임이 있다. 회사는 이런 사람을 고용한 것을 실수라고 치부하고, 회사에서 지탄받는 직원은 결국 일을 열심히 할 이유를 찾지 못하게 된다. 상사들은 이런 직원들과 허심탄회하게 대화를 나누기보다는 이들이 결국 제 발로 회사를 떠날 수밖에 없게 끔찍한 상황으로 몰아간다. 이들 중에는 퇴직금을 더 많이 받을 생각에 회사에서 해고당하길 기다리는 직원들도 있다.

당신도 이처럼 어려운 상황에 처해 있다면, 지금이야말로 상사에게 도움을 구해야 할 때다. 중요하지 않은 사람으로 밀려나기까지 당신은 누군가에게 어떤 도움도 받은 적이 없을 것이다. 회사에서 당신에게 바라는 바가 무엇인지 알려줌으로써 당신이 기대에 부응할 수 있도록 도와준 사람도 없을 것이다.

가장 좋은 상황은 조직 내에서 권력과 영향력이 있으면서 당신에게 기꺼이 시간을 내어주고 당신이 중요한 사람이라고 느끼게끔 도와줄 수 있는 리더를 찾는 것이다. 이런 식의 개입 없이는 무의미의 진창에서 빠져나올 수 없다.

오른쪽 하단에 위치한 집단(성인)은 한 가지 근본적인 차이점을 제외하고는 왼쪽 하단의 집단과 유사하다. 그 차이는 바로 오른쪽 하단의 사람들은 애사심이 뛰어나고 조직의 문화를 세우기 위해 노력한다는 점이다. 이들은 몸속에 회사의 피가 흐르는 사람들이다.

문제는 이들이 기업 문화를 만들려고 노력하면 할수록 다른 사람들 눈에는 이들의 노력이 경제적 성과를 내지 못하는 핑계로 보인다는 사실이다. 다시 말하지만, 조직의 관리자들이 이러한 직원들을 상대하는 데 어려움을 겪는 까닭은 단지 이들이 멋진 사람들이고 공동체 중심적이기 때문이다. 이런 직원들은 조직에 너무 신경을 쓰는 나머지 불편한 대화를 꺼리고, 실적을 올리기 위해서는 꼭 필요한 기간 설정이나 목표 설정을 하지 못한다.

2부 · 성장을 방해하는 3가지 불안

당신이 이 영역에 해당한다면, 다른 직원들이 당신을 생산성 높은 사람으로 생각하지 않는다는 사실을 알거나 느끼고 있을 테고 회사 생활에서의 의미를 이전보다 덜 느끼고 있을 것이다. 마음속 깊은 곳에서는 본인이 생산성 높은 직원이 아니라는 사실을 인정하고 있으면서도 다른 사람에게는 훌륭한 기업 구성원으로 평가받길 바라고 있을 가능성이 높다. 상사는 당신에게 압력을 넣기 곤란해할 것이고 당신도 그런 상황을 감당하기 어렵겠지만, 조직에서 정말로 중요한 역할을 하고 있다고 느끼고 싶다면 이보다 더 나은 방법이 없다. 이어서 살펴볼 책임은 모든 영역에 속한 직원들이 중요하다고 느끼는 감정과 직접적인 관련이 있는 요소인데, 이 영역에서는 특히 더 그렇다.

책임을 맡긴다

우리는 가정교육을 받으며 의미의 최종 목적지와 비슷한 무언가를 이미 배웠다. 아이들이 늘 부모의 기대에 맞게 행동하는 건 아니지만, 그래도 부모로부터 어떤 임무를 부여받고 싶어한다. 부모에게서 좋은 성적을 받고, 스스로 방 청소를 하고, 약속한 시간까지 집에 돌아오라는 말을 듣고 싶어한다는 말이다.

왜 그럴까? 상대에게 책임을 맡긴다는 것은 그 사람에게 마음을 쓴다는 의미이기 때문이다. 자녀에게 좋은 성적을 받아 오길 기대한다고 말하는 것은 자녀가 좋은 성적을 거둘 만큼 똑똑하다는 사실을 알고 있으며 자녀를 생각하는 마음이 크기 때문에 그들이 잠재력을 발휘하길 바란다고 얘기하는 것과 같다. 결과적으로 학교에서 좋은 성적을 받게 되면 아이는 단지 점수 때문이 아니라 부모가 정해준 높은 기준을 달성했기 때문에 의미 있는 일을 성취했다고 느낀다.

이는 직장 생활에서도 똑같이 적용된다. 상사가 우리에게 중요한 업무를 맡긴다는 것은 우리가 하는 일과 업무 능력을 높이 평가하고 있으며, 부서를 위해서라도 꼭 목표를 달성해달라고 얘기하는 것과 같다. 상사의 높은 기대치는 약간의 스트레스를 유발할 수 있지만, 그보다 더 큰 의미를 안겨줄 것이다.

상사나 고객이 당신에게 어려운 임무를 안겨줬던 때를 떠올려보라. 넘길 수 없는 기한이 정해져 있었고, 어려운 기술을 완벽하게 익혀야 했으며, 어느 정도의 실적을 무조건 내야 했다. 그렇지만 성공적으로 일을 마무리했을 때는 아주 중요한 일을 완수했다는 생각이 들었을 것이다.

그러므로 거래처와 고객, 상사와 동료들에게 책임감 있는 업무를 달라고 요청하라. 당신의 성과를 평가해달라고 구체적으로 말하는 것도 잊어서는 안 된다. 물론 요청을 하는 당신이나 요청을 받는 그들 모두에게 쉬운 일이 아니라는 것을 이해한다.

당신은 열심히 노력했으나 기대에 못 미칠까봐 걱정되는 마음에 그들에게 평가받고 싶지 않을 것이다. 그들 또한 당신에게 싫은 소리를 해야 하는 상황이 생길까봐 걱정되는 마음에 당신을 평가하고 싶지 않을 것이다. 그렇지만 이것은 책임감 있는 업무를 가치 있게 하는 윈윈 상황을 만드는 방법이다.

의미는 우리가 불안을 느끼지 않게 하는 데에서 포용과 목적에 못지않게 큰 역할을 한다. 우리는 일을 하면서 성취감을 느끼거나 중요한 일을 하고 있다고 믿으면 불안해하지 않는다. 상사가 건네는 퉁명스러운 비판 하나하나에 초조해하지 않고, 피해망상에 빠져 상사의 눈 밖에 났다고 생각하고 다시는 그의 눈에 들 수 없을 거라고 믿는 일이 없다. 그 대신 우리가 하는 일에 자신이 있으면 스스로를 믿게 된다.

그렇게 되면 새로운 프로젝트를 맡고 새로운 기술을 습득할 용기가 생기고, 올바른 일을 미숙하게 하는 것을 더는 불안해하지 않게 된다. 우리의 취약성을 두려워하지 않고 기회를 잡을 수 있게 되는 것이다. 성취욕이 높은 직장인인 우리는 다른 누구보다도 의미를 갈망한다. 의미를 찾아야 안심할 수 있으며, 의미를 찾아야 직장에서 중요한 역할을 하고 싶다는 욕구를 충족할 수 있다.

무의미를 고립이나 목적 결여와 더불어 더욱 생산적이고 성취감 있는 삶을 살아가는 길목에 존재하는 장애물로 생각하라. 이러한 장애물과 맞닥뜨릴 때 우리는 이를 피해 갈 길을 찾는 대신 길을 벗어나다가 문제를 더욱 악화하는 덫에 걸리고 만다. 다음 장에서는 어떠한 덫이 존재하는지, 덫의 어떤 면 때문에 우리가 변화하지 못하고 그 자리에 얼어붙는지에 대해 설명한다.

Flying
Without A Net

3부

더 나은 변화를
가로막는 4가지 덫

바빠 보이기 위해
바쁜 사람들

성취욕 높은 직장인들이 스스로 고립되었다고 느끼고, 목적의식을 상실했다고 느끼고, 무의미하다고 느끼면서 불안해지면 이러한 감정을 딛고 일어나 다른 관점을 갖는 데 어려움을 겪는다. 이런 사람들은 불안이라는 감정에 맞서 일어나 더 나은 발전을 위해 행동이나 업무에 변화를 주기보다는 불안에 더욱 깊숙이 빠져드는 경향이 있다.

이토록 총명하고 야심만만한 직장인들이 어째서 자신들에게 일어나는 상황을 직시하지 못하는 걸까? 스스로 취약해질 용기를 낸다면 새로운 경험과 도전으로 승승장구할 수 있는데도 어째서 그런 용기를 내지 못하는 걸까?

바로 덫에 걸렸기 때문이다. 3부에서는 사람들의 발목을 잡고 만족감을 빼앗고 생산성을 떨어뜨리는 네 가지 덫에 대해 살펴볼 것이다. 이를 통해 불안해질 때 사람들이 어떻게 행동하는지, 세상을 어떻게 바라보는지, 스스로에게 솔직하지도 못하고 어떻게 시간을 보내는지 알 수 있을 것이다.

네 가지 덫에 걸려드는 데 특별한 순서가 있는 건 아니다. 첫 번째 덫이나 네 번째 덫이나 마찬가지로 우리가 모르는 사이에 걸려들게 되어 있다. 각각의 덫은 특유의 방법으로 성취욕 높은 사람들을 유혹하긴 하지만, 하나같이 이들로 하여금 목적의 중요성이나 고립의 두려움, 의미의 필요성을 느끼지 못하게 한다.

당신도 덫에 걸렸는가? 여기서 언급한 덫은 포착하기 힘들 만큼 미묘하게 작용하기 때문에 이 질문에 대답하기가 쉽지만은 않다. 언뜻 보기에 당신이 맡은 바 업무를 잘 해내고 있는 생산성 높은 직원처럼 보일지도 모르나, 훈련된 눈으로 들여다보면 실제로는 어떤 속사정을 겪고 있는지 알 수 있다.

만약 당신이 현재 중요하다고 생각하는 목적을 향해 전진하지 못하고 있다면, 덫에 걸려 있을 가능성이 크다. 살아 있음을 나타내는 유일한 증거는 성장이다. 이런 척도가 있는데도 당신은 덫에 걸렸다고 인정하거나 받아들이지 못할 수 있다.

부정은 의욕 넘치는 직장인 다수가 지니고 있는 위험 요소로, 이들은 자존심 때문에 자신이 직면한 상황을 올바르게 인식하지 못한다. 그 대신 비범하지는 않더라도 적당한 수준으로 일을 하고, 직장 생활을 대단하게는 아니더라도 괜찮게 하고 있다고 느끼면서 불안으로 가는 덫에 안주한다.

이는 일종의 림보^{limbo}와 같은 상황으로, 기분이 끔찍할 정도로 나쁘지 않을지는 몰라도 결국 끔찍한 결과를 낳는다. 직장에서 사람들이 역량을 십분 발휘하려 하지 않거나 스스로 발전하려는 의지를 보이지 않는 일이 생기는 것이다. 첫 번째로 살펴볼 덫은 많은 사람에게 이미 익숙한 바쁨이라는 덫이다.

제자리를 뛰느라 바쁜 사람들

회의를 마치자마자 다른 회의로 달려간 적이 있거나 이메일 답장을 보내느라 몇 시간 동안 꼼짝 못 한 적이 있다면, 당신은 '바쁨'이라는 덫에 빠져 있을지 모른다. 물론 성취욕 높은 직장인들은 대부분 해야 할 일이 많으며, 도전적이고 의미 있는 일을 하느라 바쁠 수 있다. 그러나 무엇인가를 하고 있다는 느낌을 받으려는 목적으로 일상적인 일이나 반복적인 업무를 하는 등 그저 바쁘기 위해서 바쁜 상태를 유지하고 있다면, 당신의 불안이 바쁨의 덫이라는 함정으로 이끌었을 가능성이 있다.

다른 사람들이 사무실의 문을 열고 들어올 때나 복도를 지나는 당신의 모습을 볼 때, 또는 당신과 대화를 하고 있을 때 그들에게 당신이 어떻게 비칠지 생각해보라. 이와 같은 무방비 상태에 노출되었을 때 당신에게서 다음의 특성 중 한 가지라도 발견되었을까?

- 표정이 굳어 있고, 모든 행동에 긴박감이 드러난다.
- 대화할 때 상대방의 말을 잘 듣는다고 자부하지만, 대화를 끝내고 다른 일을 할 시간을 가늠하고 있는 것처럼 보인다.
- 빠르게 걷고, 빠르게 말하면서 바쁘고 중요한 사람이라는 인상을 만든다.
- 사색에 잠기는 모습을 결코 보이지 않는다. 항상 말하고 있거나 책을 읽고 있거나 컴퓨터나 스마트폰을 확인하고 있다.

솔직히 본인의 모습에서 부산하고 정신없는 행동이 얼마나 보이는가? 내심 바쁜 척하면서 상대방의 혼을 쏙 빼놓으면 왠지 당신의 걱정거리가 사라질 것 같다고 생각하고 있는 건 아닌가? 이쯤에서 '바쁨'의 덫에 걸린 성취욕 높은 직장인을 한 명 소개하려 한다.

대형 광고대행사의 부사장인 살Sal은 전략적으로 사고하지 못한다는 이유로 뒤에서 욕을 먹는다. 또 진행하는 회의마다 아무 성과도 거두지 못하면서 이 회의에서 저 회의로 왔다 갔다 옮겨 다니기만 하는 데다가 어떤 결정도 내리지 못하고 과정을 마무리 짓지도 못한다고 비난받는다. 한 팀원이 술을 마시다가 내게 말했다.

"살은 회의만 하면 자기가 무슨 말을 떠들고 있는지 모른다는 사실이 탄로 날까봐 아주 초조해해요. 그러니까 회의 진행이 안 되는 거예요. 당연히 의사 결정도 안 되고요. 무슨 말을 하려는 건지 알아맞히려고 사람들이 모여 있는 거나 다름없어요. 정보 전달이나 하려고 회의를 하는 건 아니잖아요. 이메일로도 전달받을 수 있는 말을 들으려고 비행기까지 타고 올 필요는 없었을 텐데 말이에요."

살은 말끝마다 자기가 얼마나 많은 이메일과 음성 메시지를 확인해야 하는지 강조한다. 스케줄을 내세워 스스로 중요한 사람이라는 환상을 만들어내는 것이다.

달리 말하면 살은 각종 활동으로 일정을 꽉꽉 채우는데, 그런 것들은 대개 '활동을 위한 활동'일 뿐이다. 빈틈없이 일정을 채우고, 회의를 소집해 직원들에게 참석을 지시하고, 끊임없이 이메일을 확인하고 휴대전화로 통화를 함으로써 자신은 무엇인가를 성취하고 있다고 스스로 믿는다. 사실, 살은 불편한 대화를 하거나 어려운 결정을 내리지 못하는데, 이는 진정한 성공에 꼭 필요한 것이다.

다음은 절친한 친구가 내게 들려준 이야기다.

몇 년 전, 직장 생활을 시작했을 무렵 일 때문에 죄책감에 시달렸다네. 물론 내가 맡은 프로젝트 때문에 바쁘기도 했지만, 온종일 학교와 학생들과 동료 교수들에게 모든 에너지를 쏟아붓고 나면 녹초가 돼서 집에 돌아오기 일쑤였지.

피곤한 건 아내도 마찬가지였어. 세 딸을 챙겨야 하고 애들 숙제도 봐줘야 하고 상담 실습도 나가야 했거든. 또 우리 농장에서 일하는 농부가 있었는데, 한시도 눈을 뗄 수 없는 사람이라 아내가 그 사람에게도 신경 써야 했다네. 그때 나는 굉장히 의욕적으로 행동했어. 하지만 그런 내 모습이 아내 눈에는 의욕적인 게 아니라 형식적으로 비쳤을 게야.

딸들에게 책 읽어줄 시간이 다가오면 나는 제일 먼저 애들에게 글씨가 크고 내용이 짧거나 그림이 많은 책을 고르라고 권했다네. 그래야 얼른 읽어줄 수 있을 테니까.

이런 내 전략이 통하지 않으면 책을 되도록 빨리 읽으려고 했지. 그런데 딸들이 싫어하더군. 애들이 아주 어릴 적에는 몇 장씩 건너뛰기도 했어. 잠깐 다른 데 한눈을 팔게끔 만들고는 재빨리 몇 장을 넘겨서 금세 마지막 장이 나오게 하는 거야.

딸들을 얼른 재우고 다시 이메일과 음성 메시지를 확인하고 싶었어. 내게 '중요한' 일에 집중하려고 했지. 물론 정말 중요한 일은 스스로를 바쁜 사람이라고 계속 인식할 수 있게 하는 일이었다네. 자기 자식들에게 책 한 권 읽어줄 시간도 없을 만큼 바쁘니까 뭔가 정말 중요한 일을 하고 있어야 했겠지.

이제 막 첫발을 내딛은 젊은 직장인이기 때문에 바쁨의 덫에 걸려들었다는 말을 하려는 건 아니다. 혹시 성공한 기업에서 초창기부터 근무해본 경험이 있다면 창립자가 레임덕을 겪는 현상을 목격했을 것이다.

창립자는 자신의 비전과 에너지를 활용해 기업을 설립해야 하므로 신생 기업에 없어서는 안 될 존재다. 그러나 일단 회사가 설립되고 나면 회사 내에서 마땅한 자리를 찾지 못해 어려움을 겪는 일이 다반사다. 일반적으로 관리팀이 제 역할을 하기 시작하면 창립자는 소외감을 느끼게 된다. 창립자는 중요해 보이고 책임감이 있어 보이는 그럴듯한 직함을 꿰차지만, 실상은 겉치레에 불과하다.

회사에서 할 일이 없어질수록 바빠 보이려는 이들의 노력은 더욱 처절해진다. 거들먹거리며 현 이슈에 관해 백서를 작성하거나 중요해 보이는 목적을 상정하고 이를 담당할 위원회를 창설해 회장을 맡을지도 모른다. 회의를 좌지우지하고 출장을 숱하게 잡을지도 모른다.

그러나 그 모두가 하등 쓸모없는 일이다. 회사에서 일하는 직원들은 바보가 아니다. 직원들은 본인이 아무런 도움도 되지 않는 일을 하고 있다는 사실을 점점 더 확실히 깨닫는 창립자의 모습을 곁에서 지켜보고 있다.

창립자는 여전히 회사에 충실한 일원으로 남아 기업 문화를 세우고 싶어하지만, 본질적으로는 어떠한 발전도 없이 회사를 설립했던 시기에 했던 것과 똑같은 일만 되풀이한다. 개인적으로도 직업적으로도 성장하지 못하며, 결국 회사에도 거의 기여하지 못한다. 바쁜 스케줄과 새롭게 얻은 그럴듯한 직함이면 직원들 눈에 역동적인 리더로 보일 거라고 믿을지 모르나, 직원들은 그를 그저 분주하려고 무던히 노력하는 사람으로 생각할 뿐이다.

신생 기업을 하나 예로 들어보자. 500명 이상의 직원을 둔 기업으로 성장하자 공동 창립자 중 한 사람은 이제 더는 나서서 할 일을 찾지 못했다. 몇 가지 직함과 몇 군데의 사무실을 거치고 난 뒤에 그는 결국 최고문화경영자Chief Culture Officer, CCO 자리에 정착했다. 그러나 이 CCO가 이메일을 보내기라도 하면, 이메일이 전송되자마자 다른 사무실에 있는 직원들은 이상한 직함을 조롱하며 서로 웃고 떠들기 바빴다. 어떤 부하 직원은 그를 '아무것도 아닌 것의 COOChief Operating Officer(최고운영책임자)'

라고 불렀다. 언뜻 보면 해로울 게 없다고 생각할 수 있는 상황이지만, 사실 두 가지 측면에서 해가 된다.

첫째, CCO는 스스로 의미 있는 일을 하고 있다고 생각하며 자신을 속이고 있다. 어깨를 세워주는 그럴듯한 직함이 있으니 기업 문화와 관련된 새로운 슬로건을 만들어내고 새로운 정책을 시행하는 등 바쁘게 지낼 수 있을지는 모른다. 그러나 함정에서 벗어나려면 꼭 있어야 할 자기 반성을 할 수 없게 된다. 함정에서 벗어나기는커녕 사무실의 자리만 차지하고 있는데도, 자신은 회사에서 중요한 역할을 맡고 있다는 오해에서 벗어나질 못한다.

둘째, 본인에게 그런 직함을 부여하는 일은 회사 사정이 좋을 때에야 그저 웃고 넘길 수 있지만, 경기가 어려울 때는 직원들의 근로 의욕을 떨어뜨린다. 그러면 직원들은 그런 상사를 향해 조롱 섞인 웃음을 넘어 분노와 냉소로 반응한다. CCO의 등 뒤에서 오가는 말에 냉담하고 모질고 혹독한 분위기가 묻어나며, 그러한 냉소는 곧 그 조직을 조금씩 갉아먹기 시작한다.

불편한 상사를 만난다거나 회사 내에서 불편한 상황을 겪는 등 힘든 시기를 겪을 때 포용과 목적, 의미를 향한 욕구를 감추려고 바쁨을 이용하기도 한다. 상사가 못 미더워하고 흠을 잡더라도 상사에게 우리는 회사에 헌신적으로 일하고 있으며 생산성이 높다는 것을 증명해 보이기 위해 우선 바쁜 것처럼 보이려고 노력한다. 늦게까지 야근하거나 아침 일찍 출근하는 모습을 과시하면서 조직과 잘 맞지 않더라도 동료들에게 일을 진지하게 여긴다는 인상을 심어준다.

그러나 바쁘게 보이려는 이런 행동은 속임수나 다름없다. 이런 사람들은 실제로는 본인이 근면하다는 사실을 다른 사람뿐만 아니라 본인에게도 증명해 보이려는 것이다.

우리는 사실상 기업에 어떤 기여도 하지 않는다는 것이 다른 이들에게 발각되지는 않을까 하는 두려움 속에서 살고 있다. 이런 사실을 인정하는 것도 두렵고, 이를 다른 사람들이 알게 될 때 몰려들 수치심을 감당하기도 어려울 것이다. 모욕이나 수치는 고상한 자아상을 그리며 살아가는 성취욕 높은 직장인들에게 치명적인 감정이다.

그래서 우리는 오갈 데 없는 상황과 중요하게 해야 할 일이 아무것도 없는 상황을 피하기 위해 할 수 있는 모든 노력을 다한다. 바쁜 상태를 유지하면 우리의 잠재력을 발휘하며 열심히 일하지 않는 데 대해 부끄러움을 느끼지 않을 수 있다. 무엇보다 우리는 개인적으로든 직업적으로든 스스로 무엇을 해야 할지 모른다는 사실을 인정하고 싶지 않은 것일지도 모른다.

환상에 물 주기

MBA 과정에 있는 학생들과 직업이나 인생의 목표에 관해 자주 대화를 나눈다. 월스트리트에서 근무했던 학생들이 적잖이 있는데, 이들이 공통적으로 하는 얘기가 있다. 동료들에게 본인이 열심히 일한다는 환상을 심어줘야 성공할 수 있다는 것이다. 한 학생은 밤새 퇴근하지 않고 사무실 어디에선가 일하고 있는 것처럼 보이려고, 퇴근을 하면서도 정장 윗도리를 의자에 걸쳐놓고 집에 가곤 했다고 말했다.

"회사를 위해 아주 헌신적으로 일하고 있다는 인상을 심으려고 약간의 요령을 부린 거죠. 일이 없을 때도요. 우리를 향한 기대치와 이미지를 관리하는 일이에요."

이 학생은 오랫동안 조직 생활을 하면서 경쟁적인 행동이 출세의 필수 요소라는 현실을 깨닫게 된 것이다. 높은 자리를 차지한 사람, 승진과 높은 연봉으로 보상받는 직원들은 늦게까지 일하고, 기꺼운 마음으로 끊임없이 출장을 다니고, 노동 집약적인 프로젝트라도 기한 내에 처리하는 등 누구보다도 빠르게 앞서 달리고 있는 것처럼 보이는 경우가 많다.

문제는 이와 같은 경쟁에서 이긴 대가가 더 많은 일거리이며, 결국 다른 사람들이 자신을 보고 바쁜 사람이라고 계속 착각하게 하려면 더 열심히 일을 해야 한다는 사실이다. 일류 로펌에서 일한 적이 있는 한 동료는 대표 변호사가 됐을 때 이렇게 말했다고 한다.

"파이 많이 먹기 대회에서 우승하고 나니 상품으로 더 많은 파이를 주는군."

성취욕 높은 직장인들 대다수가 바쁨이라는 현상에 반사적으로 반응하고 있다. 우리가 살고 있는 최첨단 시대가 장려하는 그런 반사작용 말이다. 관리자를 대상으로 프로그램을 진행하거나 세미나를 개최하다 보면 이런 사람들의 몸에 밴 습관적인 행동이 그대로 드러날 때가 있다.

한 회사는 각국에 흩어진 관리자들에게 조직 변화의 과정을 배워 오라며 어마어마하게 큰돈을 들여 리더십 개발 프로그램에 보냈다. 회사는 직원들이 프로그램에 참여하면서 서로 안면을 트고 지식을 공유하며 조직 내에서 글로벌 네트워크를 형성하길 기대했던 것이다.

내가 첫 수업을 끝내고 30분의 휴식 시간을 주었을 때 70명의 참가자 가운데 대화를 나누는 사람은 거의 찾아볼 수 없었다. 대신 그들은 쉬는 시간이 시작되자마자 PDA를 꺼내서 이메일과 문자메시지를 읽고 답장을 보내기 시작했다. 휴식 시간이 어느 정도 지나자 서둘러 화장실에 다녀오거나 두 번째 커피잔을 손에 들고 자리로 돌아와서는 다른 사람들과 눈 한 번 마주치지 않고 곧바로 이메일을 확인하기에 바빴다.

프로그램 참가자들은 중요한 임무를 맡고 있는 관리자들이었다. 책임감이 막중한 역할을 맡고 있는 사람들이었다. 서로 가깝게 지내야 하는 사람들이었다. 그러나 이들은 그 자리에 함께 모여 있는 가장 중요한 이유를 잊고 있는 것처럼 보였다.

회의장을 거닐면서도 손에 든 전자기기에 완전히 빠져 있는 관리자들을 당신도 일상에서 쉽게 볼 수 있을 것이다. 이들이 눈을 떼지 못하는 메시지가 과연 동료들과 말 한마디 나누지 못할 만큼 중요한 내용일까?

나는 그 관리자들이 사무실 밖에 나와 있는 동안 불안을 감추지 못해서 그랬던 게 아닌가 생각한다. 이들은 사무실을 비웠을 때 무슨 일이 일어나고 있는지 걱정했을 것이다. 그리고 정신없이 이메일과 문자메시지를 보내면서 잘못된 안도감을 얻었다. 그러고 있으면 불안이 누그러지고 직장에 연결되어 있다는 느낌이 들었을 테니까.

물론 실상은 동료 관리자들과 솔직하게 터놓는 대화를 피하려는 꼼수

였을 수도 있다. 그들을 곤란하게 만들거나 그들의 믿음에 의문을 제기할 만한 대화가 오갈까봐 두려웠을지도 모른다.

몇 달 전 이사회 위원들과 점심을 먹는 자리에서, 나는 휴가를 바라보는 개개인의 태도가 바쁨에 얼마나 집착하고 있는지를 측정하는 좋은 기준이라는 사실을 깨달았다. 미리엄이라는 위원은 성취욕이 높은 사람 특유의 바쁘고자 하는 충동에 사로잡혀 있었다.

"바쁠 때는 죄책감이 들지 않아요. 느긋하게 있으면 그런 내가 짜증나서 견딜 수가 없어요. 꼭 쓸모없는 사람이 된 것 같다니까요."

미리엄은 깔깔거리며 웃더니 말을 이어갔다.

휴가 떠날 생각을 하기에 가장 좋은 때는 한창 바쁜 시기예요. 무슨 이유에서인지 내가 휴가를 갈 만하다는 생각이 들거든요. (하지만) 휴식을 취하기에 가장 안 좋은 시기이기도 하죠. 보통은 휴가를 가더라도 두고 온 일이 걱정돼서 휴가를 제대로 즐기지 못해요. 회사가 한가했던 지난겨울은 정말 한가해서 휴가를 떠나기에 완벽한 시기였어요. 내가 한 달쯤 휴가를 낸다고 해도 뭐라고 할 사람이 아무도 없었죠. 사실 상사는 내게 휴가 좀 가라고 부추기기도 했고요. 물론 나는 나 자신을 합리화하려고 무엇인가 마무리해야 할 중요한 일이 있다고 생각하고 있었어요. 그렇지만 실은 시간만 때우고 있었죠. 그런 상황에서 휴가를 떠나려니 너무 죄책감이 들더라고요.

미리엄은 자신의 말이 얼마나 신경증적으로 들릴지 알아차린 듯 밀려드는 부끄러움에 고개를 가로저었다. 그러나 내 눈에 들어온 건 탁자 주변의 숱하게 많은 사람이 고개를 끄덕거리고 있는 모습이었다. 나 역시 예외는 아니었다. 사실 미리엄은 사람들이 바쁨의 덫에 걸렸는지 알아볼 수 있는 훌륭한 척도를 자신도 모르는 사이에 지적한 것이었다.

- 업무 관련 프로젝트가 너무 많아서 할 일이 산더미처럼 쌓여 있다고 느낄 때만 휴가를 가고 싶다는 생각이 든다.
- 회사가 한가할 때 당신은 휴가를 가지 않겠다고 버티고, 상사는 휴가를 다녀오라며 등을 떠민다. 사실 사무실을 비우더라도 동료들이 당신을 찾지 않을 것이다.

당신은 언제 휴가를 떠나는지, 어떤 태도로 휴가를 대하는지 위의 두 기준에 비추어 생각해보라. 스트레스를 받을 정도로 바쁜 시기에만 휴가 생각을 하는가? 절대 사무실을 떠나면 안 될 시기에 휴가를 생각하는가? 반대로 작년에 회사가 가장 한가했던 시기에 휴가를 가려다가 말았던 적이 몇 번이나 있는가? 성취욕이 높은 직장인 대다수는 바쁨의 반의어이기도 한 휴가를 두려워한다. 만약 최악의 시기에 휴가를 떠나고 싶다거나 최적의 시기에는 휴가를 떠나기 싫은 등 휴가를 대하는 태도가 이상하다면, 당신은 바쁨의 덫에 걸려들었을 가능성이 농후하다.

정작 해야 할 것을 못하게 하는 습관적인 핑계

나는 그동안 주변에 있는 모든 사람에게 내가 중요한 일을 하는 바쁜 사람이라는 인상을 심어주려고 했다. 성취욕 높은 직장인들이 그렇듯이 나 또한 다른 사람들에게 굳이 내가 시간을 내기 어려울 만큼 바쁘다거나 밤낮으로 전화통을 붙잡고 있다고 얘기하지는 않았지만, 직장 동료뿐 아니라 가족들에게도 아주 크고 또렷하게 이러한 메시지를 보내고 있었다.

저녁 식사 준비로 한창 분주했던 어느 날 나는 계단 근처에 서 있었다. 그때 내 딸 사라가 다가오더니 울음을 터뜨렸다. 몇 시간 동안 공부하며 준비했던 시험에서 예상하지 못한 문제가 나왔던 것이다. 사라는 선생님에게 잔뜩 골이 나 있기도 했고, 시험을 대비한 수업 시간에 선생님 말씀을 주의 깊게 듣지 않았다며 부끄러워하기도 했다. 또 시험을 잘 본 친구를 부러워하기도 했다.

아빠도 숱한 시험에서 형편없는 성적을 받은 적이 있노라고 위로할 생각이었다. 사라는 이번 성적을 만회하고 수업을 잘 따라갈 게 분명했다. 딸아이가 한창 고민을 쏟아내고 있는데 갑자기 전화벨이 울렸다. 업무 관련 전화일지도 모른다고 생각한 나는 딸아이를 내버려두고 가서 전화를 받았다. 잠재 고객에게 '대박 상품'에 가입하라며 보험 가입을 권유하는 전화였다. 보험에 가입할 생각이 없다고 말하며 곁눈으로 봤더니 사라가 계단으로 올라가고 있었다. 서둘러 전화를 끊고 딸을 뒤따라갔다. 사라의 첫마디는 이랬다.

"그러니까 아빠는 나랑 대화하는 것보다 전화 받는 게 더 중요하다는 거죠?"

사라는 몸을 홱 돌려 방으로 들어가 버렸다.

이 이야기의 교훈은 단지 우선순위를 올바로 설정해야 한다는 것이 아니다. 우선순위 설정도 물론 중요하지만 바쁨의 덫에 걸려들면 사생활과 사랑하는 사람들에게 부정적인 영향을 미치게 되므로, 이 이야기에는 또 다른 교훈이 하나 담겨 있다. 바로 무분별하게 바쁨이라는 반사작용에 반응하고 있다는 사실을 인지하라는 것이다.

회사는 메일 도착 알림음이나 인스턴트 메시지 알림음, 휴대전화 벨소리에 파블로프의 개처럼 반응하는 사람들로 가득하다. 이들은 자신에게 연락을 취한 사람이 긴급한 일이 생긴 상사나 조언이 필요한 부서원일 거라 생각하며 이러한 반응을 합리화할지 모른다.

그러나 이런 식으로 반응하다 보면 직장에서든 집에서든 환영받지 못한다. 내가 전화를 핑계 삼아 딸과의 감정적이고 중요한 대화를 피했던 것처럼, 사람들은 직장에서 바쁘다는 핑계로 동료와의 의미 있는 대화를 피한다. 바쁘다는 핑계를 댐으로써 자신이 관리자로서 어떤 약점을 갖고 있는지 돌아볼 기회를 피하며, 나아가 주변 사람들이 자신을 생각보다 지식이나 주도력이 부족하다고 판단할 가능성이 있는 업무를 맡지 않는다.

피트 스톱으로서의 집

나는 그레이엄 모스와 필 힐이 F1 레이싱을 하던 시절부터 카레이싱에 푹 빠져 있었다. F1을 향한 내 관심은 자연스럽게 스톡카레이싱stock-car-racing(자동차들끼리 서로 부딪치는 것을 허용하는 경주—옮긴이)으로 이어졌다. 나는 데이비드 피어슨, 케일 야보로, 파이어볼 로버츠, 리처드 페티 등의 레이서가 이 위험한 스포츠에서 경쟁하는 모습을 관람하는 시간을 즐겼다.

무엇보다 흥미로웠던 것은 자동차에 연료를 채우고 타이어를 갈아 끼우는 등 필요한 조치를 취하기 위해 번개와 같은 속도로 진행되는 타임아웃이었다. 사실상 정비를 담당하는 피트 크루Pit crew 간의 경쟁이었다.

최대 여덟 명의 인원으로 구성된 40개의 피트 크루는 자기 팀의 경주차가 가장 먼저 경주로로 돌아갈 수 있도록 재능을 뽐내며 순식간에 차량을 정비한다. 크루 멤버들은 긴장감이 감도는 경주로에서 1초도 안 되는 짧은 시간에 타이어 하나에 박힌 너트 다섯 개를 바꿔 끼운다. 타이어 네 개의 너트를 교체하고 연료를 채우는 데는 10초밖에 걸리지 않는다. 피트 크루는 굉장한 효율과 속도로 일하는 팀을 묘사하기에 가장 적절한 예다.

고된 일주일을 보내고 맞이한 어느 토요일, 텔레비전 채널을 돌리다가 레이싱 장면을 보게 되었다. 중반부를 넘어선 레이싱은 매우 흥미진진했다. 최종 우승자는 피트 크루가 소중한 몇 초를 벌어준 덕분에 유력한 경쟁자보다 더 빠르게 피트 스톱pit stop에서 벗어날 수 있었다.

레이싱을 보던 나는 우리 집이 피트 스톱만큼 정신없고 바쁠 때가 많다는 사실을 깨달았다. 우리 가족은 제각기 다른 방향으로 나아가고 있었다. 저녁 식사에서 오가는 대화라고 해봐야 누가 언제 누구를 데리러 갈지, 수많은 일정을 어떻게 조정할지 따위로, 기본적으로 업무 분담에 관한 것이었다.

우리 가족은 뉴욕시 북부 웨스트체스터 카운티의 멋진 집에서 살고 있었다. 그러나 우리에게 그런 집은 필요하지 않았다. 그저 열쇠와 노트 같은 일과에 필요한 물건들을 담을 수 있는 큰 바구니가 있는 방 하나면 충분했다. 우리 가족과 피트 크루가 다른 점이 있다면, 피트 크루는 연습을 통해 압박감을 다루는 방법을 완벽하게 익혔다는 것이다. 반면 우리 가정은 훈련도 전혀 받지 않고 잘할 수 있는 방법도 모른 채 뭐라도 해보겠다고 미친 듯이 노력만 하고 있는 한 무리의 정비공 같았다.

또 내가 그동안 딸들에게 늘 바빠야 한다고 가르치며 개인적 문제에만 집중하게 했다는 사실도 깨달았다. 가장 소중한 사람들의 말에 귀를 기울이고 그들에게 마음을 쓰는 일보다 바쁜 생활을 유지하는 일이 더 중요하다고 가르치고 있었다. 나는 울고 있는 딸아이를 내버려두고 지나쳐 가면서 바쁜 게 곧 행복이라는 생각을 공고히 하고 있었다는 사실을 깨달았다.

딸들이 최근 내게 말하길, 오래전에 아빠는 경주를 하다가 잠깐이라도 쉬면 뒤처질 거라는 가정 속에서 산다고 생각했다고 한다. 아빠가 바쁘게 산다는 건 경주에 빠져 선두를 욕심내고 있다는 증거였다. 다행스럽게도 딸들은 경험이 쌓이면서 그때의 생각이 오해였다는 것을 알게 되었다.

최고의 피트 크루들은 레이싱에서 이기겠다는 욕심을 넘어서 그 과정과 목적을 이루기 위해 분주한 것이다. 각각의 구성원은 자신의 일에 자부심을 갖고 있으며, 실력을 향상하기 위해 새로운 도구와 기술을 시험하며 꾸준히 노력한다. 최고의 피트 크루들은 단순히 바빠 보이기 위해서 바쁜 것처럼 보이지 않는다. 그보다는 그들이 가진 능력의 최고치를 실현하려 한다.

당신은 바쁨의 덫에 빠졌다

바쁨의 덫은 무슨 일이 일어나고 있는지 알아차리지 못할 정도로 우리 삶 속에 너무나 자연스럽게 녹아들어 있다. 우리는 바쁘지 않을 때 무엇을 해야 할지 모르기 때문에 늘 바쁘길 바란다. 사실 바쁨이라는 덫에 걸려들면 목이 잘린 닭처럼 이유도 모른 채 속도만 내게 된다. 반성이나 속 깊은 대화, 일상의 휴식을 방해하는 미친 듯한 에너지로 이메일과 회의에만 집착하게 된다.

이제 우리는 바쁨의 덫이 불안을 감추려는 목적으로 설치되었다는 사실을 어느 정도 알게 되었다. 그러나 이러한 자각은 아주 잠깐 지속될 뿐이다. 따라서 이 자각을 끊임없이 되새겨야 한다. 목적을 달성하기 위해서 다음의 문항을 활용해보자.

- 당신의 일이 구체적이고 중요한 목적, 이를테면 책임이 더 크고, 중요한 기술을 습득하고, 의사 결정을 내려야 하는 지위를 향해 당신을 이끌어가고 있다고 믿는가?

- 실제보다 더 바쁜 것처럼 보이도록 상황을 연출하고 싶어하는 본인의 모습을 마주한 적이 있는가? 당신은 상사가 사무실을 지나갈 때 미친 듯이 컴퓨터 자판을 두드리기 시작하는가? 당신이 회사 일로 얼마나 자주 출장을 다니며 희생하고 있는지를 반드시 짚고 넘어가는가? 얼마나 늦은 시간까지 일했는지, 주말에 프로젝트 때문에 얼마나 바빴는지, 답장을 보내야 할 이메일이 얼마나 많은지 따위를 동료에게 일일이 얘기하는 편인가?

- 태블릿 등의 전자통신 기기에 중독되어 있는가? 끊임없이 메시지를 확인하고 있는가? 정기적으로 메시지를 확인하지 않고는 직장 동료들, 가족, 친구들과 대화를 이어가지 못하는가?

- 회사가 한가해지면 죄책감이 드는가? 한가할 때 휴가를 간다는 건 말도 안 된다고 생각하고 있는가? 직장에서 시간이 남으면 의미 없고 지루한 일을 하며 시간을 때우려고 하는가?

- 지금 바쁘다면, 당신을 바쁘게 만드는 일 가운데 의미 있고 도전적인 업무는 몇 퍼센트나 되는가? 부하 직원에게 위임하더라도 업무 효율이 떨어지지 않을 업무는 몇 퍼센트나 되는가? 처리하지 않더라도 문제가 생기지 않을 업무는 몇 퍼센트나 되는가?

- 가족이나 친구에게서 무엇이 중요한지 알아야 한다는 비판을 들은 적이 있는가? 그들이 업무 관련 이야기를 하지 않고는 못 배기는 당신

의 모습이나 휴대전화 또는 이메일을 확인하지 않고서는 사적인 대화를 온전히 즐기지 못하는 당신의 모습을 비아냥거린 적이 있는가?

일단 당신에게 사소하거나 비교적 의미 없는 업무에 집착하려는 충동이 있다는 현실을 인식하면, 그중 일부를 놓아버릴 수 있는 위치로 올라갈 수 있다. 그렇다면 그런 충동을 어떻게 벗어던질 수 있을까? 솔직히 문자메시지와 이메일의 정기적인 확인처럼 우리가 바빠 보이려고 습관적으로 하는 행동을 중단하기란 쉽지 않다. 이러한 행동을 통제할 최선의 방법은 각자가 찾아야 하겠지만, 참고할 만한 전략을 몇 가지 소개하자면 다음과 같다.

- 하루에 한 시간 전자기기를 사용하지 않는 시간을 정하라. 평일에 이런 시간을 설정하면 전자기기를 만지며 쓸데없이 시간을 보내지 않고 무엇을 읽거나 쓰거나 자기반성을 하는 시간을 가질 수 있다.
- 학교 시스템을 모방해 면담 시간을 만들어라. 면담 시간을 정해서 누구나 당신의 사무실에 들러 대화를 나눌 수 있도록 사무실을 개방하라. 꼭 업무 이야기가 아니어도 좋다. 이 시간에는 서로의 목표를 공유하기보다 긴장을 풀고 느긋하게 대화를 나누도록 하자.
- 바쁨을 가장하려는 최악의 행동을 조금씩 개선하라. 하루 평균 네 시간 동안 전화기만 붙들고 있다면, 그런 시간을 15분씩 줄이도록 노력하라. 매년 비행기를 타고 이동하는 거리가 평균 16만 킬로미터라면, 그 거리를 13만 킬로미터까지 줄이도록 노력하라.

미친 듯이 바쁘게 살아온 당신에게 마치 부처님처럼 명상을 하라는 얘기가 아니다. 당신처럼 성취욕 높고 야망 가득한 직장인은 한자리에 가만히 앉아서 고차원의 비즈니스 개념을 명상한다고 해서 행복해지지도 않고 생산적인 사람이 되지도 않는다.

그럼에도 이러한 노력을 하는 것은 바쁨의 덫으로부터 벗어나기 위해서다. 당신을 정신없게 만드는 행동을 아예 없애지는 못하더라도 이를 통제하는 방법을 배우기만 하면 바쁨의 덫에서 벗어날 수 있다. 그러면 새로운 아이디어를 얻고 새로운 방향으로 접근을 시도할 수 있는 여유와 관점이 생기면서 업무 방식에서도 중대한 변화를 이끌어낼 수 있다. 그럼 이제 두 번째 덫인 비교를 살펴보자.

7장

매번 스스로
상심하게 만드는 비교

사회과학 분야에서는 타인과 자신을 비교하는 현상을 사회 상대성social relativity 이론이라는 전문 용어로 설명한다. 사회 상대성이란 우리가 어떻게 살고 있다고 생각하는지를 외적 기준으로 측정하는 과정, 즉 외적 기준을 적용해 우리의 성공 여부를 규정하는 과정이다. 이러한 과정은 어릴 때부터 시작되며, 많은 요소에 의해 우리 내면에 스며든다.

사실 이렇게 비교하는 과정은 우리가 경험하는 모든 일에 너무 깊숙이 침투해 있어서 남들과 비교하고 싶은 마음은 스스로 통제할 수 없는 감정이라는 느낌이 들기도 한다. 그렇게 남과 비교하는 행동은 계산된 행동이라기보다 반사작용에 가깝다. 특정 문화에서는 모든 행동에 비교가 배어 있다.

모건스탠리의 상무이사들 사이에는 다양한 차원에서 끊임없이 비교하는 문화가 존재한다. 일례로 거의 동일한 연차와 직급에 있는 두 상무이사가 있었는데, 한 사람이 연봉으로 2만 5000달러를 더 받는다는 사실을 알고 적게 받는 이사가 격노했다. 누구 하나 큰 그림을 보거나 임금에 차이가 나는 까닭을 이해하지 못했고, 이러한 상황은 두 사람 사이에 팽팽한 긴장감을 불러일으켰다.

이 두 사람이 비교의 덫에 걸려든 탓에 나는 아주 오랫동안 경영 문제에 시달렸다. 더 큰 문제는 이들이 배움이나 성장, 발전, 성과가 아니라 급여, 사무실 크기, 직함 등 누가 무엇을 더 가졌는지를 중점적으로 비교한 탓에 상황이 심각해졌다는 사실이다. 이들은 비교로 얼룩진 일과에서 벗어나 소통할 방법을 찾기는커녕 비교라는 전투를 하는 데 에너지의 대부분을 쏟아부었다.

비교는 우리 삶에 깊숙이 침투해 있는 덫으로, 성취욕이 높은 직장인일수록 더욱 걸려들기 쉽다. 삶의 목적과 정체성에 의문을 품을 때 비교는 열성을 다하기 시작한다. 직장에서 혹은 더 넓은 의미에서 자신이 가치 있는 존재인지 의문을 갖게 되면, 우리는 주변 환경을 조작해서라도 긍정적인 피드백을 들으려고 애쓴다. 외롭거나 고립되었다는 느낌이 들때면 갑자기 사람들이 어떻게 무리 지어 다니고 무리 지어 행동하는지가 눈에 들어오며, 그런 관점에서 세상을 바라보게 된다.

비교는 이보다 훨씬 더 부정적인 방식으로 나타나기도 한다. 다른 공동체나 집단에 낄 자격을 얻지 못한 채 어째서 혼자여야 하는지에 대한 이유를 찾는 것이다.

우리가 얼마나 성공했든지, 얼마나 많은 목표를 이루었든지 간에 비교의 덫은 우리로 하여금 성과를 재조정하게 하고 성공에 대한 정의를 재설정하게 한다. 과거에 어떤 성과를 이루어냈는지는 전혀 중요하지 않다고 속삭이며 진정한 의미의 성공이나 성취를 이루려면 그동안 가져본 적 없는 직함을 달거나 해본 적 없는 업무를 맡는 것, 근무해본 적 없는 회사에 취직하는 것 따위의 뭔가가 더 필요하다고 말한다.

이러한 과정을 겪으면 우리는 이루기가 더 힘든 목표를 설정할 수밖에 없다. 설령 어찌어찌해서 이 어려운 목표를 또 달성하더라도 우리는 이보다 훨씬 더 어려운 목표를 설정하게 된다. 비교의 덫에 걸리면 얼마나 많은 것을 이루든 간에 우리가 이뤄낸 성과로는 결코 만족하지 못하게 되는 것이다.

내가 하버드경영대학원에 교수로 채용됐을 때, 친구들과 가족들은 교수로서 '출세'했다며 내게 축하카드를 보냈다. 모건 홀의 내 교수실에 도착할 때까지는 기분이 꽤 좋았다.

내 옆 사무실은 조직 혁신 분야에서 세계적으로 명성 있는 학자이자 열두어 권의 책을 집필한 동료가 쓰고 있었다. 케이프 코드에 아름다운 별장도 갖고 있었다. 게다가 호의적이고 상냥하기까지 했다. 미워할 구석이 별로 없는 친구였다. 그래서인지 아침마다 출근해서 그 친구의 사무실을 지나갈 때면 내가 경주에서 뒤처지고 있다는 느낌이 들었다. 그와 비교하면 내 업적은 오랜 경력에 비해 보잘것없었다. 내가 낸 두 권의 조악한 책은 그의 작품에 비하면 그저 부끄러울 따름이었다.

그의 사무실을 지나갈 때 그가 사무실에 없으면, 나는 그가 틀림없이 잭 웰치(제너럴일렉트릭의 전 회장이자 CEO―옮긴이)와 같은 유명 인사와 만나고 있을 거라고 생각했다. 그리고 곧 나는 내가 그 동료를 싫어하려고 하면 할수록 그가 이룬 업적과 내가 이루지 못한 업적을 비교하며 나 자신을 싫어하게 되더라는 사실을 알게 되었다.

이런 일은 거의 매일 반복되었다. 일과를 마칠 때는 아무렇지 않다가도 하루를 시작할 때는 꼭 이런 감정이 들었다. 출근할 때 그 동료의 사무실이 없는 반대쪽 복도로 걸어오면 비교의 과정을 시작하지 않을 수 있을 텐데, 왜 그러지 않았느냐고 내게 묻고 싶을 것이다. 이유가 무엇이냐고? 반대쪽 상황은 더 끔찍했기 때문이다.

1990년대로 들어서기 2년 전에 MIT 교수 한 분이 하버드경영대학원의 교수로 채용되었고, 1997년에는 노벨 경제학상을 수상했다. 노벨상을 수상할 때 로버트 머튼Robert Merton의 나이는 마흔여섯이었다. 머튼과 두 경제학자는 금융시장에서 활용되는 '블랙―숄스Black-Scholes 모형'을 개발했다.

자, 이제 어떤 문제가 있었는지 알겠는가? 바로 머튼의 사무실이 반대편 복도에 있었던 것이다. 한쪽에는 로버트 머튼이, 다른 한쪽에는 마이클 투시먼이 있었다. 머튼도 투시먼만큼이나 호의적이고 상냥했다. 차를 몰고 출근하는 머튼을 보면 머리칼이 곤두섰다. 머튼은 손을 흔들며 내게 인사했는데, 그렇게 똑똑한 사람이 어쩌면 저렇게 친절하기까지 한지 도무지 알 길이 없었다.

이쯤 되면 내가 처했던 상황을 이해할 수 있을 것이다. 상대적으로 내가 부족하다는 생각을 하지 않고서는 내 사무실까지 들어갈 수 있는 길이 없었다.

기준 없는 비교

한 CEO가 코칭이 필요하다며 내게 연락을 했다. 그는 매우 성공한 가족회사의 경영인이었다. 친절하고 똑똑했으며 회사 일에 전념하는 사람이었다. 리더로서 자신의 약점과 맹점이 무엇인지도 잘 알고 있었다. 내가 본격적으로 코칭을 시작하려 하자 그가 내게 말했다.

"톰, 얼마 전에 만난 CEO가 내게 고위급 임원회의를 특정 방식으로 진행하라고 조언했어요. 또 360도 검토를 하는 데 들여야 하는 시간과 에너지에 비해 눈에 보이는 결실은 거의 없으니 그것도 그만두라고 충고하더라고요. 이 사람 말대로 해야 할까요?"

또 한번은 알고 지내는 다른 CEO가 자기 시간의 30퍼센트를 인재 관리에 할애한다는 말을 들었다며, 본인도 그 사람처럼 해야 할지 고민했다.

내 의뢰인이 열린 마음으로 다른 CEO들로부터 배우려고 했다는 점은 높이 산다. 그러나 그는 다른 회사의 리더들과 나눈 짧은 대화를 기반으로 회사에 광범위한 영향을 미칠 법한 지시를 내릴 때가 많았다. 새로운 시스템을 막 구축했더라도 내 의뢰인인 CEO가 다른 사람에게 또 다른 시스템에 관한 이야기를 듣는다면, 회사 전체에 시스템을 재구축하라고 발표할 것이었다.

다른 회사의 CEO 또는 나와 나눈 한 차례의 대화로 회사가 나아갈 방향을 동전 뒤집듯이 바꿔대는 탓에 밑에서 일하는 직원들은 몹시 화가 나 있었다. 직원들은 이중으로 피해를 받고 있었다.

내 의뢰인은 배움과 비교를 혼동하고 있었다. 이런 일이 되풀이된 이유는 그가 다른 곳에서 조직 생활을 경험해본 적이 없었기 때문이다. 다른 CEO의 활약을 목격하고 그로부터 배울 점을 찾을 기회가 그에게는 한 번도 주어지지 않았다. 결과적으로 그는 무엇이 옳은 행동인지를 그저 짐작해야 했던 것이다. 그 와중에 다행스럽게도 그의 짐작은 옳을 때가 많았다. 그러나 당장 무엇을 선택해야 할지, 그리고 어떻게 시간 분배를 해야 할지 몰라 힘들어할 때도 있었다.

'해외에서 일하는 리더들을 방문하러 갈까, 아니면 일선 관리자들을 대상으로 리더십 개발 프로그램을 기획할까? 지금 B회사의 대표를 만나러 갈까, 아니면 사내 피트니스 센터 이용 방침에 관한 정책을 만들까?'

내 의뢰인은 자신의 이론을 공식화할 수 있는 경험을 다양하게 하지 못한 탓에 이처럼 비교하는 행동에 사로잡혀 있었던 것이다. 존경하는 누군가가 어떤 방식이나 전략을 언급하기만 하면, 그는 곧장 자신의 회사에서 쓰고 있는 방식과 새로운 방식을 비교하기 시작했다.

결과적으로 이 CEO는 남과 비교하는 행동 때문에 자신의 역할을 제대로 수행하지 못했을 뿐 아니라, 다른 직원들까지 각자의 자리에서 무엇을 해야 할지 모르고 우왕좌왕하게 만들었다. 당신은 고위 경영진의 의사 결정 과정이 어떤 모습인지 대충 알고 있을 것이다. 근본적으로 이

CEO의 불안은 스스로를 비교의 덫에 빠뜨렸으며, 경영진까지 그 덫으로 끌고 들어갔다. 이 회사 경영진의 이직률은 두말할 것 없이 굉장히 높았다.

성취욕이 높은 직장인이라면 이 이야기에서 다음과 같은 교훈을 얻을 수 있다. 비교의 덫에 빠지지 않도록 다양한 경험을 추구하라. 더 구체적으로 말하면, 아주 많은 직장인이 '편안한' 삶에 안주한다. 그러나 그런 일상에 안주하지 말라. 지금 하고 있는 일에만 만족하지 말라. 10년 동안 열 군데의 회사에서 근무하라고 권하는 건 아니다. 지금 몸담고 있는 조직에도 당신이 배우고 성장할 기회가 무궁무진하다. 팀이 꾸려지고 있다면 자원해서 그 팀으로 들어가라. 상사에게 확장 업무를 요청하라. 시간을 내서 다른 업무를 담당하는 직원들과 대화를 나눠라. 다른 회사 사람들을 만날 기회가 있는 무역박람회에 참가하라. 평소에 만날 기회가 없는 전문가와 일할 수 있도록 조직 내·외부 위원회의 일원이 되어 일하라.

공식적·비공식적 수단을 활용해 시야를 넓혀라. 시야가 좁은 직장인은 무의식적으로 자신은 실패하고 있으며 남들이 자신보다 더 잘나가고 있다고 생각하기 때문에 강박적으로 비교에 집착한다. 견문이 넓은 사람은 자신에게 없는 것을 누가 가지고 있는지 망상에 빠지지 않고 자신의 상황을 더욱 객관적으로 분석한다. 대부분은 스스로 만들어낸 시나리오에 불과하기 때문에 세상을 있는 그대로 바라보면 부러워할 일도 없어질 것이다.

적절한 기준 vs. 그릇된 기준

현재 하버드경영대학원의 학장을 맡고 있는 니틴 노리아 Nitin Nohria가 1980년대 후반 이 학교의 교수로 채용됐을 때, 그는 자신이 성공할 수 있는 가능성이 얼마나 되는지 가늠해보았다. 그는 MIT에서 우수한 연구 실적을 거뒀고, 학위를 취득한 뒤에는 여러 곳에서 스카우트 제의를 받았다. 그러나 하버드경영대학원의 교수로 오기로 마음먹었다. 그리고 몇 개월 만에 진정한 멘토-멘티 모습을 한 관계가 만들어졌다.

밥 에클스Bob Eccles는 조직 행동 분야를 연구하는 젊은 나이의 종신 교수였다. 그 역시 굉장히 똑똑하고 친절했다. 몇 년이 지나 종신 교수가 되고, 부학장의 위치에 오르고, 학계에서 세계적인 명성을 쌓은 노리아는 학교에 온 지 얼마 되지 않았을 때 에클스가 자신에게 건넨 조언에 관해 이야기했다.

에클스와 노리아가 학교 주차장을 지나 사무실을 향해 걷고 있었다. 에클스는 노리아에게 잠깐 길을 멈추라고 하더니 몇 가지 규칙을 일러주었다.

"니틴, 자네가 지금 보고 있는 이 주차장을 지침으로 삼고 이 학교와 자네의 부서와 경력에 헌신하겠다고 약속하면 좋겠네. 우선 나는 자네가 아침 일찍 이 주차장에 도착해서 학교 건물과 가장 가까운 칸에 차를 대길 바라네. 알다시피 이 주차장에는 차를 서른 대 이상 주차하지 못한다네. 둘째, 자네가 퇴근할 때 이 주차장에 남아 있는 차가 없도록 늦게까지 학교에 남아서 일하길 바라네. 두 가지를 잘 지킨다면 자네의 차는 언제든지 신호등처럼 눈에 잘 띄겠지. 이것만 잘 따르면 걱정할 일이 없을 걸세."

이 이야기는 당신의 일에서 앞서나가기 위해서는 유용하고 편리한 기준을 세우는 것도 중요하다는 점을 잘 설명한다. 노리아는 책을 내고 칼럼을 쓰고 사례 연구를 해야 했으며, 훌륭한 선생이 되어야 했을 뿐 아니라 행정 업무까지 처리해야 했다. 더구나 교내뿐 아니라 외부의 연구 기관이나 학회들과도 좋은 관계를 구축해나가야 했다. 그렇지만 이러한 역할과 책임을 얼마나 잘 해내고 있는지 확인하기란 쉽지 않다. 매일 반복되는 일상적인 업무에 얽매이다 보면 혹시 다른 교수가 나보다 더 잘 가르치고 더 좋은 책을 더 많이 쓰고 있는 건 아닌지 궁금해지기 마련이다. 비교의 덫은 경쟁이 치열하지만 겉으로 잘 드러나지 않는 근무 환경이라면 어디에나 존재하며, 대부분은 자신의 성과와 동료들의 성과를 비교하고 싶은 유혹에 넘어가 회의에 빠져 괴로워한다.

노리아가 자신이 직장에서 잘하고 있는지 확인하는 방법을 알지 못했다면 자신이 타인의 기대에 부합하고 있는지를 외부의 잣대로 측정했을 것이다. 에클스가 노리아에게 조언을 건넨 것은 단 한 번이었으나, 노리아는 20년이 지나도록 에클스의 조언뿐 아니라 그 대화를 나눈 상황이나 분위기까지 기억하고 있었다.

학교에서 오랜 기간 근무한 에클스는 다른 교수들이 직장 생활을 '성공적'으로 하지 못하고 퇴직을 권유받는 상황을 여러 번 목격했고, 하버드경영대학원에서 오랫동안 근무하며 경력을 쌓길 열망했던 교수들이 학교를 떠나면서 얼마나 분노하고 씁쓸해했는지도 잘 알고 있었다. 에클스는 이들을 보면서 그토록 열망하던 직업적 성공을 이루지 못하고 실패한다는 것은 대단히 파괴적인 일이며 회복하기도 매우 어렵다는 사실을 깨달았다. 그리고 노리아만큼은 함정의 덫에 빠져 목표를 성취하지 못하게 되는 일이 생기지 않길 바랐기에 스스로 잘하고 있는지를 판단할 수 있는 단순한 방법을 일러줬던 것이다. 덕분에 노리아는 '주차장 척도'를 지침으로 삼아 자멸로 이끄는 비교에 빠지지 않을 수 있었다.

주차장이라는 척도가 당신에게는 적절하지 않을 수 있다. 나는 당신이 직장 생활을 잘(또는 잘못) 해나가고 있다는 신호를 꾸준히 줌으로써 비교라는 덫으로 빠지지 않게끔 도와줄 수 있는 당신만의 척도를 찾길 강력히 권한다. 그러나 특정한 척도를 잘못 사용하면 바쁨의 덫에 걸릴 수 있으므로 다음의 척도를 고려해보라.

- 최고의 성취를 향한 발걸음: 목표하는 자리로 올라가기 위해 이룬 진척 사항을 도표화해서 본인이 그 자리에 합당한 후보자가 될 만한 경험과 전문 지식을 쌓고 있는지 판단한다.
- 만족 지수: 업무가 본인에게 어느 정도 의미와 만족감을 주는지 기록하라. 지금 하는 일이 얼마나 의미 있어 보이는지, 본인이 그 일을 얼마나 즐기고 있는지를 판단할 수 있도록 만족감을 나타내는 수치 척도를 설정하라. 본인의 만족 지수를 정기적으로 확인하라.
- 학습 수준: 현재까지 어느 정도 지식과 기술을 습득했는지 평가하여

그 분야의 '전문가'가 되어가고 있는지 판단하라(이 척도는 비교적 어려워 보이지만, 그래도 비교 행동을 대체할 수 있다).

'지킬 박사와 하이드'를 소개합니다

비교의 덫에 빠지는 사람들이 학계나 회사에만 존재하는 것은 아니다. 어느 분야에 종사하든 간에 야심 있고 의욕 넘치는 사람이라면 타인의 업적으로 자신을 판단하려는 올가미에 걸려든다. 일례로 한 병원의 리더가 병원 내 특정 과에서 일하는 의사들이 사이가 좋지 않다며 내게 도움을 요청한 적이 있다. 그들은 오랜 기간 악감정이 쌓여온 상태였고, 그중에는 서로 대화조차 하지 않는 사람들도 있었다. 의뢰인이 내게 물었다.

톰, 세계적으로 내로라하는 유능한 의사들이 어떻게 서로 협력할 줄을 모르는 걸까요? 그렇다고 대인 관계 능력이 떨어지는 사람들도 아니에요. 하나같이 환자나 환자의 가족들과는 공감을 해가며 대화를 아주 잘 이끌어나가죠. 그런데 그러다가도 다른 의사가 자기 진료실 근처에 오거나 자기가 다른 의사의 진료실 근처를 지나갈 일이 생기면 마치 지킬에서 하이드로 바뀌는 것 같다니까요. 세계적인 수준의 젊은 의사들이 이 과에는 지원하지 않으려고 해요. 선배 의사들이 서로 어떻게 대하는지 알고서 말이죠. 우리 병원의 명성은 훌륭한데도 의사를 채용하는 일이 불가능해졌어요. 어떻게 해야 좋을까요?

이 과의 의사들 한 사람 한 사람을 수술하는 모습까지 관찰해보니, 이들이 갖고 있는 분노의 대부분은 병원을 대표하는 최고 의사가 되겠다는 목표를 추구하는 데서 비롯된다는 사실을 깨달았다. 물론 실제로 의사들을 순위 매기는 일은 존재하지 않았으나, 수술 성공률이나 혁신적인 의료 기술 도입, 논문 발표, 수상 경력 같은 몇 가지 요인으로 병원 문화에서 각 의사의 지위가 결정되고 있었다. 모든 의사가 자기 마음속에서, 그리고 경쟁 관계에 있는 의사의 마음속에서 자신이 1등 의사로 자리 잡히길 바랐다.

하루는 수술실이 있는 복도를 지나가다가 그날의 수술 일정이 적힌 목록을 보게 되었다. 의사마다 일정한 횟수의 수술이 잡혀 있었다. 응급 환자가 실려 오면 담당의가 최대한 공정하게 누가 그 수술을 집도할지 결정했다.

나는 매번 수술이 끝나면 의사들이 지나가며 수술이 끝났는지 확인하고는 급히 게시판으로 눈을 돌려서 그 의사가 몇 차례의 수술을 집도했는지 '경쟁적으로' 숫자를 센다는 걸 알아차렸다. 게시판을 보고 있던 의사에게 무엇을 보고 있느냐고 물었더니, 그는 순순히 인정하며 대답했다.

"다른 수술들을 누가 집도했는지, 시간은 얼마나 걸렸는지, 얼마나 어려운 수술이었는지 보고 있습니다."

그는 잔뜩 일그러진 얼굴로 이를 악물고서 말을 마쳤다. 누구 하나 예외 없이 굉장히 노련한 의사들이었다. 내 친척 중에 이들이 담당하는 분야의 수술을 받아야 할 사람이 생긴다면, 나는 이들 중 누구에게라도 수술을 맡길 터였다. 고차원의 전문 기술을 지니고 있는 그들에게 존경심도 들었다.

그러나 그들은 비교하고 경쟁하고 싶은 욕구를 이기지 못해 과 전체를 망가뜨리고 있었다. 결국 최고로 유능한 의사 둘이 매우 권위 있는 다른 병원으로 이직했다. 병원장은 그들을 잡아두기 위해 수차례 그들의 관계에 개입했으나, 소용이 없었다. 너무 많은 의사가 이미 비교의 덫에 깊숙이 빠져 있었다.

최고의 리더들도 덫에 걸릴 수 있다

성취욕 높은 사람들이 비교하는 습관을 완벽하게 없앨 수 있다거나 꼭 그래야 한다는 의미는 아니다. 역사적으로 보더라도 위대한 장군, CEO, 법조인 등 많은 전문가는 다른 사람들을 앞지르며 중요한 목표를 달성하기 위해 노력했다. 그러나 남과 비교한 평가에 사로잡힌 나머지 한 발 뒤로 물러서서 비교가 자신의 행동에 어떤 영향을 미치고 있는지 못 보게 되면, 그때는 비교가 곧 덫이 된다.

아주 대단한 리더들도 비교라는 덫의 제물이 될 수 있다. 방랑자이자 탐험가인 어니스트 섀클턴Ernest Shackleton은 남극 탐험을 하는 18개월 동안 대원 25명의 목숨을 모두 지킨 일화로 가장 잘 알려져 있다. 섀클턴은 '탐사 사업'을 하는 다른 두 탐험가보다 자신이 더 낫다는 생각에 사로잡혀 밤낮으로 괴로워했다.

로버트 피어리Robert Peary는 탐사 장소를 발견했다는 점에서 그보다 한발 앞서 나간 것처럼 보였다. 탐험 중에 대부분의 대원을 잃고 자신의 목숨까지 잃을 뻔했으나, 피어리는 결국 북극에 도달했다. 섀클턴은 피어리의 노력이 결국 부족했던 것이라고 생각했지만, 피어리는 세상의 찬사를 받았다. 노르웨이의 로알 아문센Roald Amundsen 또한 새로운 대륙을 발견한 자신의 탐험기를 널리 알리면서 세계적으로 유명해졌다.

섀클턴은 남과 비교하는 행동에 스스로 내몰려 25명의 대원을 모아 남극 횡단을 시도했다. 시기적으로 최악이었다. 제1차 세계대전이 발발할 전조가 곳곳에서 드러나고 있었다. 유럽 전체에 팽팽한 긴장이 감돌았다. 섀클턴은 경제적 후원이 절실하게 필요했으나, 지원을 받을 만한 곳이 거의 없었다. 마침내 떠날 채비를 마친 그는 남극으로 향했다. 섀클턴은 남아메리카를 지나며 두 곳에 기착했는데, 그중 한 곳이 대륙 남단에 위치한 작은 고래 마을인 사우스조지아였다. 그곳에서 만난 다수의 포경선 선원은 평소보다 유빙이 많다는 얘기를 하며 섀클턴에게 곧 닥칠지 모르는 일에 대비하라고 주의를 주었다.

남극 대륙을 약 50킬로미터 앞두고 여정을 시작하려던 지점에서 섀클턴이 타고 있던 배와 그의 인내력은 얼음으로 뒤덮여 곧 그 속에 갇혀버렸다. 섀클턴은 1년 반이 넘도록 얼음 위에서 생활하는 동안 탐험대원들의 생명을 지키며 작은 보트에 의존한 채 풍랑이 거센 바다를 떠다니다가 결국은 사우스조지아로 돌아오는 기적을 보여주었다.

그럼에도 그가 모든 대원을 이끌고 영국으로 돌아왔을 때 큰 관심을 얻지 못했다. 모든 이의 관심이 전쟁에 쏠려 있었기 때문이다. 섀클턴은 기적에 가까운 모험을 해내고서도 앞선 두 동료 탐험가를 능가하는 명성과 찬사를 얻겠다는 목표를 끝내 달성하지 못했다.

비교가 섀클턴의 탐험을 부추겼다고 할 수도 있겠지만, 다른 한편으로는 섀클턴이 꿈을 실현하지 못하도록 방해했다고도 볼 수 있다. 만약 더 철저하게 계획해서 더욱 실행 가능한 전략을 수립하고 적절한 시기에 계획을 실행했더라면 목표를 이뤘을지도 모른다. 비교는 함정이 되어 배움과 성장을 가로막음으로써 사람들을 판에 박힌 일상에 가둘 뿐 아니라 건실한 전략을 갖추지도 않은 채 목표를 향해 달려가도록 부추기기도 한다.

다양한 척도를 통한 비교

우리는 다양한 척도로 남과 비교하며 스스로를 평가한다. 우리의 성과를 남과 비교할 수 있는 기준이 있는 한, 우리는 존재하는 모든 잣대를 우리 자신에게 들이댈 것이다.

헤지펀드를 운용하는 친구가 얼마 전에 내게 오더니 자신이 금융계에서 열 손가락 안에 들지 못해서 짜증 난다며 불평을 늘어놓았다. 그 친구가 이제 막 1억 2500만 달러의 수익을 넘겼을 때였는데, 친구의 실적을 능가하는 사람이 여럿 있었던 것이다.

이제 당신도 알다시피, 우리는 목표치를 달성하고 나면 목표를 다시 설정한다. 게임의 성격을 새롭게 규정한다. 항상 더 높은 곳을 바라보며 목표를 재설정하는 것이다. 우리가 누구인지, 이 세상을 어떻게 살고 있는지에 관해 우리가 느끼는 근본적인 불안감을 감출 수 있게 도와주는 덫을 더욱 강하게 유지하려면 위를 올려다보는 방법밖에 없다.

비교하는 행동을 계속해서 늘려가다 보면, 모든 것이 비교 거리가 될 수 있다. 우리가 남과 비교할 때 근거로 삼는 척도 중 일부를 살펴보자.

- 급여
- 보너스
- 회사 실적
- 특전(회사 전용기 이용, 일류 호텔 숙박, 골프 여행, 호화로운 업무 공간 등)
- 휴가
- 집, 자동차, 보트
- 명성(경제지의 100대 목록에 이름을 올리는 것, 화려한 프로필 등)
- 업계의 평판
- 이사회 회원 자격

이 목록을 읽어보면서 이러한 기준으로 회사나 업계의 다른 사람들과 자신을 비교한 적이 있는지 자문해보라. 그런 다음 본인의 비교 습관을 돌아보고 다음의 질문에 답하라.

- 비교하는 행동 때문에 내 성과나 직업에 불만이 생겼는가? 비교의 결과로 중대한 업적을 깎아내린 일이 있는가?
- 뒤늦게 생각해보니, 비교하는 행동 때문에 간절히 원했던 목표를 이루지 못한 일이 있는가?
- 비교하는 행동 때문에 많은 시간과 에너지를 내가 이룰 수 있는 일이 아니라 갖지 못한 것에 초조해하며 낭비한 일이 있는가?

가장 눈에 띄는 형태는 동료와 본인의 직위를 비교하는 행동이지만, 그 밖에도 비교의 형태는 다양하다. 비교하는 행동이 불러일으키는 부정적인 결과로는 본인의 성과에 대한 불만족이 가장 흔하지만, 그 밖에도 비교의 역효과는 다양하다.

마지막으로, 사람들을 남과 비교하게끔 만드는 고전적인 장소에 얽힌 일화를 하나 소개한다. 바로 동문회에 관련된 이야기다. 더 구체적으로 말하자면, 하버드경영대학원의 동문회 이야기다. 물론 졸업생들은 오랜 친구를 보기 위해 동문회에 참석한다. 그러나 이들이 동문회에 오는 데는 다른 이유도 있다. 바로 동기들에 비해 본인이 얼마나 잘 살고 있는지 판단하기 위해서다.

동문회의 연설을 맡아줄 교수로 초청받아 그 자리에 참석해보니, 졸업한 지 얼마 되지 않은 기수일수록 더욱 열심히 비교한다는 사실이 눈에 띄었다. 사실 나는 이제 앞으로는 동문회 연설을 맡지 않을 생각이다. 숱한 비교가 오가는 분위기에서 깊이 있는 토론을 이끌어내기가 너무도 어렵기 때문이다.

　5년 만에 다시 동문회를 찾은 졸업생들은 조심스럽게 등장하고, 약간 지나치다 싶을 정도로 화장을 진하게 하거나 향수를 듬뿍 뿌리고 오며, 보통은 자세가 아주 경직되어 있다. 그런 분위기에서 긴장을 풀고 그동안의 인생에 우여곡절이 있었다며 속내를 터놓기란 거의 불가능하다. 그보다 이들은 언제 첫 상여금을 받게 될지, 새로 이사한 집은 얼마나 큰지, 휴가를 어디로 갈 계획인지에 관한 대화를 주로 나눈다.

　동문회 날짜를 코앞에 두고 회사에서 해고당한 졸업생과 우연히 마주친 적이 있다. 내가 동문회에 나올 예정이냐고 묻자 그녀는 얼굴을 붉히며 난처해했다. 그러더니 직장도 없이 동문회에 나갈 엄두가 도저히 나지 않는다며, 동문회 생각만 하면 스트레스를 받아 어쩔 줄을 모르겠다고 고백했다. 내가 동문회에 나오는 졸업생들은 워낙 자기 일에만 관심이 많아서 남의 일에 그렇게 세세하게 신경 쓰지 않는다고 말하자 그녀는 내 말을 강하게 부인하며 대답했다.

　"교수님이 몰라서 하시는 말씀이에요. 저는 걔들하고 2년을 동고동락했다고요. 절 보면 겉으로는 응원하는 척하겠지만, 속으로는 실패자라고 생각할걸요. 걔들 머릿속에 학교 다닐 때 제가 우등생이 아니었다는 기억만 더 또렷해지겠죠."

　나는 미소를 지으며 동문회에 나오는 졸업생 가운데 성공했다고 느끼지 않는 이들이 분명 있을 거라고 말했다. 그러나 내가 아무리 위로해도 쇠귀에 경 읽기였다. 이 졸업생과 짧게 대화를 나누고 나니 과연 스스로 성공했다고 생각하는 졸업생들만 동문회에 참석하는지 궁금해졌다. 만약 그렇다면 비교적 나이가 많고 더 지혜로우며 한 번 이상 출셋길이 가로막힌 경험이 있는 졸업생 동문회에 비해 5주년 동문회에서 피상적이고 깊이 없는 대화가 오가는 것은 당연했다.

반면 25년 전에 졸업한 동문들과 대화를 나눌 기회가 생겨 관찰해보니, 그들은 자신의 삶과 성공, 어려움 등을 솔직히 터놓으며 훨씬 더 속 깊은 대화를 나눴다. 나는 동료 레슬리 펄로Leslie Perlow와 1학년 커리큘럼 '조직 행동' 과목의 사례 연구로 사용하기 위해 1976년도 졸업생의 프로필을 발췌했다. 여섯 사람의 사례를 활용해 강의한 첫날, 우리는 그들의 인생에 얼마나 많은 사건이 있었는지를 알고서 깜짝 놀랐다.

학생들은 우리가 의도적으로 유독 힘들게 살았던 여섯 명의 졸업생을 골랐다고 생각했다. 층별 무작위 표본 추출로 선정한 프로필이라고 알려주자 학생들은 충격에 빠졌다. 표본으로 선정된 졸업생 여섯 명 중에는 이혼한 사람이 두 명이었고, 아이가 학습 장애를 지닌 사람도 있었으며 배우자와 사별한 이도 있었다.

강의실을 나서는 1학년 학생들을 보니 희망찬 미래에 들떠 있는 이는 아무도 없었다. 모두가 낙담하고 우울해 있었다. 그들은 자신의 꿈을 풍족하지만 흠집 난 인생을 산 졸업생들의 현실과 비교하고 있었다. 1학년 학생들은 아마도 졸업 이후에 출세 가도를 달리며 개인적으로도 아주 만족스러운 삶을 살게 될 거라고 상상했을 것이다. 그러나 우리가 프로필을 수집한 졸업생 여섯 명의 현실은 달랐다. 졸업생들은 어떤 면에서는 큰 성공을 거두었지만, 다양한 형태의 좌절과 실패를 경험하기도 했던 것이다.

여기 한 가지 교훈이 있다. 당신도 불가능한 꿈과의 비교에 희생양이 될 수 있다. 그렇다고 꿈을 접으라는 말이 아니다. 당신의 꿈이 다른 사람의 현실과 일치하지 않는다는 이유로 낙담하지 않길 바란다. 물론 우리 학생들은 25년이 지났을 때 스스로 어떤 모습일지 비교하고 상상하며 낙담했다. 이와 같은 비교는 사람을 함정에 빠뜨리는 형태의 비교라서 조심하지 않으면 의욕과 꿈을 잃어버릴 수 있다. 당신의 꿈은 분명 당신을 성공하게 만들 수 있으나, 당신을 파국으로 몰고갈 수도 있다. 어쩌면 당신은 작은 것에 만족한 채 모든 가능성과 진정으로 위대한 인생에 필요한 위험 앞에 끝내 자신을 내던지지 않을지도 모른다.

이제 다음 덫인 비난을 살펴보자.

8장

왜 비난의 손끝은
늘 남을 향하는가

매우 똑똑하고 성공 경험이 많고 성취욕이 높은 직장인들은 기대에 부응하지 못했다는 소리를 듣는 것을 견디지 못한다. 그런 말을 들으면 속으로는 이렇게 생각한다. '내가 얼마나 열심히 일했는데, 누가 감히 내 업무를 평가한다는 거야?' 그리고 누군가가 그 일을 더 잘할 수 있다는 소리나 과거에 다른 사람이 더 잘했다는 소리를 듣고 싶어하지 않는다.

이처럼 의욕이 넘치고 야심이 가득한 이들은 이런 문제를 업무적으로 받아들이지 못하고 개인적으로 받아들인다. 그 결과 어떤 영역에서 자신이 부족했을 수 있다는 것, 다음번에 더 잘하기 위해서는 자신의 행동이나 태도를 바꿔야 한다는 것을 받아들이지 못한다. "내 탓이오"라고 말하며 스스로의 취약성을 인정하기보다는 "내 잘못이 아닙니다. 그건

[그림 8-1] 문제 해결 곡선

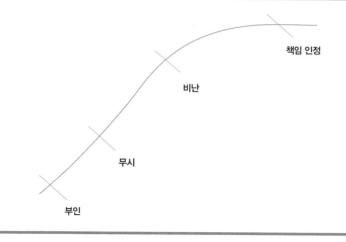

저 사람 탓이지요!"라고 말한다.

　당신의 손끝이 자주 다른 사람을 가리킨다면, 지금 남 탓의 덫에 빠져 있다는 사실을 인지하라.

　[그림 8-1]은 문제 해결 곡선이 어떻게 작용하는지를 보여주며, 이러한 과정을 통해 우리가 어떻게 비난의 덫에 빠져드는지를 나타낸다. 우리는 누군가를, 특히 스스로를 실망시켰다는 생각을 하면 문제의 존재 자체를 부인한다. 문제 해결 과정은 여기서부터 출발한다. 부인하고 난 뒤에는 최대한 오랫동안 문제를 무시한다. 그러다가 문제가 너무 뚜렷하게 드러나 더는 모른 체할 수 없는 지경에 이르면 그 문제의 책임을 다른 사람에게 전가한다. 바로 여기서 다음 단계로 넘어가지 못하고 오랫동안 머무르게 되는 것이다. 우리는 창의적인 방법을 찾아 우리의 행동을 합리화하고, 계속해서 다른 사람의 잘못이라고 우긴다. 스스로를 부정적으

로 바라보지 않으려고 다른 사람을 악마로 만드는 것이다.

2장에서 소개했던 [그림 2-2]의 사분면을 떠올리면 문제 해결 곡선이 어떻게 성취욕 높은 직장인의 변화, 학습, 성장을 저해하는지 이해할 수 있다. 더 구체적으로 말하면, 이 곡선이 어떻게 이들을 꾸준히 '그릇된 일을 능숙하게' 하는 영역으로 데려다놓는지 알 수 있다.

잭의 경우를 예로 들어보자. 잭은 전문 지식과 뛰어난 재주를 활용해 그가 다니는 소프트웨어 대기업의 역사상 가장 젊은 나이로 부사장까지 승진했다. 서른다섯 살 때 잭은 직책을 넘나들며 꾸준히 탁월한 성과를 냈다. 그에게는 곤란한 상황에 부닥치고도 막대한 지식과 능력을 발휘하여 해결책을 찾아나간 경험이 있었다.

잭은 소프트웨어 신제품 개발에 착수한 팀을 맡았다. 그 신제품은 경쟁사에는 없는 혁신 기술을 기반으로 개발되어 막대한 시장 잠재력이 있었으므로 회사에서도 투자를 아끼지 않았다. 그는 부서를 잘 이끌어서 성공적으로 신제품을 출시할 수 있을 거라고 자신만만했다. 시장 및 유통 전략, 마케팅 방법 등을 구상한 초반에는 일이 순조롭게 진행되었다.

그러나 베타 테스트를 할 때 대다수 제품이 제대로 실행되지 않으면서 첫 번째 문제가 발생했다. 처음에 잭은 설계 결함을 수정하는 부서원들에게 격려와 조언을 아끼지 않으며 특유의 적극적인 자세로 문제 해결에 나섰다. 그러나 설계에 변화를 주었는데도 문제가 지속되자 좌절감이 밀려들었다. 그리고 얼마 지나지 않아 경쟁사에서 다른 기술을 기반으로 한 비슷한 제품을 출시하며 그의 회사를 앞질렀다.

잔뜩 화가 난 상사들은 설계 결함을 바로잡아 하루빨리 시장에 제품을 내놓으라며 잭을 심하게 압박했다. 출시 예정일은 더 지연되었고, CEO가 사무실로 불러 실망했다고 말하자 그는 이렇게 항변했다.

"저도 한낱 인간입니다. 제 잘못이라면 설계자들이 건네준 정보를 신뢰한 것밖에 없어요."

1차적인 책임은 자신이 아니라 설계를 맡은 세 명의 직원에게 있다고 항변했지만, 잭이 CEO에게 차마 하지 못한 이야기가 있었다. 바로 자신이 신제품의 기술적인 면을 충분히 이해하려는 노력 없이 프로젝트를 맡았다는 것, 사람들에게 물어보고 다니자니 '멍청한' 사람이 된 기분이 들었고 그런 기분을 감당하기 힘들었다는 것, 결국은 '기초적인' 기술 지식까지 알 필요는 없을 거라고 생각하고 부서원들을 신뢰하기로 했다는 것이었다.

그보다 더 충격적인 사실은 부서원들이 설계에 문제가 발생할 수도 있으니 대안을 찾아보는 편이 좋겠다고 일찍이 보고를 했는데도, 제 날짜에 신제품을 출시하겠다는 욕심에 부서원들의 우려 섞인 보고를 무시했다는 것이다. 어쨌든 설계 결함을 바로잡고 신제품을 출시해 어느 정도 성공을 거두었으나, 잭은 본인이 꿰뚫고 있는 분야의 프로젝트를 진행하는 팀으로 보내달라고 요청했다. 몇 달이 지난 뒤에도 그는 자신의 경력에 오점을 남겼다며 설계팀을 비난했다.

야망 있는 여느 직장인들처럼 잭도 배우고 성장하는 방식으로 문제 상황을 해결하지 못했다. 계획대로, 말하자면 자신의 계획대로 일이 진행되지 않을 때 밀려드는 자괴감을 받아들이지 못했다. 반성이나 자기평가를 못한 것은 물론이고 자기를 향한 비판을 수용하지 못했던 것이다. 문제 상황을 겪으면서 배움과 변화, 성장을 겪는 대신 그는 본인의 마음이 편하도록 그릇된 일을 능숙하게 해내는 영역으로 돌아갔다.

여기서 문제 해결 곡선으로 잠깐 돌아가 보자. 이 곡선에서 우리가 적절한 책임을 인정하는 지점까지 올라가는 데는 많은 시간이 필요하다는 사실을 기억하라.

먼저 문제를 개인적으로 받아들이거나 창피하다고 생각하지 말고 자신이 맡은 책임을 모조리 인정할 만큼 용기를 내야 한다. 이러한 마음가짐을 가져야 비로소 문제 해결 단계로 넘어가 실천하는 데 초점을 맞출 수 있게 된다. 이쯤 되면 이런 불편한 마음이 우리에게 크게 해를 끼치지 않는다는 현실에 눈을 뜨기 시작한다. 그러면서 우리의 취약한 모습을 인정하고도 살아남을 수 있다는 사실과 다른 사람에게 비난의 화살을 돌리지 않아도 된다는 사실을 깨닫기 시작한다.

남 탓의 오류

이 시점에서 당신은 마음속으로 이런 말을 하고 있을지 모르겠다. '그래, 내가 남들과 비교하고 바쁜 일과에 매여 있을 수는 있지만, 비난의 덫에는 걸려들지 않았어.'

당신이 성취욕이 높은 유형의 사람들과 비슷한 성향을 지녔다면, 스스로 자기 결점을 두고 남 탓을 할 정도의 풋내기라고는 생각하지 못할 것이다. 사실 내가 아는 많은 직장인은 본인에게서 비롯한 비난의 행동을 합리화하는 데 눈부신 재주가 있다. 의식적으로는 본인이 옳다고 확신하고, 무의식적으로는 남을 비난함으로써 불안에 시달리지 않을 수 있다는 사실을 알고 있는 것이다.

비난이라는 반사작용에 굴복하는 직장인들이 어떤 마음가짐을 지니고 있는지 더 자세히 살펴보자. 구체적으로 말해, 이러한 직장인들이 스스로에게 솔직할 수 있고 일이 잘못됐을 때 어째서 남 탓을 하는지 판단할 수 있다면, 이들은 아마 이렇게 얘기할 것이다.

"내부에서 살아남지 못할까봐 불안하고 걱정돼요. 터무니없고 지나친 걱정일지 모르지만, 그런 걱정 때문에 나는 남들과 다른 사람이라고 과장하게 돼요. 동료들보다 내가 더 똑똑하고, 더 경험이 많고, 더 섬세하니까 당연히 일을 그르칠 가능성도 적다고 생각하는 거죠. 결과가 부정적이면 다른 사람을 비난할 방법을 추가적으로 찾아야 하니까 나와 그들의 차이를 더 부풀리게 돼요."

남들과 다르다는 생각을 바탕으로 우리가 정보를 얼마나 걸러서 받아들이는지 생각해보라. 내가 나 자신에게서 발견한 점은 이러했다. 내 내면의 감정과 의도를 알고 있으므로 내게 유리하게 해석한다. 그와 동시에 타인을 바라볼 때는 겉으로 드러나는 행동만으로 그 사람을 판단한다. 내가 관찰한 모습으로만 남을 판단하는 것이다. 그러고서 나는 그들의 행동에 대한 근거를 그들의 생각이나 감정이 아닌 내 생각과 감정을 기반으로 만들어낸다.

예를 들면 이런 식이다. '회사 입장에서 최선의 이익이 무엇인지를 늘 생각하고 회사를 발전시키는 데 필요한 모든 위험을 감당할 수 있는 나와는 달리 존은 위험을 감수해야 할 상황을 두려워하기 때문에 현재의 전략을 고수하자고 제안한 거야. 게다가 존은 승진 기회를 노리고 있을 테니까 아마 자신의 경력에 해가 될까봐 실수할 일을 만들지 않으려고 저런 말을 하는 것이 틀림없어. 나라면 절대 저러지 않을 텐데. 나는 회사를 위해서라면 경력에 해가 되더라도 한 발짝 뒤로 물러설 텐데, 다른 사람들은 나만큼 헌신적이거나 숭고하지 않구나.'

우리는 대부분 타인의 동기, 의도, 진심을 완벽하게 알고 있다고 믿는다. 그러나 실제로는 편향된 사고가 우리의 인식을 왜곡하기 때문에 아무것도 모를 때가 많다. 나 또한 겉으로 드러나는 모습만 보고 행동했고, 내가 남들의 생각과 진심을 들여다볼 수 있다고 생각하며 남들의 행동을 판단했다. 다른 사람을 잘 이해하고 배려하는 사람이라는 생각 때문에 쉽게 남들을 비난했던 것이다.

크게 성공한 사람들은 대부분 스스로 공감 능력이 대단하다고 믿는다. 한 동료가 이렇게 말했다.

"모든 사람이 자신은 특별히 남들을 잘 이해한다고 생각하지. 남자들이 자신은 특히 운전을 더 잘한다고 생각하는 것처럼 말이야. 그렇지만 나는 정말로 다른 사람을 이해하고, 그들이 무슨 생각을 하고 어떤 감정을 느끼는지 알고 있어. 그게 내 최고 장점이라고 생각한다네."

직장인들이 모여 있을 때 그들에게 이 이야기를 들려주면 늘 애처로운 웃음소리가 들린다. 내 이야기를 듣자마자 자신의 모습을 깨닫는 것이다.

가끔은 나도 내게서 이와 똑같은 모습을 마주한다. 심지어 오리건의 포틀랜드 거리를 신나게 뛰놀던 어린 시절부터 나는 내가 굉장히 특별한 사람이라서 사람들이 내게 끌릴 수밖에 없다고 생각했다. 점차 나이가 들면서 내가 지닌 특별한 자질이란 남이 필요로 하는 것이 무엇인지 훨씬 더 섬세하게 파악하는 능력이라고 생각했다. 내가 이런 생각을 하고 있다는 사실을 알았던 커트 형은 이렇게 말하며 현실을 꼬집었다.

"톰, 너는 네가 다른 사람들의 경험에 깊이 공감하고 그들의 고통을 함께 느끼기 때문에 네 인생이 더 힘들다고 얘기하지만, 글쎄, 거의 모든 사람들이 다 너처럼 말해. 대부분 타인을 이해하는 데 타고난 재능이 있다고 생각하거든. 그러니까 뭐 네가 계속 그런 특별한 능력을 지니고 있다고 생각하면서 살아도 상관없지만, 나도 마찬가지고 다른 사람들도 마찬가지로 본인들에게 그런 능력이 있다고 생각한다는 사실을 알아두란 말이야."

〈프레리 홈 컴패니언Prairie Home Companion〉(2006년에 제작된 코미디 영화로 동명의 라디오쇼가 원작이다―옮긴이)에서 본인에게 동기 또는 두려움이 된 요인에 관해 얘기한 작품의 작가이자 제작자인 개리슨 케일러Garrison Keillor는 이런 말을 했다.

"저는 평범한 삶을 살게 될까봐 늘 두려웠습니다. 어렸을 때 저는 (지금도 그렇지만) 못생긴 아이였고, 자라면서 친구도 없었어요. 멀대 같기만 했던 저는 무엇을 해서 먹고살아야 하나 걱정이 이만저만이 아니었죠. 대학에 갈 때까지도 제 목소리에 사람들의 관심을 끄는 힘이 있다는 사실을 몰랐습니다. 제게도 어떤 재주가 있었던 거죠. 글을 꽤 쓴다는 것도 그때 알았어요. 인생을 돌이켜보니 누구나 그저 평범하게 살까봐 두려위하고, 남들과 똑같이 살까봐 두려워합니다. 그러나 제가 깨달은 바는 평범한 삶이면 충분하다는 것입니다."1

평범해질까봐 두려워하는 마음은 유난히 더 섬세한 영혼이 되고자 하는 의식과 결합하면서 직장에서 일이 제대로 풀리지 않을 때면 희생양을 찾게끔 만든다. 우리는 비난을 받아들이지 않음으로써 우리 또한 잭이나 존처럼 실수를 하는 보통 사람일지도 모른다는 걱정을 하지 않으려 한다. 일을 그르쳤을 때 자기 대신 책임질 사람을 찾음으로써 스스로 타인의 결점을 꿰뚫어보는 특별한 통찰력을 지녔다는 믿음을 이어간다.

특히 직장 생활이 잘 풀리지 않는 등 일이 뜻대로 흘러가지 않을 때면 이런 믿음이 더욱 강해지는 경향이 있다. 게다가 우리 대부분은 사회 전체 또는 남들에게 실제보다 더 큰 영향을 미친다고 착각하기 때문에 스스로를 탓하기보다 쉽게 다른 사람을 탓한다. 본인은 진실하고 성실한 사람임을 알기 때문에 스스로에게 유리한 쪽으로 판단하는 것이다. '나는 잘못을 저지를 리 없다. 나보다 덜 진실한 마크의 잘못이거나 나보다 덜 성실한 마리의 잘못일 게 분명하다.'

손가락질하는 문화

하버드경영대학원의 스콧 스누크Scott Snook 교수는 전쟁 중에 어째서 '아군의 포격' 현상이 발생하는지에 관해 광범위한 연구를 진행해《아군의 포격Friendly Fire: The Accidental Shootdown of U.S. Black Hawks over Northern

Iraq》을 출간했다. '아군의 포격' 현상은 전투 중에 우연히 아군끼리 서로 다치게 하는 상황을 의미한다.

제1차 이라크 전쟁이 끝난 이후였던 1994년 4월 14일에 미군은 북부 이라크의 쿠르드족을 보호하는 다국적군 소속이었다. 그때까지 사담 후 세인은 5년에 걸쳐 50만 명 이상의 쿠르드인을 살해했다. 연합 '편성'군 은 쿠르드족이 사는 북부 이라크 지역을 비행금지구역NFZ으로 설정했으 나, 임무를 수행하는 과정에서 미 공군 F-15 전투기가 자국의 블랙호크 헬리콥터 두 대를 격추하는 사고가 발생했다.

공중조기경보관제기AWACS는 10킬로미터 상공에서 이 사고를 지켜보 고 있었다. 평화 유지 임무를 맡아 헬리콥터 안에 타고 있었던 군인과 민 간인 26명은 20분도 안 되는 짧은 시간에 모두 사망했다. 사건을 조사해 보니 그날 여러 사람이 저지른 수많은 실수가 밝혀졌다.

NFZ의 모든 군사작전을 담당하고 있었던 제프리 S. 필킹턴Jeffrey S. Pilkington 준장은 블랙호크 두 대의 NFZ 비행을 허가하고서 이들의 비 행 계획을 아무에게도 알리지 않았다. 해당 영역을 관찰하고 있었던 AWACS의 장교는 F-15 전투기의 조종사에게 블랙호크가 우군기라는 정보를 전달하지 않았다. F-15 전투기의 조종사들은 블랙호크가 우군기 라는 사실을 파악하지 못했다. 마지막으로 적기를 식별하는 데 사용하는 피아식별코드IFF가 방어 시스템 전반에 걸쳐 제대로 작동하지 않았다.

개인, 부서, 전체 조직, 시스템 수준에서 오류가 발생했던 것이다. 그러 나 사태가 일단락됐을 때 그 사건의 책임을 진 사람은 제임스 왕James Wang 미 공군 대위 한 명뿐이었다. 많은 사람이 왕 대위는 희생양이며 모든 작전에 책임이 있는 필킹턴 장군이 기소되어야 한다고 생각했다. 이 사고에 관한 손가락질은 오늘날까지도 계속되고 있다. 사람들 앞에 나서서 책임을 인정하는 사람이 아무도 없다. '네. 제 잘못입니다. 이 참사의 책임은 제게 있습니다'라고 말하는 사람이 아무도 없다. 사고에 연관된 모두가 다른 사람을 비난하는 데 시간과 에너지를 쏟았다. 남 탓의 오류가 아주 다양한 수준에서 발생한 것이다.

조직 붕괴 현상을 강조하기 위해 이 사례를 인용할 때면 강의를 듣는 모든 리더가 한마디씩 한다.

"꼭 우리 조직 얘기를 듣는 것 같네요. 우리도 마찬가지예요. 들려주신 이야기에서 직함만 바꾸면요. 우리 조직에서도 사고가 일어나는 건 시간문제예요."

조직 내부의 사람들은 비난을 받아들이길 꺼리고 쉽게 남을 향해 손가락을 뻗는다. 많은 리더가 '책임을 수용하는' 태도를 과시하지만, 실은 명목상으로만 그럴 때가 많다. 그들은 '책임을 통감합니다'라며 머리를 숙이지만, 본인이 떠나지 않고 다른 직원들을 해고한다. 성공한 사람 대다수가 자신의 잘못에 집중되는 관심을 다른 데로 돌리려고 다른 사람이 했던 실수를 집중 조명하는 일이 허다하다.

'아군의 포격' 상황에서 본 것처럼 대개 문제는 한 사람이 아니라 여러 사람의 잘못으로 발생한다. 대규모 리콜 사태로 이어진 도요타의 지난 문제도 한 사람만의 잘못은 아니었을 것이다. 모든 정황이 밝혀지고 나면 이 사태에 이르기까지 다양한 위치에 있는 다양한 사람들이 다양한 수준에서 이 문제에 기여했다는 사실이 드러날 것이다. 사람들 앞에 나서서 오류를 인정하려면 엄청난 용기와 의지가 필요한데, 지금껏 늘 '빠져나갈 구멍'을 만들어놓고 단 한 번의 실수조차 용납하지 않으며 살아왔다면 용기를 내는 일이 특히 더 어려울 수 있다.

다음의 질문을 통해 당신이 속한 곳의 문화가 어느 정도로 손가락질을 장려하고 실수에 책임지는 행동을 방해하는지 판단해보라.

- 당신 또는 동료가 실수를 인정했다는 이유로 훈계를 듣거나 해고를 당한 적이 있는가?
- 임원들이 책임에 관해 설교를 늘어놓으면서 좀처럼 본인의 실수를 인정하는 일이 없는가? 임원들 중에 본인이 저지른 실수 때문에 보너스를 받지 않거나 임금을 동결하겠다는 사람이 있는가? 부끄러움을 무릅쓰고 본인의 실수를 공개하는 등의 행동을 한 사람이 있는가?
- 관리자들이 일상적으로 아래 직원들에게 책임을 전가하는가? 그들이 자신을 변호할 힘이 부족한 희생양을 찾으려고 애쓰는가?
- 능력 없는 상사들의 잘못을 부하 직원들이 항상 뒤집어쓰는가?

비난하는 문화를 경험하고 있다면, 지금과는 다른 가치를 지향하는 직장을 찾아보는 편이 나을지 모른다. 비난이라는 반사작용은 많은 문화 속에 존재하지만, 그 정도나 범위는 매우 다양하다. 우선 비난이 얼마나 만연해 있는지 판단해야 한다. 비난의 행동이 항상 발생하는가, 드물게 발생하는가? 관리자가 부하 직원의 실수라며 발끈하여 비난하다가 나중에는 부하 직원에게 사과하고 일부 혹은 전체가 본인의 잘못이었다고 인정하는가?

　이상적인 상황은 잘못을 인정하더라도 처벌받지 않는 것이다. 그러므로 한번 시도해보라! 당신이 책임져야 하는 일에 관해 작은 실수를 했다고 의식적으로 털어놓음으로써 당신이 속한 문화가 어떤지 시험해보는 것이다. 작은 실수는 선적이 지연되었다거나 프레젠테이션 중에 작은 문제가 발생했다거나 약속을 지키지 못했다는 것 따위가 될 수 있겠다. 중대한 실수는 아니지만 상대방을 질겁하게 만들 만한 실수면 된다.

　당신이 있는 곳의 문화가 충분히 관대하다면, 당신이 잘못을 인정하더라도 아무런 처벌을 받지 않을 것이다. 상사가 호되게 꾸짖지 않을 것이고, 동료들도 당신을 무능한 직원이라고 생각하지 않을 것이다. 실제로 강한 기업 문화를 지닌 곳이라면 당신이 잘못을 인정하는 일이 더욱 긍정적인 효과를 불러일으킬 것이다. 동료들은 당신을 솔직한 사람으로 여길 것이다. 당신은 일을 잘못했을 때 이를 인정할 수 있는 용기를 지닌 사람으로 비칠 것이다.

　그렇다고 실수를 연발하며 본인의 결점을 고백하라는 말은 아니다. 다만, 자신의 결점을 인정하면 비난의 덫으로부터 자유로워지는 경우가 많다. 당신이 틀렸다고 말하는 순간 본인의 취약함을 받아들이는 것이다. 그리고 나면 취약함을 인정하는 것이 상상했던 것만큼 끔찍하지 않다는 사실을 알게 된다. 이는 사실 안심이 되는 일이기도 하다. 작은 일에서 취약해지는 연습을 한다는 것은 더 큰 규모의 일에서 취약해지기 위한 예행연습, 즉 올바른 일을 미숙하게 하기 위해 꼭 거쳐야 하는 일이기도 하다.

비난은 어떻게 우리의 결점을 가리는가?

1장에서 언급한 성취욕 높은 직장인들의 특징을 떠올려보면, 어째서 이들이 특히 비난의 덫에 빠지기 쉬운지 이해할 수 있을 것이다. 심리적으로, 비난의 덫은 일시적이지만 굉장히 효과적으로 우리의 결점을 가려준다.

우리가 스스로를 최고 중의 최고라고 생각하는 데 너무 익숙해지면 자존심을 억누르고 실수를 저질렀다고 인정하기가 엄청나게 어려워진다. 우리가 실수를 저지른다는 사실을 어느 정도 이해하고 그 실수를 고백하는 게 옳다고 느낄 수도 있지만, 우리의 자아상이 이를 허락하지 않을 것이다. 우리는 잘못을 인정하기보다 사실이 아니더라도 본인이 실수 없이 깔끔하게 일을 처리한다는 평판을 그대로 유지하고 싶어한다.

비난은 우리뿐 아니라 다른 사람들까지 속일 수 있는 방법이다. 잘못이 다른 데 있다고 모두를 설득하면, 자신이 경쟁이 치열한 분야에서 충분히 성공할 만큼 유능하고 통찰력 있는 사람이라는 환상을 유지할 수 있다.

이런 착각을 하지 않으려면 특정한 상황에서 남 탓을 하는 행동의 뿌리를 뽑아야 한다. 당신이 속한 조직 내에 큰 문제가 생겨서 모두 화가 났던 일을 떠올려보라. 지나고 나서 생각해보니 당신의 책임도 어느 정도 있었던 일인데, 당시에는 처음부터 다른 누군가를 맹렬히 비난했던 사건을 골라보라. 그런 다음 아래의 세 가지 질문에 대답하며 손가락질 뒤에 숨어 있는 심리를 파악해보라.

- 그 일이 일어나기까지 진정 당신의 잘못이 전혀 없었다고 생각하는가? 경영진은 격노하고 당신은 중압감을 느끼던 그 순간, 문제 발생에 기여한 당신의 잘못은 깨끗이 잊고서 정말로 누구의 책임인지를 찾아내는 데만 중점을 두었는가?
- 지난 일이지만, 당시에 당신이 비난의 대상으로 지목했던 사람(들)을 떠올려보라. 그들을 지목한 까닭은 무엇이었는가? 당신이 잡고 늘어져도 문제가 생기지 않을 말단 직원이었는가? 아니면 그들에게 적절한 지시를 내리지 못했다는 죄책감이나 그들의 경고를 귀담아듣지 않았다는 죄책감 때문에 그들을 비난했는가?
- 그 사건이 일어나자마자 다음과 같이 발표할 생각을 했는가? "제가 이 프로젝트에 참여했으므로 누군가 비난을 받아야 한다면 제가 비난받아 마땅합니다. 다른 사람들도 이 일에 어느 정도 책임이 있을 수 있으나, 제가 A, B, C와 같은 조치를 취했더라면 이 사태를 막을 수 있었을 겁니다." 이런 말을 하려 했을 때 어떤 두려움이 생겼는가?

물론 성취욕이 높은 직장인에게는 어려운 질문들이다. 그러나 문제를 해결하려면 그것을 수면 위로 드러내야 한다. 우선 비난하고자 하는 당신의 충동이 왜, 그리고 어떻게 생겨나는지 알아야 한다. 더 중요한 것은 누군가를 비난함으로써 일시적인 위안을 받을 수는 있지만, 그와 함께 당신의 경력에도 반드시 치명적인 결과를 불러일으킬 것임을 알아야 한다는 사실이다.

요점을 더 분명히 하기 위해, 직장 생활과는 관련이 없지만 결혼 생활이 점차 해체되는 과정을 겪은 친구 이야기를 공유하려 한다. 결혼 생활 25년차인 차드는 세 아들 중 막내가 대학 진학을 위해 집을 떠나자 빈 둥지에 남게 된 부모로서 자신과 아내가 무엇을 해야 할지 가늠하지 못했다. 시간이 흐를수록 차드는 그동안 자신이 어째서 아내인 앤과 세상을 다르게 바라봤는지 이해하기 시작했고, 그것은 곧 그가 결혼 생활을 끝낼 수밖에 없는 이유로 자리 잡았다.

차드는 그 이유에 관해 생각하면 할수록 결혼 생활이 순탄치 않았던 것은 앤의 잘못이라고 믿게 되었다. 이혼 절차를 밟으며 차드는 남편으로서 자신이 잘못한 모습을 반성하기도 했으나, 자신의 잘못은 그저 사소한 수준일 뿐이라고 결론 내렸다. 결혼 생활이 파국을 맞은 데는 자신보다 아내의 문제가 훨씬 더 컸다는 말이었다. 이혼한 지 수년이 흘렀을 때 차드가 말했다.

"사실 관계를 끝내는 게 두려웠던 것 같아. 결혼 생활을 유지하지 못했다는 게 부끄럽기도 했던 것 같고, 어쩌면 헤어지기 싫었던 것 같기도 하네. 그래서 바람막이가 될 만한 이야기를 만들었는지도 모르겠어. 사람들의 비난을 피해 가려고, 내가 대단한 노력을 했는데도 나로서는 어떻게 할 수 없는 상황이었다는 인상을 줘야겠다고 생각했던 것 같아. 이제와서 생각해보면, 이혼까지 하게 된 데는 분명 나도 한몫했다는 생각이 든다네."

만약 차드가 당시에도 이러한 통찰력을 지니고 있었더라면 결혼 생활이 지금까지 유지되고 있을까? 자신의 자아상을 유지하려고 아내를 비난했다는 사실을 인정했더라면 다른 관계에서라도 도움이 될 만한 교훈을 얻을 수 있었을까? 무슨 일이 일어났을지 알 수야 없지만, 나는 차드가 결혼 생활에 관해서 아내를 덜 비난하고 자신의 책임을 더 인정할 걸 그랬다고 후회했을 것이라 확신한다. 그의 경우에는 이미 늦어버린 일이지만, 책임을 떠넘길 사람을 항상 물색하고 있는 성취욕 높은 직장인들은 아직 늦지 않았다.

비난의 대안

비난의 덫을 피하거나 벗어나려면 어떤 실수에 대해 다른 사람을 비난할 기회가 생길 때 선택할 수 있는 옵션이 있어야 한다. 달리 말해, 만약 부하 직원에게 고함을 치거나 잘못이 없지만 편리한 표적을 희생양으로 삼는 것 대신에 다른 대안을 가지고 있다면, 그러한 대안 중 하나를 선택하게 될 것이다.

그렇게 되면 당신 안에 내재된 불안을 비생산적인 행동이 아니라 생산적인 행동으로 표출할 수 있다. 비난의 덫을 피해 가면서 본인의 취약성과 불확실성을 인정하며 달라질 기회를 얻을 수 있다는 말이다. 그러나 이것은 내가 마음이 앞서서 하는 말이다. 우선 다른 사람을 비난하고 싶어질 때 선택할 수 있는 세 가지 대안에 집중해보자.

- 당신이 비난하려고 하는 사람을 힐난하는 대신 그와 건설적인 대화를 나눈다.

- 무엇이 문제이고, 문제가 왜 발생했는지 분석하는 데 도움이 될 만한 멘토 또는 전문가에게 의존한다.
- 당신의 잘못을 개인적으로 고백한다.

공개적으로 고백하라는 항목이 없다는 사실이 눈에 띌 것이다. 공개적으로 잘못을 인정하는 행동은 아주 효과적인 대안이지만, 야망이 넘치는 완벽주의자들에게는 어려운 일일 수 있다.

목표를 너무 높게 설정했다면

다른 사람들이 당신에게 바라는 기대치나 스스로 설정한 기대치를 절대 충족하지 못하겠다는 생각이 들 때가 있는가? 사실 당신이 그러한 기대치를 충족하지 못하는 건 당신을 향한 기대치가 비정상적으로 높기 때문일 가능성이 크다. 성취욕 높은 당신이 야심 찬 목표를 설정한 것이다. 물론 그럴 수 있다.

그러나 야심 찬 목표와 비현실적인 목표는 분명히 다르다. 마흔 살이 되기 전에 10억 달러를 벌겠다거나 쉰 살이 되기 전에 〈포천〉 선정 500대 기업의 CEO가 되겠다는 목표를 세우는 사람이 있는데, 비현실적인 목표에 집착하다가 목표를 이루지 못하면 마음이 괴로워지고 인생을 부정적으로 바라보게 된다. 그러면 목표를 현실적으로 재설정하기보다는 다른 사람들에게 분풀이를 하게 된다. 당신을 최고의 자리에 앉히지 않았다며 다른 사람들을 비난하는 것이다.

나는 야망에 찬 직장인들이 회사에서 나누는 대화의 절반 이상에 비난이 포함되어 있다고 장담한다. 이들은 CEO의 능력이 그저 그렇다는 둥, 거래처에서 의리 없는 행동을 한다는 둥, 상사가 너무 변덕스럽다는 둥, 부하 직원이 게으르다는 둥 비난을 늘어놓는다. 이처럼 비난이 섞인 대화는 동료들끼리 모여 점심을 먹거나 커피 또는 술을 마시며 자연스럽게 불만을 털어놓을 수 있는 자리에서 특히 더 많이 오간다.

그런 대화는 보통 이런 식으로 진행된다.

"자네도 알다시피 빌은 아주 괜찮은 사람이고 회사 일이라면 발 벗고 나서는 사람이지. 일을 굉장히 열심히 하긴 하는데…… 회사가 나아가야 할 방향에 관해서 우리에게 얘기를 좀 해야 해. 아무리 이 나라에 한 획을 긋고 싶다지만, 어느 회사라고 그러고 싶지 않겠는가? 더는 새로운 고객을 유치하지 못하고 돈도 벌어오지 못하는 직원들이나 빌이 어떻게 하면 정말 좋겠는데 말이야. 물론 다들 좋은 사람이지만 우리 회사의 명성을 갉아먹고 있잖은가. 툭하면 다른 지사로 출장을 간다고 하는데, 빌이 출장 가서 하는 일이 뭔가? 그 시간에 차라리 회사의 주요 고객에 집중해서 새로운 사업을 이끌어내는 게 더 낫지 않겠는가? 후임자는 또 어떻고? 후임자로 선정할 만한 전문가를 육성해놓지도 않았으니 사측에서 고를 사람도 마땅치 않겠지."

이런 식의 대화는 언제나 회사 또는 회사의 리더를 향한 비판이나 다른 동료들의 비효율성을 비난하는 방향으로 흘러간다. 그리고 매일 밤 술집을 나설 때면 꼭 그날 있었던 어떤 일 때문이 아니라, 방금 전에 나눈 비생산적인 대화 때문에 몹시 피곤해지고 만다. 이렇게 오고가는 비생산적인 대화 속에 녹아 있는 냉소, 비난, 비판에 지치는 것이다.

우리가 능력이 부족하다는 이유를 들먹이며 다른 사람을 비난하면 우리 자신의 결점은 점점 흐려진다. 평가 제도를 어떻게 개선하면 좋을지, 또는 어떻게 부서를 개편해야 효과적일지 고민하는 것보다 다른 사람 흉을 보는 편이 더 쉽고 재미있다는 사실을 알게 되기에 그렇다. 다른 이의 단점을 보고 우리는 어떻게 하면 그러지 않을 수 있을지 고민하기보다는 그저 그들의 흉을 잡아 수다를 떠는 걸 더 좋아하는 것이다.

우리는 스스로에게 너무 많은 것을 바라기 때문에 리더나 동료, 부하 직원들에게도 똑같이 너무 많은 것을 바란다. 우리는 충족할 수 없는 기대치를 설정해놓고, 다른 사람들은 그처럼 말도 안 되게 높은 기대치를 충족해야 한다고 (잠재의식 속에서이긴 하지만) 합리화한다. 결국 우리는 일이 계획대로 진행되지 않을 때 다른 사람들이 비난을 받도록 상황을 만드는 것이다.

만약 당신이 이런 특징을 띤 비난의 덫에 빠져들었다면, 해결책은 자신과 동료들에게 현실적인 기대치를 설정하기 위해 의식적으로 노력하는 것이다. 더 구체적으로 말하면 다음과 같다.

- 당신이 설정한 기대치의 실현 가능성을 가늠하라. 당신의 경력 목표가 실현 가능한지, 아니면 희망 사항에 더 가까운지 파악할 수 있도록 목표를 달성할 수 있는 가능성을 계산해보라.
- 가능성을 기반으로 당신의 기대치를 재설정하라. 실현 가능성이 적어

도 절반은 되는 목표에 집중하라.

- 당신이 상사나 동료, 부하 직원을 비롯한 다른 사람들에게 무엇을 기대하고 있는지, 그들이 그러한 목표를 달성할 가능성이 얼마나 되는지 판단하라. 그들의 경험과 전문 분야, 그들이 처한 상황을 고려했을 때 어느 정도의 기대치가 적정한지 생각해보라. 만약 당신이 그들에게 너무 큰 기대치를 갖고 있었다면, 그들이 기대치를 충족할 가능성이 높아지도록 그들을 향한 당신의 기대치를 낮춰라.

이 훈련법을 오해하지 않길 바란다. 나는 자기 자신이나 타인에게 큰 기대를 해서는 안 된다고 말하려는 게 아니다. 자기 자신이나 타인에게 너무 낮은 기대치를 갖는 것은 너무 과한 기대치를 갖는 것만큼이나 바람직하지 않다. 항상 달성할 수 있는 목표를 설정해 자기발전을 해나가야 한다. 그러나 자기발전이 곧 비약적인 발전을 의미하지는 않는다. 지나치게 야심 찬 목표와 실망스러운 목표 사이의 적당한 지점을 찾는다면 일이 틀어지더라도 당신이 남을 탓할 가능성이 훨씬 적어질 것이다.

정말로 내가 당신보다 더 똑똑하다

모건스탠리에서 근무할 때 고위급 투자은행가를 고용하느냐 마느냐는 문제로 동료와 의견 충돌이 있었다. 나는 좋은 생각이 아니라고 주장했다. 반면 내 동료는 아주 좋은 아이디어라고 생각했다. 해당 부서의 리더들은 결국 전문가를 고용하는 쪽으로 결론지었다. 특정 부문의 사업에 필요한 핵심 인력을 우리 회사로 '훔쳐' 왔으니 그 부서는 축제 분위기였다. 물론 나는 그렇게 신나지 않았다. 사소한 충돌이었지만, 나는 패배한 사람이었다. 강력하게 반대하고 나섰으나, 결국 내 제안은 부결되었다.

그 무렵을 통틀어 돌아볼 때 무엇보다 부끄러웠던 것은 신예 전문가가 우리 조직에 입사했던 날부터 내가 그와 거리를 두며 쌀쌀맞게 대했다는 사실이다. 나는 그 친구가 이제 우리 회사의 일원이라는 느낌을 갖게 하려고 굳이 애쓰지 않았다. 그 친구를 영입한다고 들떠 있던 직원들이 그가 회사에 잘 적응할 수 있도록 챙겨줄 거라고 생각했다. 그로부터 석 달이 지나자 그가 우리 회사와 계약하기로 했던 거래처 몇 곳과의 계약에 실패했다는 소문이 돌았다. 한번은 나와 그 친구 둘 다 초대받은 식사 모임이 있었는데, 모임에 나가보니 그가 보이지 않았다. 이런 식으로 여섯 달쯤 흘렀을 때 그는 15년 동안 일했던 이전 회사로 돌아갔다. 내가 부끄러웠다는 건 말할 것도 없고, 그를 고용한 스폰서들은 막대한 투자를 해놓고도 써먹지 못했다는 사실에 충격을 받았다.

그 친구가 그만두었다는 소식을 듣자마자 내 머릿속에 든 생각은 이러했다. '내가 뭐랬어. 이럴 줄 알았다니까. 분명히 이런 일이 생길 거라고 내가 말했잖아.'

이 일을 글로 적고 있자니 나 자신이 아주 부끄럽지만 사실이 그러했다. 나는 일이 제대로 풀리지 않은 상황에 대해 스폰서들을 비난했다. 그리고 상황을 풀어나가려고 열심히 노력하지 않았다며 그 전문가를 비난하기도 했다. 그러나 물론 나 자신을 비난하지는 않았다.

이제 와서 생각해보니 내가 당시의 그 경력직 채용에 훼방을 놓았던 것 같다. 다른 사람보다 내가 더 똑똑해 보여야 하니 내 말이 옳다는 것을 증명해 보이는 일이 내게는 더 중요했기 때문이다. 사람들 눈에 내가 다른 사람의 속마음을 꿰뚫어보고 앞날에 무슨 일이 벌어질지 미리 알아내는 예언자로 비치는 것이 내게는 무엇보다 중요했다. 내 말이 옳고 다른 사람이 틀렸다는 것을 증명해서 그들의 탓이라고 비난하는 일이 내게는 무엇보다 중요했다.

나는 새로 입사한 직원이 회사에 잘 적응할 수 있도록 도와주지 않고 너무 교만하게 굴었다는 점에서 스스로를 책망할 수도 있었다. 그 직원이 지닌 엄청난 지식과 기술로 회사에 헌신할 수 있도록 그를 돕지 않고 거리를 둔 까닭이 무엇인지 철저히 자신을 돌아볼 수도 있었다. 그러나 나는 그렇게 하지 않았다.

여기서 한 가지 교훈을 얻을 수 있다. 다른 사람을 보고 '어리석다'고 비난할 때 우리는 자신을 그들보다 똑똑하다고 여기게 된다. 성취욕이 높은 직장인들은 자신의 가치를 증명해 보이기 위해 타인보다 자신이 더 똑똑하다고 느끼고 싶어할 때가 많다. 그러나 사실은 자신의 마음속에서만 남들보다 더 똑똑한 경우가 다반사다. 동료들을 아둔하고 미련하고 통찰력이 없는 사람이라고 생각함으로써 본인의 가치를 높이는 것이다. 물론 비난이라는 속임수로 속일 수 있는 사람은 자기 자신뿐이다.

비난이 없는 조직을 찾아라

비난하는 행동을 저지하는 방침이 있는 조직에서 일하는 것이 가장 이상적이다. 4장에서 언급했던 홀푸드마켓의 CEO 존 매키의 이야기를 떠올려보라. 매키는 모든 부서원이 만장일치로 찬성해야 새로운 직원을 고용했다. 이런 방침이 있으면 상황이 잘 풀리지 않더라도 새로 온 직원이 희생양이 되는 일을 막을 수 있다.

비난을 저지하는 정책이 있는 또 다른 회사로는 세계적인 헤드헌팅 업체인 이곤젠더인터내셔널Egon Zehnder International이 있다. 이 회사의 취업 지원자는 25~40회의 면접을 봐야 하고, 모두의 찬성을 얻어야 채용될 수 있다.

리먼브라더스Lehman Brothers에서 세계 최고 수준의 주식 리서치 부서를 창설한 잭 리프킨Jack Rifkin 역시 이와 동일한 방책을 취했다. 리프킨은 새로 온 직원들 한 사람 한 사람이 각 팀원들과 잘 어울려 지내도록 하는 데 대부분의 시간을 할애했다. 새로 온 직원의 양 옆자리에 앉는 두 명의 직원은 각각 두 개의 의결권을 부여받는다. 그리고 새로 온 직원이 자리를 잘 잡을 수 있도록 주도적으로 돕는 역할을 한다. 이들 부서에는 비난이 존재하지 않는다. 문제가 생기거나 누군가 실수를 하더라도 모두가 용기를 내고 솔직하게 앞장서서 책임을 인정한다. 달성하지 못한 목표에 대한 책임은 대부분 부서 전체에서 진다.

당신이 일하고 있는 조직 전체에 이러한 정책이 적용되고 있지 않더라도, 최소한 회사 내에 비난이 만연하지 않은 부서라도 찾으려는 노력을 해야 한다. 항상 그렇지는 않더라도 때때로 실수에 대한 책임을 인정하는 상사가 누구인지 찾아보라. 실수가 발생하고 나서 매번 비난할 사람을 찾기보다는 똑같은 실수를 반복하지 않으려면 어떻게 달라져야 하는지에 관해 의논하는 사람들이 모여 있는 부서가 어디인지 찾아보라.

어쩌면 잘못을 용서하는 아량을 보이는 부서, 즉 작은 실수는 배움에 대한 대가라고 생각하는 상사와 부서원으로 이루어진 부서를 찾는 것이 무엇보다 중요할 수 있다. 이런 부서는 일을 하다 보면 자연히 실수도 생긴다고 생각하기 때문에 이따금 실수를 한다는 이유로 부서원을 몰아붙이지 않는다.

바쁨, 비교와 마찬가지로 비난 또한 우리가 지금 하고 있는 일을 하게 하고, 지금의 방식대로 행동하도록 하며, 되고 싶지 않은 종류의 사람이 되도록 조장하는 불안을 감추려고 스스로 만들어낸 덫이다. 이 세 가지 덫은 하나같이 심각한 것이지만, 당신이 알아야 할 덫이 하나 더 있다. 나머지 하나는 가장 매혹적인 동시에 가장 파괴적인 덫이다. 어떻게 보면 이 덫이 다른 세 가지 덫의 근간이 된다고 할 수도 있겠다. 바로 걱정의 덫이다.

격정은 위기를
미리 만들어낸다

재나는 수백만 달러 규모의 사업체를 운영했던 경험 많고 출세한 관리자였다. 그녀는 사람들에게 뭐든지 할 수 있다는 인상을 심어주었다. 인터넷 컨설팅 회사의 COO를 역임했고, 대형 컨설팅 회사의 주요 부서를 운영한 적도 있었다. 단호하고 활동적이고 영리하고 야심만만한 성격에 멋진 가정까지 이루고 있었기에 겉보기에는 성공한 인생을 사는 것 같았다.

그러나 그녀의 경영 스타일을 보면 모든 일이 잘 풀리고 있다고 보기 어려웠다. 오히려 성취욕 높은 사람이 덫에 걸려드는 모습에 더 가까웠다. 그녀는 아무런 도움이 되지 않는 일인데도, 이미 내린 결정이 어떤 결과를 낳을지 끊임없이 걱정하는 덫에 빠져들고 있었다.

걱정에 시달리는 재나의 경영 스타일은 다른 사람들까지 초조하게 만들었다. 상황이 좋으나 나쁘나 걱정을 떨치지 못한 그녀는 남들에게 자신의 걱정을 털어놓았다. 그녀는 어떤 긍정적 가능성이 있더라도 거기서 최소한 다섯 가지는 잠재적 부정적 결말을 만들어내는 데 도가 튼 사람 같았다. 부하 직원들은 그녀와 대화를 나누고 나면, 대화를 시작할 때와 달리 초조해진 마음으로 자리를 떴다. 동료들은 그녀가 걱정하고 있다는 것이 그들에게 다 전해진다며, 그녀의 사무실 앞을 지나가기 싫다고 말했다.

재나의 앞날은 늘 불길해 보였다. 저 멀리 다가오는 재난이 또렷이 보였으며, 그 재난은 빠른 속도로 닥쳐오고 있었다. 한 동료는 이렇게 한탄했다.

"좋은 아이디어가 떠오르거나 문제를 해결할 만한 대안이 떠올랐다고 재나에게 얘기할 때마다 그녀는 제 아이디어가 회사 사정을 악화할 거라고 반박했어요. 얼마 안 지나서, 어떻게든 그녀를 설득하려고 애쓸 것이 아니라 다른 사람들이 내 편으로 모여들 때까지 잠자코 기다리는 쪽이 더 낫다는 걸 깨달았죠."

재나도 당시를 기억하고 있었다.

"걱정하는 것 말고는 뭘 어떻게 해야 할지 도무지 모르겠어요. 딸아이 학교 문제부터 남편 직장, 아들의 치아 교정, 이 사업체까지 말이죠. 그냥 이게 제 모습이에요. 물론 제가 걱정을 너무 많이 할 때는 다른 사람들까지 불안하게 만든다는 사실도 어느 정도는 알고 있어요."

재나가 유별난 건 아니다. 우리가 생활하고 일하는 현대 사회는 분야와 직위를 막론하고 모든 직장인이 초조해할 일이 가득하다. 그러나 우리가 모든 것을 비관적으로 침울하게 바라보기 시작할 때, 걱정이 우리의 의사 결정과 행동에 부정적인 영향을 미칠 때, 걱정 때문에 몸이 움츠러들거나 염려했던 최악의 상황을 막기 위해 이미 검증된 방식으로만 반응하게 될 때 이러한 걱정은 덫이 된다.

우리는 모두 걱정을 하며 살아간다. 그러나 오늘날의 많은 야심 찬 직장인이 재나처럼 쓸데없는 걱정을 지나치게, 비생산적으로 하는 경우가 많다. 적당한 걱정은 마음을 집중하는 데 도움이 될 수 있으나, 걱정이 지나치면 업무 효율성을 떨어뜨리고 우리로 하여금 안전지대 바깥으로 발을 뻗지 못하게 한다(안전지대를 벗어나면 걱정거리가 훨씬 더 늘어나기 때문이다!).

필요한 걱정

컨설턴트로 활동하는 친구가 30년간 다양한 리더를 관찰한 결과, 그들은 당연한 일을 너무 지나치게 걱정한다는 모순을 발견했다고 말했다. 물론 리더들이 직원들의 보수, 조직이 가고 있는 방향, 회사의 여러 부서들, 수익을 잘 내고 있는지 여부 따위를 걱정하는 건 당연하다. 그러나 그들은 회사 직원들이 어떤 걱정을 하고 있는지에 관한 걱정은 놓치고 있다. 이를테면 직원들이 조직 내에서 목적을 갖고 있는지, 자신이 부서의 일원이라고 느끼고 있는지(고립), 자기 자신과 자신의 업무가 중요하다고 생각하고 있는지(의미)와 같은 문제에 대한 걱정 말이다.

의미, 고립, 목적에 관한 걱정을 해소하지 못하고 있을 때 당신의 기분이 어떤지 생각해보라. 의욕적인 직장인이라면 통제할 수 없을 정도로 불안이 솟구쳐 올라와 곧 덫이 되고 말 것이다. 직장 내에서 충분한 안정 감과 자신감을 느끼지 못하고, 새롭고 혁신적인 무언가를 시도하지 못하고 있다는 걱정에 크게 시달린다.

그러면 당신은 그 걱정을 최소화하기 위해, 또는 적어도 지금 하는 걱정들이 최대치로 커질지도 모르는 부정적인 결말을 피하기 위해 현재의 일상을 고수한다. 어떤 걱정을 하고 있는지 털어놓을 사람이 아무도 없다고 느끼므로 불명확한 두려움에 지배당하게 된다. 당신이 하는 일에 고마움을 표하는 사람이 아무도 없다. 당신의 말에 고개를 끄덕이는 사람이 아무도 없다. 당신이 걱정거리를 해결할 수 있도록 도와주는 사람이 아무도 없다. 당신이 어떤 회사 걱정에 잠 못 드는지 생각해보라. 다음의 질문을 활용하여 마음속에 어떤 걱정이 있는지 바깥으로 드러내보라.

- 자신을 교체 가능한 부품에 불과하다고 생각하는가?
- 회사의 중심으로부터 고립되어 있다고 느끼는가? 당신의 사무실이 마치 섬 같다고 느끼는가?
- 입사 초기에 뛰어난 역량을 발휘할 수 있게 한 추진력을 잃었을까봐 두려운가? 이제는 무엇 때문에 이곳에서 일하는지 모르겠어서 걱정 인가?
- 상사의 눈 밖에 났을까봐 걱정인가?
- 업무 능력이 과거만큼 뛰어나지 않다고 생각하는가?

- 당신이 없는 곳에서 직원들이 험담을 하며 당신을 형편없는 관리자로 생각할 거라고 믿는가?
- 고위 임원이나 거래처를 비롯한 누군가가 당신에게 앙심을 품고 있을까봐 걱정인가?

내 사무실이 너무 좁아!

성취욕이 높은 사람들 중에는 물론 굵직한 일을 걱정하는 이들도 있다. 이를테면 회사의 흥망성쇠를 결정지을 수 있는 지인과 손을 잡을 것인가, 직원 수를 줄일 것인가, 전혀 다른 분야로 이직할 것인가를 걱정하는 것이다. 그러나 이들을 덫으로 사로잡는 걱정은 대개 규모가 작은, 즉 상대적으로 사소한 문제 안에 존재하면서 이들을 혼란스럽게 만드는 힘을 키워간다. 목표를 향해 달려가는 길에 놓인 모든 장애물이 거대해 보이기 때문에 야망이 있는 사람에게 사소한 걱정은 없다고 누군가 내게 말한 적이 있다. 사소한 걱정이 얼마나 위험할 수 있는지 이해하기 쉽도록 니콜의 이야기를 들려주겠다.

니콜은 사무실 넓이 때문에 골치를 썩고 있는 관리자였다. 부서 관리와 고객 응대에 모두 뛰어났던 니콜은 개인 재산 관리를 전문으로 하는 금융 서비스 회사의 최연소 지점장으로 승진했다.

사무실이 있는 로스앤젤레스의 잠재 고객들을 조사해 작성한 보고서를 보고, 니콜은 더 많은 한국인 고액 순자산 보유자를 유치할 기회가 있음을 인지했다. 문제는 회사에 한국인 직원이 없다는 것이었다. 니콜은 한국인 직원을 한 명 고용하는 편이 좋겠다는 결정을 내렸다. 오랫동안 폭넓게 탐색한 끝에 니콜은 존을 고용했다. 한국계 미국인이었던 존은 시장에 진입하기에 충분한 경력과 자신감이 있어 보였다.

존은 새로운 사무실에 적응해갈 무렵부터 어딘가 불안하고 언짢아하는 것처럼 보였고, 결국 다른 사무실을 쓰는 직원들이 그를 멀리하기 시작했다. 니콜이 보기에도 존은 분명 회사에 잘 녹아들지 못하고 있었다. 그렇지만 존은 입사한 지 두 달도 되지 않아 여섯 건의 큰 거래를 성사시켰다. 존의 실적이 팀 전체에 좋은 영향을 미쳤으므로 존과 가깝지 않은 직원들까지 존의 성과를 축하했다.

실적을 올리고 일주일이 지난 뒤 존은 니콜에게 지금보다 더 큰 사무실을 내어줄 수 있느냐고 물었다. 좋은 성과를 내려면 고객들에게 자신이 중요한 사람이라는 인식을 심어줄 필요가 있다는 것이 이유였다. 그러면서 존은 니콜이 자신의 요청을 들어주지 않으면 경쟁사로 옮기겠다는 뜻을 은연중에 내비쳤다. 어떻게 해야 할지 몰랐던 니콜은 사흘 동안 이 문제로 골머리를 앓았다. 존이 원하는 대로 해주자니 회사에서 수년간 일한 다른 직원들에게 부당하다는 생각이 내심 들었다. 그들 역시 더 큰 사무실을 쓸 자격이 있었다. 또 존이 자신을 은근히 협박했다는 사실도 마음에 들지 않았다. 그러나 존은 재력을 갖춘 한국인 고객을 유치하겠다는 니콜의 목표를 실현하며 회사의 신예로 성장하고 있었다. 더 구체적으로 말하면, 니콜은 자신이 존이라는 사람과 그가 지닌 문화적 배경 및 가치를 제대로 이해하고 있는지 확신이 서지 않았다. 결정을 내리지 못한 니콜은 밤에는 불면증에 시달리고 낮에는 두통에 시달릴 정도로 걱정을 했다. 공과 사를 구분하지 못해 어떤 일을 하더라도 집중할 수 없었다. 그 문제 외에도 경영상의 중대한 결정을 내려야 할 일들이 있었으나, 다른 문제를 처리하려고 하면 할수록 더 큰 사무실을 내어달라는 존의 문제가 자꾸만 생각났다.

니콜의 걱정은 단지 존의 요청을 들어줄 것인지 말 것인지, 그 장단점을 고려하는 것에서 그치지 않았다. 처음의 걱정거리는 다른 걱정들로 이어졌다. 존의 요청을 들어주면, 수년간 가장 유능한 직원으로 손꼽혔던 조와 로리의 기분이 상할 것 같았다. 그랬다가는 그들이 다른 회사로 떠나버릴지도 모르는 일이었다. 또 직원들의 사기가 밑바닥을 치며 부서가 효율적으로 운영되지 않을 수도 있었다. 사기가 떨어진 팀에서 일하는 것이 즐거울 리 없었다. 그렇다고 존의 요청을 거절하자니 존이 회사를 그만둘까봐, 존이 회사를 떠나면 니콜이 맡고 있는 지점의 실적이 크게 떨어질까봐, 그렇게 되면 경영진이 존을 그만두게 한 니콜에게 격노할까봐 걱정이었다. 이런 결정을 내리지 못하는 걸 보니 자신이 관리자로 적합하지 않은 것 같다는 생각에 니콜은 더욱 걱정을 떨쳐낼 수 없었다.

니콜의 걱정은 이와 관련된 염려, 두려움, 불안의 그물로 빠져들었다. 일상적인 업무를 진행하면서 결정을 미뤘고, 그렇게 며칠 동안 걱정을 질질 끌더니 일주일이 지나도록 그 상황에서 벗어나지 못했다. 니콜은 관리자로 일하는 동안 부딪혔던 다른 문제들도 이와 유사한 패턴으로 흘러갔다는 사실을 깨달았다. 그런 문제들은 그녀로 하여금 골치 아픈 생각의 덤불로 빠져들게 했고, 그녀의 마음에 더욱 절박한 문제들에 관한 고민을 심어주었다. 이런 걱정에 빠질 때마다 니콜은 자신이 잔뜩 움츠러들어서 아무 일도 하지 않으려고 한다는 사실 또한 깨달았다. 자신이 한 가지 이상의 문제에 대응하거나 한 가지 이상의 어려움에 대처할 수 없는 사람처럼 보였다. 그래서 니콜은 결정을 내리지 않으려 했고, 승인된 프로그램 시행을 연기했으며, 새롭거나 낯선 업무라면 겁부터 냈던 것이다.

다른 관리자들과 마찬가지로 니콜도 걱정이 덫으로 이어지는 상황을 보고만 있었다. 그녀에게 뚜렷한 목표가 있을 때는 어느 정도의 걱정이 도움이 됐으나, 모호한 목표와 예측하기 어려운 결과를 맞닥뜨리자 걱정은 역효과를 낳았다. 모호성, 패러독스, 불확실성은 니콜의 걱정이 비생산적인 영역에 진입하도록 만들었으며, 그녀는 이 모든 상황을 인지하고 있었지만 어떤 행동을 취해야 할지 전혀 몰랐다.

그러나 세 가지 방법으로 걱정의 덫을 피할 수 있다.

• 첫째, 사소한 걱정은 퍼져 나가지 않도록 '담아둬라.' 니콜은 자신의 걱정거리가 직장 생활의 다른 부분에까지 영향을 미치게 했다. 존에 대해 걱정하다 보니 다른 부하 직원들까지 걱정하게 되었고, 결국 이러한 걱정 때문에 니콜은 본인이 일을 제대로 하고 있는지 의문을 품게 되었다.

니콜처럼 걱정이 퍼져 나가는 일을 피하려면 당신이 느끼는 불안과 두려움이 확산되지 않도록 의식적으로 노력해야 한다. 대중심리학계에는 고약한 생각Stinking Thinking이라는 개념이 있는데, 이는 본질적으로 사람들이 자신의 생각을 부정적이고 비이성적인 방향으로 끌고 갈 때가 많다는 것을 의미한다.

니콜과 같은 상황에 처했을 때 상황이 이런 식으로 흘러가도록 내버려두지 말라. 어느 한 부분에 문제가 생겼다고 해서 다른 부분에서도 문제가 되는 건 아니라는 것을 명심하라. 구체적인 문제에 다시 초점을 맞추고, 당신이 걱정을 비이성적이고 비생산적인 방향으로 퍼지게끔 행동하고 있는 건 아닌지 유심히 살펴라.

• 둘째, 구체적인 안건과 그 안건에 관련된 구체적인 업무 목록을 작성함으로써 덜 중요한 문제에 신경 쓸 일이 없도록 하라.

• 셋째, 걱정을 야기하는 문제를 단호하고 빠르게 해결하라. 물론 쉬운 일이 아니다. 특히 이런 문제를 죽을 때까지도 분석할 수 있는, 성취욕 높은 사람들에게는 더욱 어려운 일이다. 니콜은 존에게 큰 사무실을 내어줄지 말지 곧장 결정해야 했다. 그녀의 결정이 부정적인 결과를 가져오더라도 걱정의 덫에 걸리는 것만큼 부정적이지는 않았을 것이다.

책임 있는 지위의 직장인들은 갈수록 완벽한 정답이 없는 '올바른 일 vs. 올바른 일'의 결정에 맞닥뜨린다. 또는 어떤 결정을 내리든 불쾌한 영향을 초래할 '그른 일 vs. 그른 일'의 결정과도 맞닥뜨린다. 이러한 경우에는 이성적인 분석을 중단하고 본인의 내면을 꿰뚫어볼 수 있는 직관에 의존해야 한다. 이도 저도 아닌 중간에서 어물쩍거리 느니 당신의 직감을 신뢰하라.

걱정에 빠진 불편한 대화

걱정은 여러 방면에 걸쳐 있는 덫이다. 걱정이 야기하는 가장 미묘하지만 심각한 결과는 동료나 고객 또는 다른 관계자들과 나누는 대화에 영향을 미친다는 것이다. 의사소통은 배우고 성장하고 변화하는 데 매우 중대한 역할을 한다. 직장 생활을 하면서 의미와 성취감을 찾고 싶다면 의사소통은 필수적이기도 하다. 그러나 걱정은 대화를 변질시킴으로써 대화를 통해 얻을 수 있는 효과와 만족도를 떨어뜨린다.

다른 사람에게 무슨 말을 할지에 관해 끊임없이 고민하다 보면 말을 꺼내기 전에 마음속으로 대화를 고치게 될 것이다. 이처럼 할 말을 미리 정해 놓으면, 대화를 나누는 중에 당신은 한층 완고해져서 상대방의 의견을 덜 받아들이게 된다. 현실에서 오고가는 대화 속에서 표현의 자발성과 자유가 사라진다. 마치 암기한 대사를 외는 배우처럼 된다. 무엇보다 상대의 말을 진정성 있게 듣고 있다는 인상을 전달하지 못하게 된다. 그렇게 현재에 집중하지 못하고 정신이 산만해질 것이다.

성취욕이 강한 성격이라면 당신은 머릿속에서 대화 내용을 재연하는 사람일 가능성이 크다. 당신이 무슨 말을 했는지, 무슨 말을 했어야 했는지, 다음번에 무슨 말을 할지를 머릿속으로 분석하는 것이다.

이처럼 대화 내용을 곱씹으며 스스로를 질책하는 내면의 독백은 좋은 결과로 이어지지 않을뿐더러 외부에서 이루어지는 대화에 해를 입히기까지 한다. 대화를 나누기 전후에 지나치게 걱정을 하는 탓에 대화가 원래보다 덜 유익하고 덜 생산적으로 흘러간다. 특히 부정적인 인사고과 결과를 전달해야 한다거나 고객에게 서비스 문제를 해명해야 하는 등 불편한 대화일 때는 더욱 그렇다.

리더들이 모인 자리에서 무엇 때문에 이런 대화를 어려워하느냐고 물었더니, 그들은 두 가지 문제를 꼽았다. 첫째, 그러한 대화의 결과를 확신할 수 없기 때문이다. 이들은 상대방에게 자신의 입장을 어떻게 전할지 수백 번 연습하더라도 상대방이 어떤 반응을 보일지 알 길이 없다. 그렇기 때문에 그저 상대가 감정적으로 나올지 비난을 퍼부을지를 예측할 뿐이다. 그리고 자신이 주장하거나 제안하는 바가 상대방에게 받아들여지지 않을까봐 두려워한다.

둘째, 어려운 대화를 꺼내기까지 드는 시간이 대화 자체를 나누는 시간보다 괴롭고 긴장되기 때문이다. 저명한 가족 상담 치료사이자 임원 코치인 제프리 커Jeffrey Kerr는 대화 전에 걱정에 사로잡히면 대화를 시작하는 사람이 잘못된 방법으로 대화를 준비하게 된다는 사실을 알아냈다. 대개 이런 사람들은 대화의 과정이나 정서적 반응, 효과적인 의사소통 방식보다는 전달하려는 내용에만 집중한다.

커는 직원들과 어려운 대화를 나누려고 할 때 리더들이 어떤 식으로 행동하는지 기억을 더듬어 다음과 같이 정리했다.

이미 잔뜩 긴장한 리더들은 걱정 탓에 대화를 연설로 시작한다. 연설할 때 목소리 톤은 딱딱하고 매우 이성적이다. 그리고 말하는 시간이 길어질수록 더 큰 목소리로 말하고 더 빠르게 말하며 더 많이 말한다. 대화를 실패로 이끄는 완벽한 시나리오다.

악순환의 시작점이 바로 이 순간이다. 이때부터 피드백을 받는 사람은 뒷걸음치고 귀담아듣지 않으며 방어적 태도를 취하기 시작한다. 듣는 사람은 즉각적으로 자신의 감정 속으로 침잠하면서 당혹감과 부끄러움, 모욕감을 느끼기 시작한다.

리더는 상대의 지친 눈망울을 보면 할 말이 더 많아지는 잔소리꾼이다. 이때부터 이들의 대화는 죽음의 소용돌이를 향해 내달린다. 리더는 계속해서 말을 잇고, 듣는 이는 이제 귀를 닫고서 방 밖으로 빠져나갈 궁리만 하기 시작한다. 대화는 이런 식으로 흘러간다.[1]

하나의 걱정은 또 다른 걱정을 낳는다. 대화가 제대로 이루어지지 않고, 좌절에 빠진 관리자는 폭언과 비난을 퍼붓기 시작하며, 부하 직원은 당연히 관리자의 요점을 파악하지 못하고, 결국 두 사람 다 대화를 나누기 전보다 기분이 상한 채로 대화를 그만두게 된다. 그러면 관리자는 그런 상황을 애석해한다.

'A는 왜 내 말을 끝까지 듣지 않았을까? A는 왜 내가 바라던 대로 대답하지 않았을까? 내가 자기를 도와주려고 이런 피드백을 준다는 걸 이해하지 못하고 있나? 자기를 위한 일인데 말이야.'

이 마지막 말이 바로 걱정의 근원이 된다. 사람들이 믿는 것과 반대로,

걱정은 머리에서만 나오는 게 아니라 마음에서도 나올 수 있다. 앞서 언급한 관리자는 부하 직원에게 마음을 쓰고 있다. 부하 직원의 실적과 경력에 도움이 된다고 생각해서 피드백을 건넨다. 이 직원에게 진심으로 마음을 쏟고 있으므로 기꺼이 불편한 대화를 감수하고 이 상황에 대처하려는 것이다.

우리가 신경을 쓰면 쓸수록 더욱 걱정이 많아지고, 우리가 선의로 한 행동이라 하더라도 극심한 불안을 느끼면 상대방이나 어떤 문제에 잘못된 방식으로 접근할 수 있다. 걱정은 우리의 판단을 흐리게 하고, 그 때문에 우리는 결국 현명하지 못한 결정을 내리게 된다.

나는 직장 생활뿐 아니라 사생활에서도 이와 같은 '관심에서 기인한 걱정'을 경험했다. 내 딸아이인 사라가 대학 입학을 앞두고 있을 때였다. 사라를 학교에 데려다주기 사흘 전쯤에야 나는 사라에게 꼭 필요한 것들인데 내가 아직까지 가르쳐주지 않은 게 얼마나 많은지 깨달았다. 딸에게 지출 관리를 어떻게 해야 하는지 가르쳐주지 않았다. 자동차 타이어를 어떻게 갈아 끼우는지 가르쳐주지 않았다. 바닥을 어떻게 닦아야 하는지 가르쳐주지 않았다. 컴퓨터를 어떻게 연결하는지 가르쳐주지 않았다. (최소한 내게는 중요해 보였던) 중요한 삶의 기술을 그동안 딸에게 가르쳐주지 않았다는 것이 걱정되었다.

나는 사라가 알아야 할 모든 것을 가르쳐주려고 딸아이를 자리에 불러 앉혔다. 내 말은 점점 더 길어졌고 그럴수록 사라는 점점 더 귀를 닫았다. 사라는 공손한 태도를 유지했으나, 내 말을 한 귀로 듣고 다른 귀로 흘리고 있었다. 나는 사라에게 내 말을 똑바로 들으라고 주의를 주었다. 그러나 사라는 계속 시계를 쳐다보았고, 떠나야 할 시간이 임박해 오자 초조해 보였다.

근본적으로 나는 사라에게 무엇이 필요한지 전혀 모른 채 내 의무감과 걱정에만 집착했던 것이다. 초조함에서 기인한 내 행동은 내게도 딸아이에게도 전혀 도움이 되지 않는 일이었다. 아무런 사전 준비 없이 내 걱정을 수면 위로 드러내기만 했을 뿐 내가 왜 그렇게까지 걱정을 했는지는 전혀 알려고 하지 않았다. 아버지 역할을 제대로 하지 못했던 것이다.

걱정에서 죄책감으로

'할 일이 많으면 많을수록 오히려 일을 더 못 한다니까'라는 불평을 흔히 한다. 당신이 분에 넘치는 일에 욕심을 내는 유형의 야심가라면 이러한 기분을 느껴본 적이 있을 것이다. 해야 할 업무가 너무 많아서 일을 끝낼 수 있을지 끊임없이 걱정을 하고, 걱정을 하며 시간을 허비할수록 업무 자체를 끝낼 에너지는 줄어든다.

성취욕이 높은 직장인들은 대체로 해야 할 일이 지나치게 넘쳐날 때 성취감을 느낀다. 그와 함께 목록에 적힌 항목을 빠르게 지워나가야 안도감을 느낄 수 있으므로 그러지 못할까봐 늘 걱정한다. 이들은 여러 프로젝트에 손을 뻗어놓지 않으면 제 역할을 하지 못하고 있다고 생각한다. 존 가바로가 언젠가 이렇게 말했다.

"성취욕이 높은 사람들은 해야 할 일이 너무 많아지면 계속해서 죄책감을 느낍니다. 무슨 일을 끝마치든지 간에 그 순간에도 또 다른 일을 하고 있어야 한다고 생각하기 때문이죠. 이런 사람들은 모든 업무를 해내기에는 시간이 부족하다고 생각하고, 또 할 일도 너무 많다고 생각합니다. 그래서 고객을 만나고 있을 때면, 그럴 때가 아니라 사무실에 있어야 한다고 생각하죠. 가족들과 함께 있을 때면, 그럴 때가 아니라 이메일을 확인하고 있어야 한다고 생각하고요. 잠자리에 들 때면, 그럴 때가 아니라 한 시간 더 늦게 자더라도 내일 할 업무를 미리 살펴야 한다고 생각합니다. 목표를 달성하고 긍정적인 피드백을 받고 있을 때면, 너무 열심히 일하다가 곧 지쳐버리지 않을지를 걱정합니다."

야심만만하고 출세욕이 강한 사람들은 역할 과부하 또는 역할 간 갈등 때문에 걱정을 부채질한다.[2] 이들은 해야 할 일이 너무 많기 때문에 한 가지 일을 하려면 다른 한 가지를 포기해야 하며, 이렇게 하면 몇 가지 업무를 미룰 수밖에 없으므로 훨씬 더 크게 걱정해야 한다. 이렇게 완벽한 시나리오가 완성된다. 한 친구가 이런 상황을 애통해했다.

"정말이지 다람쥐 쳇바퀴에 올라와 있는 기분이야. 정말로 평생 여기서 내려가지 못할 수도 있겠다는 생각이 든다니까. 도대체 여기서 내려갈 수나 있을지 걱정하다가도 만약에 내려갔다가 다시는 못 올라오면 그땐 어떻게 해야 할지가 또 걱정된다네. 이래도 문제고 저래도 문제인 거야. 어떻게 될지 고민하다 잠드니까 아침마다 피곤하고. 이 와중에 정말 비참한 건, 내가 늘 걱정하거나 피곤하지 않으면 인생을 열심히 사는 것 같은 기분이 안 든다는 거야."

성공한 사람들은 대부분 늘 기진맥진해 있는 본인의 일상을 불평한다. 피곤함이 삶의 방식으로 자리 잡아서 그렇다. 사실 성취욕이 높은 사람들 중에는 지나치게 걱정함으로써 현실 영역에 있는 자신의 걱정거리를 일어날 가능성이 거의 없는 재앙의 영역으로 밀어내는 이들도 있다.

하버드경영대학원의 최고경영자 과정을 수료했던 조애나는 이런 말을 했다.

> 톰, 내가 여기 프로그램을 정말 좋아했던 것만큼이나 학교를 떠날 때 걱정이 많았어요. 학교에 오기 전보다 떠날 때 걱정이 더 심했죠. 물론 답을 찾은 것도 있어요. 그렇지만 몰랐던 지식을 알게 될 때마다 더 많은 궁금증이 생겼던 것 같아요. 집에 돌아와서 내가 한 일이라고는 어디서부터 다시 시작해야 할지, 순서를 어떻게 정해야 할지, 누구와 함께 할지를 고민하고 걱정한 게 전부예요. 정체기에 빠져서 생산성을 잃은 직원들이 걱정돼요. 멘토의 도움을 받지 못하고 회사와 단절됐다고 느끼는 직원들이 걱정되고요. 회사에 여직원이 부족한 것도 걱정돼요. 이런 문제를 다 해결했다고 생각했었는데, 10년 전과 다를 바 없이 여전히 회사 내에 만연해 있더라고요. 이런 문제들에 대해 고민하면 할수록 혼자서는 할 수 없다는 확신이 들 뿐이에요.

조애나는 고민을 길게 할수록 점점 더 전후 사정을 파악하지 못하고 판단력이 흐려졌다. 오히려 그녀가 문제를 만들거나 적어도 문제를 실제보다 더 크게 부풀리는 상황이었다. 조애나는 모든 일을 비극적으로 바라보기 시작했다.

그녀 역시 도움의 손길이 필요하다는 사실을 알고 있었다. 그녀는 진창에 빠져 바퀴가 헛도는 자동차와 같은 상황에 처해 있었다. 모든 일이 긴급하고 중요해 보였다. 조애나는 오늘 끝내야 할 일과 3주 안에 해야 할 일, 3년 안에 해야 할 일을 구분하지 못했다. 누구에게 도움을 구해야 할지도 몰랐다. 일을 다른 사람에게 위임하거나 하청을 주거나 동료 또는 상사들에게 도움을 구하는 대신 혼자서 속만 썩다가 내게 털어놓았던 것이다. 논리적으로 보면, 조애나는 방책을 마련하거나 새로운 프로그램을 기획해서 걱정을 덜거나 없앨 수도 있었다.

그러나 걱정의 덫은 초조함을 더는 데 도움이 되는 행동을 못하게 만든다. 특히 도움이 되는 행동이 새롭고 혁신적인 것일 때는 더욱 그렇다. 걱정하느라 시간을 허비하는 사람들은 변화하는 데 꼭 필요한 에너지와 결단력이 부족하다. 올바른 일을 미숙하게 하는 영역에서 올바른 일을 능숙하게 하는 영역으로 도약하기 힘들어한다. 용기를 내지 못하고, 필요한 지식을 얻지 못하고, 배움을 얻지 못하면서 저지르는 실수들과 자신이 모르고 있는 것 때문에 극도로 지친다. 올바른 일을 능숙하게 할 수 있도록 무엇인가를 새롭게 배울 수 있을지, 프로젝트를 맡겠다는 용기를 낼 수 있을지 지나치게 걱정한다.

내가 당신을 사랑하는 만큼 당신도 나를 사랑합니까?

흔히 생각하는 것과 달리, 야심만만하고 출세욕이 강한 직장인들은 대부분 타인이 자신을 어떻게 바라볼지 신경 쓴다. 사실, 매우 신경 쓰는 편이다. 이들이 출근하는 모습을 보면, 사무적인 표정을 짓고 있어서 업무와 관련된 생각만 하고 있다고 여길 수 있으나, 사실 이들은 동료들이 자신을 어떻게 보고 있는지 대단히 신경 쓰고 있다. 상황이 이렇기 때문에 직장에서 발생하는 대부분 걱정은 이들이 타인과의 관계를 어떻게 인식하고 있는지와 관련된 것이다.

의욕이 넘치는 직장인들이 주로 빠져드는 걱정의 유형을 살펴보자.

- 상사가 나를 좋아하는 만큼 내 경쟁자를 좋아할까봐 걱정한다.
- 부하 직원들이 조직 내의 다른 사람만큼 나를 좋아하거나 존경하지 않을까봐 걱정한다.
- 회사의 CEO나 임원들이 내 존재를 모르거나 내 공로를 인정하고 있지 않을까봐 걱정한다.
- 동료가 나와 대화를 하지 않거나 내게 거리를 두려고 하는 것처럼 보여 걱정한다.
- 중요한 고객이나 거래처를 실망시켰을까봐 걱정한다.
- 제조사에서 우리가 그들을 배신했다고 느낄까봐 걱정한다.

인간관계에 관해서라면 직장에서뿐 아니라 사생활에서도 걱정은 끝이 없다. 우리가 의식적으로 걱정을 하려는 건 아니지만, 인간은 걱정을 피할 수 없으며 성취욕 높은 직장인의 경우에는 특히 그렇다.

걱정을 사회적 교환의 한 유형으로 생각해보라. 성취욕이 높은 사람들은 대부분 불평등한 교환이 이루어진다고 느낄 때부터 괴로워하기 시작한다. 예를 들어, 빌이 당신만큼 비즈니스 관계에 관심을 보이지 않는 것 같다. 빌은 당신이 빌에게 연락하는 것만큼 자주 당신에게 전화를 하거나 이메일을 보내지 않는다.

일부 비즈니스 전문가는 이러한 현상을 최소 관심의 힘the power of least interest이라고 부른다. 이는 관계 속에서 가장 적은 관심을 갖는 사람이 가장 큰 힘을 갖는다는 의미다. 당신이 나를 알고 싶어하는 것보다 내가 당신과 친해지고 싶은 마음이 덜하다면 이 관계에서는 내가 더 큰 힘을 쥐게 된다. 사람들은 직장 내 관계에서 이러한 권력 불평등을 늘 걱정하는데, 여기서부터 개인의 경력과 조직에 해를 끼치는 문제가 발생한다.[3]

최소 관심의 관계가 걱정으로 번지기까지 큰 변화가 필요한 것은 아니다. 특정 업무에서 상사가 전만큼 당신을 신뢰하는 것 같지 않다. 생각해보니 당신이 어느 동료에게 지난 한 달간 세 번이나 점심을 같이 먹자고 했는데, 그 동료는 당신에게 한 번도 밥을 같이 먹자는 소리를 안 했다. 고객이 당신에게 답신 전화를 걸어오는 속도가 평소보다 느려지고, 대화를 나눌 때는 거리감이 느껴진다. 당신은 스스로에게 이런 질문을 쏟아붓기 시작한다.

'내가 이 사람에게 마음을 쓰는 만큼 이 사람도 내게 마음을 쓰고 있는가? 상대방도 이 관계를 더욱 끈끈하게 만드는 데 시간과 에너지를 쏟고

싫어하는가? 상대방이 이 관계에 투자를 하고 싶다는 신호를 준 적이 있는가?'

세미나에서 내가 최소 관심의 힘에 대해 얘기하면 대부분 참가자는 대인 관계를 가장 먼저 떠올린다. 누군가의 관심을 얻고 싶었으나 뜻대로 되지 않았던 경험을 떠올리는 것이다. 그리고 그 관계 속에서 힘의 역학 관계를 바꿔보려고 자신이 어떤 행동을 취했는지 돌아본다. 정말 그렇게까지 공을 들일 가치가 있었던 것인지 따져보기도 한다. 또 이들은 다른 사람과의 관계를 끝내야 할지, 그렇게 하면 상대방이 어떤 반응을 보일지 걱정한다.

우리는 모임이나 조직에서 타인과 일대일로 맺고 있는 관계를 끊임없이 저울질한다. 좌절, 두려움, 불안은 모두 서서히 전개되는 드라마에서 그 모습을 드러낸다. 우리는 우리가 맺고 있는 모든 관계 속에서 동등한 지위를 구축하려고 애쓴다. 관리자가 공식적으로는 더 높은 서열에 있다는 걸 알고 있지만, 그 역시 우리만큼 이 관계에 투자하고 있기를 바란다. 이런 욕구는 결코 달라지지 않을 것이다. 그리고 걱정은 결코 줄어들지 않을 것이다.

이런 식으로 누군가 본인이 인정을 못 받는다거나 소외당한다거나 위협받는다거나 부족하다고 느낄 때 조직이나 가정에 얼마나 많은 역효과가 발생하는지 생각해보라. 자신이 중요하지 않은 사람이라는 눈치를 받았다고 느끼면 사람들은 보통 역효과를 불러일으키는 행동으로 반응한다.

로이스는 컨설팅 회사를 다니며 3년 동안 제니 밑에서 일했다. 꼭 친구 사이라고 할 수는 없었으나, 두 사람은 늘 잘 어울렸고 효율적인 업무 관계를 즐겼다. 사실 로이스가 모르는 사이에 제니는 회사에서도, 집에서도 문제를 겪고 있었다. 제니는 이혼 절차를 밟으며 양육권을 다투고 있었고, 실적을 올리라는 상사의 압박으로 스트레스를 받고 있었다.

제니는 자신의 문제를 겉으로 드러내지 않는 상사였다. 친근하고 개방적인 성격이었으나, 자신의 아픔을 남들에게 보이지 않으려고 꾸준히 노력해왔다. 제니는 친구들에게 부담을 주지 않으려고 결혼 생활에 얽힌 문제를 털어놓지 않았고, 직장 동료들에게 부담을 주지 않으려고 지금 경영진으로부터 실적을 올리라며 굉장한 압박을 받고 있다는 얘기를 털어놓지 않았다.

처음에 로이스는 대화를 나눌 때 제니가 자신에게 약간 거리를 둔다는 것을 눈치챘다. 갑자기 대화를 중단하기도 했고, 일 이야기가 아니라 사적인 대화를 할 때면 형식적인 반응을 보이기도 했다. 그리고 제니는 전에 로이스와 두 번이나 함께 갔던 주력 산업 워크숍에 가면서 같이 가자는 말도 꺼내지 않았다(로이스는 제니의 출장 경비가 삭감되어 누구도 데리고 갈 수 없었다는 사실을 몰랐다). 한번은 로이스가 다른 직원과 문제가 있다며 제니에게 얘기 좀 하자고 요청했는데, 제니는 그럴 여유가 없다면서 자기 일이니 스스로 해결하라고 말하며 로이스의 요청을 무시했다.

자존심이 상한 그는 다른 동료들에게 제니의 험담을 하고 다니기 시작했다. 로이스는 제니의 냉담함과 부하 직원을 도우려고 나서지 않는 태도를 불평했다. 그는 자신이 제니의 총애를 잃은 것은 물론이고 곧 제니에게 해고를 당할 거라고 믿기에 이르렀다. 로이스는 될 대로 되라는 식으로 제니 모르게 제니의 상사를 만나 그녀가 관리자로서 더는 유능하지 않으며 그녀의 행실 때문에 근무 환경이 악화하고 있다고 얘기했다. 그러고는 자신을 다른 곳으로 보내달라며 부서 이동을 신청했다.

로이스는 관계 내 힘의 균형이 틀어지는 일을 지나치게 걱정하다가 역효과를 내는 방향으로 행동하게 되었다. 로이스의 선택은 제니에게는 물론이고 본인에게도 득이 되지 않는 행동이었다. 자신이 얼마나 심각하게 고민을 하고 있는지 제니에게 털어놓고 문제를 해결하는 대신 자신의 경력이나 부서에 전혀 도움이 되지 않는 길을 택한 것이다.

모호함에는 늘 위험이 따른다

아마도 앞서 예를 든 이 이야기를 기억하고 있을 것이다. 동기부여에 관한 강의를 막 끝내고 교실을 나서는데 한 학생이 내 앞을 가로막고 수업이 굉장히 유익했다며 칭찬했다. 나는 다른 일에 정신이 팔려 바쁘다는 이유로 그 학생을 우두커니 쳐다만 보고는 그냥 가버렸다.

내가 그 학생이었다면 속으로 이렇게 생각했을 것이다. '교수님이 내 말을 못 들으셨나.' '거만한 놈 같으니라고. 남의 말을 경청하고 진정성 있게 행동하라고 늘 가르치더니 정작 자기는 날 무시하고 가버리는군.' 생각은 그 학생처럼 이런 식으로 부풀었으리라. '오늘 수업 시간에 내가 했던 발표가 별로였던 걸까?' '들롱 교수님 수업에서 내가 꽤 잘하고 있

다고 생각했는데, 내 생각이 틀렸을 수도 있겠다.'

그때 내가 2초만 시간을 내서 학생의 칭찬에 고개라도 끄덕였다면 그에게 이처럼 역효과를 낳는 생각을 심어주지 않았을 것이다.

우리는 메시지나 행동, 부족한 정보까지도 모호하게 해석하려고 한다. 결국 모호한 행동은 모두 부정적으로 해석된다. 만약 회사의 리더가 입사 예정자들에게 회사의 전략을 혼란스럽게 말해준다면, 입사 예정자들은 그 조직이 목표와 방향을 신중하게 계획하지 않았다고 생각하며 염려할 것이다. 관리자가 특정 고객에 관한 이메일을 모호하게 작성해서 보낸다면, 수신자는 그 고객에게 문제가 있는 것은 물론이고 관리자와 그 고객의 관계에도 문제가 있다고 생각할 것이다.

나와 그 학생의 상황에서도 내 행동이 모호했다. 내 모호한 태도 때문에 그 학생이 내 행동을 부정적으로 해석하게 되었다. 이런 행동과 태도는 끈끈하고 굳건한 관계를 만드는 데 전혀 도움이 되지 않는다. 직장에서 모호한 일이 발생할 때 당신이 어떻게 반응하는지 생각해보라. 직장인 대부분은 주변에 모호한 일이 얼마나 많은지, 무엇 때문에 걱정까지 하게 되는지 모르고 지낼 공산이 크다. 상사가 당신의 보고서를 검토하고서 "잘했네!"라고 말하지 않으면, 당신은 상사가 '형편없군'이라고 생각하고 있는 건 아닌지 걱정한다.

왜 잘했다는 말이 없느냐고 상사에게 물어보는 것이 논리적인 행동으로 보이지만, 여기서는 논리가 전혀 중요하지 않다. 당신은 의욕이 넘치는 직장인이기 때문에 상사가 당신의 보고서가 별로라고 생각할 가능성을 염려하는 것이다. 잔혹한 진실을 알게 되느니 모호한 상태로 남겨두는 편이 낫다는 식으로 생각하는 것이다.

　모호함 때문에 걱정이 더 심해지는 상황을 예방하는 데 다음의 몇 가지 방법이 도움이 될 수 있다.

- 상대의 의도를 확실히 파악하기 위해 억지로라도 당사자에게 물어보라. 물론 성취욕을 높이는 당신의 모든 본능이 당신에게 절대 물어보지 말라고 속삭인다는 것을 나도 잘 안다. 그러나 진실이 얼마나 언짢든 간에 모르는 것보다는 낫다. 그 이상의 동기부여가 필요하다면, 소극적인 태도는 겁쟁이의 탈출구일 뿐이라는 사실을 명심하라.
- 모호한 말을 듣고 상대방에게 물어볼 때 돌아오는 모든 긍정적 반응을 종이에 또는 머릿속에 기록하라. 모호한 말을 한 사람에게 명확한 대답을 요구하면 대부분 당신이 안심할 만한 대답이 돌아온다. 사람들이 모호하게 말을 하는 것은 당신을 비하하려는 의도가 아니라 대부분 무심코 저지른 행동이라는 사실을 알게 될 것이다. 이 점을 염두에 두고 있으면 다음번에 누군가가 모호하게 말을 하더라도 걱정을 덜 수 있을 것이다.
- 당신이 두려워했던 최악의 상황이 펼쳐지면 어떤 행동을 취하라. 상사가 정말로 당신이 최선을 다해 일하지 않는다고 믿고 있다고 치자. 만약 이런 일이 생긴다면 마음 졸이고 초조해하며 친구나 가족에게 불평을 늘어놓지 말라. 대신 다음과 같은 행동을 취하라.

　1. 당신이 무엇을 잘못하고 있는지, 어떤 일을 더 해야 하는지 구체적으로 파악하고, 그대로 실천하라.

2. 문제를 바로잡을 계획을 세워라.

3. 당신이 계획을 제대로 실천하는지 감시할 사람을 만들어라. 성취욕이 높은 직장인은 행동하는 사람이다. 당신이 수동적인 태도에 머무른다면 걱정만 더 하게 될 것이다.

• 마지막으로, 어느 정도의 걱정은 정상이지만 지나친 걱정은 영혼을 괴롭히고 시들게 한다는 사실을 잊지 말라. 지나친 걱정은 냉소주의와 비관주의의 전조다. 걱정은 단기적으로는 우리에게 동기부여가 될수 있으나, 결국에는 우리 삶을 규정하는 방식이 되어버릴 수 있다.

다행스럽게도, 우리는 걱정을 관리할 수 있다. 그리고 걱정을 비롯하여 앞에서 살펴본 세 가지 덫을 관리하는 첫 번째 단계는 인식이다. 이들 덫에 대해 스스로 인식하고 있는 것이 덫에 빠지지 않는 중요한 첫걸음이다. 그 이후에는 여기서 추천하는 몇 가지 전략을 시도하라. 그러면 당신이 빠져 있을지도 모르는 걱정의 덫에서 벗어날 수 있을 것이다. 우리를 완고하게 하고, 걱정에 빠뜨리고, 무력하게 만드는 불안을 극복하기 위해서는 우리가 변화하고 발전할 수 있는 큰 전략을 짜는 것이 가장 중요하다.

Flying
Without A Net

4부

두 번째 성장을 위해
잠시 멈추는 힘

과거는
과거일 뿐

이제 우리를 변화, 성장, 성공으로부터 가로막고 있는 덫에 대해 인식했으니 어떻게 해야 할까? 알고 보면 우리가 할 수 있는 일은 무궁무진하지만, 리더십을 주제로 저술한 전작에서 만들어낸 인물인 제프 가드너의 방식을 통해 따라 할 만한 일을 소개하려 한다.[1]

제프는 소규모 컨설팅 회사의 파트너로 크게 성공한 인물이다. 전작에서 나는 그가 오랜 비행 중에 앞으로 해결해야 할 많은 업무를 돌아보다가 마침내 보스턴에 도착한 풍경으로 이야기를 끝냈다. 이제 제프의 이야기를 다시 이어가 보자.

업무에 대한 압박감과 책임감에 시달린 결과 제프는 비행기에서 내릴 무렵이 되자 편안해지기는커녕 한층 더 피곤해지기만 했다. 그가 관리했던 후배 동료들과 부사장들의 불평이 여전히 머릿속에 맴돌았다. 게

다가 출장 다니기를 싫어하고, 영업을 할 줄 모르고, 맡겨진 일은 생산적으로 잘 해내지만 회사가 성장하는 내내 발전이 없었던 파트너를 데리고 다녀야 한다는 불만을 떨쳐낼 수 없었다.

재정 상황이 악화되자 요구 사항을 점점 더 늘려가는 고객들도 문제였다. 그들은 전보다 더 공격적인 태도로 더 적은 요금에 더 많이 신경 써줄 것을 요구했다. 더불어 그들은 제프가 제안하는 모든 문제에 딴지를 놓으려는 듯이 행동했다.

아내 마리와 두 딸도 문제였다. 이제 인내심이 바닥나기 시작한 마리는 약속을 어기는 제프를 기탄없이 비판했다. 그가 출장을 떠나기 직전에 아내는 이렇게 말했다.

"여보, 우리가 15년이나 결혼 생활을 하는 동안 당신이 일과 가족 사이에서 선택해야 하는 순간에 가족을 택한 적이 한 순간이라도 있었는지 모르겠어요."

아내가 이런 말을 할 때마다 제프는 점점 더 큰 죄책감에 시달렸다. 마리는 자신의 입장을 전보다 한층 더 공격적으로 드러냈다. 마리의 인내심이 한계에 다다르고 있었던 것이다.

무엇이 제프 가드너를 구했나

출장에서 돌아온 지 얼마 지나지 않아서 제프는 회사의 매니징 파트너를 만났고, 그가 제프에게 물었다.

"제프, 더 높은 직위로 승진해서 언젠가는 회사를 운영하고 싶지 않은 가? 지금 당장 내 입맛에 맞는 대답을 하려고 하지 말고, 다음 달까지 자네의 경력에 관해 신중하게 생각해보면 좋겠네. 무엇보다 자네 스스로에 대해 생각해보게. 내가 보기에 자네는 더 높은 자리에 올라가서 더 큰 책임을 맡으려면 아직 멀었네. 그러려면 자네가 정말 거듭나야 할 거야. 그러니 잘 생각해보게. 지금 당장 답을 내리려 하지 말고 진지하게 생각해봐. 한 달 뒤에 다시 얘기해보자고."

몇 주가 흐르고 제프는 마리와 함께 롱아일랜드 해변을 거닐며 사적인 일과 업무에 관해 툭 터놓고 대화를 하다가 자신이 느끼고 있는 두려움과 좌절감에 맞서야겠다고 다짐했다. 나중에 마리는 그날 해변에서 나눈 대화가 10년 만에 처음으로 제프가 마음을 열고 심각한 문제를 의논한 일이었다고 말했다. 요즘 들어서 둘이 하는 대화는 대개 누가 세탁소에 가서 옷을 찾아올 것인지, 누가 학교에 가서 아이들을 데리고 올 것인지를 묻는 일상적인 것들이었다. 해변에서 그들은 마리가 기억하고 있는 젊은 시절의 그때, 즉 제프가 자신의 감정을 있는 그대로 표현하고 대화의 주제가 엉뚱하게 흘러가지 않았던 그때처럼 대화를 나누고 있었다.

제프는 직장생활을 하면서 지금껏 연약한 모습을 조금도 드러내지 않으며 이미지 관리를 해왔다. 자신의 취약한 모습을 조금이라도 드러내면 부정적으로 작용할 거라고 생각했기 때문이다. 직장생활을 하면서 그는 자신이 무지해 보이거나 무르게 보일 수 있는 상황, 말하자면 부하 직원들에게 지나치게 관심을 쏟거나 실적에 지나치게 무심함으로써 본인이 난처해질 수 있는 모든 일을 아주 신중하게 처리해야 한다는 사실을 일찌감치 깨달았다. 회사에서 승승장구하려면 당신에게 있는 그런 모습을 도려내야 한다. 적어도 그는 신입사원 시절부터 그렇게 믿고 있었다.

한 달 뒤 제프가 매니징 파트너를 찾아가 지금보다 더 책임감 있는 자리에 올라가고 싶다고 말하자, 그는 제프에게 진지하게 생각해보았느냐고 물었다. 제프가 대답했다.

"진심으로 직원들을 이끌고 관리하는 차원의 일을 하고 싶습니다만, 정말 솔직히 말하자면 제가 어떻게 해야 거기까지 올라갈 수 있을지 잘 모르겠습니다. 물론 지금쯤이면 그 방법을 알고 있어야 마땅하죠. 저도 그러고 싶고요."

"잘할 수 있을지 저도 잘 모르겠습니다"라는 말은 큰 의미가 있는 고백이었다. 제프의 이런 말은 본인이 모든 해답을 쥐고 있지 않다는 사실을 인정하기 시작했다는 의미였다. 그의 말에 녹아 있는 자기반성은 본인이 틀릴 수 있고 자신에게 한계가 존재한다는 점을 인정했다는 사실을 의미하며, 이는 곧 배울 수 있는 기회가 존재한다는 것을 의미한다.

대인 관계의 관점에서 봤을 때 이는 제프가 자신의 취약함을 드러낼 용기를 지녔다는 것과 무엇이 잘못되었고, 왜 그렇게 되었는지 생각하는 내적 과정을 겪었다는 것을 의미한다. 매니징 파트너가 그에게 듣고 싶었던 말이 바로 이 한마디였다.

사람들을 지휘하고 통제하는 리더는 대부분 자신이 틀릴 가능성과 모든 일을 확신할 수 없음을 인정하는 행동이 실제로는 자신의 강인함을 부각한다는 사실을 잘 모른다. 이렇게 인정하고 나면 그른 일을 능숙하게 하던 사람들이 추진력을 얻어 올바른 일을 미숙하게 할 수 있게 된다. 배우고 변화하고 성장할 수 있도록 자극을 주는 것이 바로 인정이다.

제프의 이야기를 이어가기 전에 당신도 여기서 잠깐 멈추고 그가 한 것처럼 스스로를 돌아보기 바란다. 다음의 질문들은 성취욕 높은 사람들이 스스로에게 잘 묻지 않는 질문이다. 당신이 모든 것을 알고 있지 않을 수 있다는 사실을 인정하고 여유를 갖기 위해 노력해야 하지만, 그러지 못하고 있는 가능성을 제기하는 질문들이다. 그동안 내가 지켜본 결과, 대부분 의욕적인 관리자와 경영진은 사회생활을 하면서 본인의 취약함을 자신에게든 남들에게든 인정한다는 것은 있을 수 없는 일이라고 믿고 있었다. 이와 같은 잘못된 편견을 마음에 담아두지 말고, 인정을 통해 당신의 생산성과 커리어를 더욱 향상할 수 있다는 사실을 명심하기 바란다. 이제 질문을 살펴보자.

- 지금까지 경력을 쌓는 동안 중대하게 결정한 사안 중에 후회되는 일이 하나라도 있는가? 그때로 돌아간다면 다른 선택을 하겠는가?
- 직원들을 부당하게 대우한 적이 있는가? 그들의 말을 듣고 배우려고 하기보다 강압적으로 지시를 내린 적이 있는가?
- 최근 몇 년간 직장에서 최고의 역량을 발휘하고 있다고 생각하는가? 그렇지 않다면 이유가 무엇인가?
- 부하 직원에게 당신의 실수를 인정할 자신이 없는가? 상사에게는 어떤가? 동료들에게는 어떤가?
- 최근에 누군가에게 도움을 요청한 일이 있는가? 당신이 무엇인가를

모르고 있고 그것을 배워야 한다는 점을 인정한 적이 있는가? 도움을 요청한 적이 있는가?

- 만약 당신이 상사에게 모든 것을 솔직하게 말해도 부정적인 영향이 전혀 없다면, 말 못 할 두려움이나 불안을 털어놓겠는가?

- 당신이 현재 알맞은 직업, 알맞은 그룹, 알맞은 조직에서 일하고 있다고 생각하는가? 아니면 현재 있는 자리와 성취하고자 하는 자리가 일치하지 않는다고 생각하는가?

실질적으로 멘토링을 해주는 멘토가 필요하다

제프가 다니는 회사의 매니징 파트너에게는 찰스라는 친구가 있었다. 그는 경영대학원의 교수였으며, 매니징 파트너가 늘 모든 일을 털어놓을 만큼 신뢰하는 사람이었다. 어떤 일이 생기는 족족 모든 것을 털어놓는다는 의미가 아니라, 그럴 일이 생기면 모든 것을 솔직하게 터놓을 수 있을 만큼 믿음직한 사람이었다는 말이다.

매니징 파트너는 찰스와 제프에게 서로 함께 일할 것을 요청했다. 두 사람이 처음으로 만났을 때 찰스는 이들의 관계에서 지켜야 할 기본적인 규칙을 정했고, 그중에서 가장 중요한 규칙은 '과거는 과거로 묻어두기'로 단순 명료했다. 찰스는 제프가 가지 않은 길, 이미 저지른 실수, 놓친 기회에 집착하지 않길 바랐다. 무엇보다 그가 과거에 관한 진실을 마주하고 과거를 버리는 방법을 배우길 원했다.

찰스는 제프가 자신의 실수를 인정하고 필요한 경우에는 사과도 하며 앞으로 나아가길 바랐다. 그러나 제프에게는 여전히 자신의 역량보다 저조한 실적을 내고 있다는 점을 인정하는 것이 무엇보다 힘들었다. 그는 그동안 수많은 직원과 동료가 자신의 눈먼 야망 때문에 곁을 떠났다는 사실을 깨달았다. 과거를 돌아보니 그가 도울 수 있었던 동료들의 모습이 보이는 것 같았다. 많은 직원이 회사를 그만두거나 부서 이동을 요청했던 것이 적어도 어느 정도는 본인의 행동 때문이었다는 사실을 너무 늦게 깨닫고 있었다. 자신의 성공을 위해 많은 사람이 희생되었다는 사실을 인정하고 넘어가야 했지만, 그에게는 너무 어려운 일이었다.

찰스는 제프에게 쉽게 잊을 수 있는 일로 구성된 목록을 건네주기보다 행동의 지침이 되고 새로운 기량을 발휘하는 데 도움이 되는 독특한 목록을 만드는 법을 가르쳐주기로 했다. 일상의 압박감으로 혼란스러웠던 제프는 찰스가 가르쳐준 목록을 작성해나가며 목표와 방향을 다듬어나갔다.

찰스는 제프에게 구체적인 목표를 특정 기간 내에 달성한다는 계획을 가진 관리자들이 단순히 해야 할 일 목록을 지워가며 일하는 관리자들보다 훨씬 더 크게 성공한다는 연구 결과를 알려주었다. 찰스와 제프는 반복적으로 그러한 목록을 만들었고, 제프는 그 목록을 여러 장 복사해서 화장실 거울에 붙이고, 액자로 만들어서 책상 위 마리의 사진 옆에 놓고, 자동차 안에도 놓았다. 그리고 찰스는 이틀에 한 번씩 아침마다 제프를 불러서 그가 무엇에도 방해받지 않고 일에 집중하고 있는지 확인했다. 그렇게 제프는 병소 접근법focused approach으로 차차 발전해나갔다.

털어놓음으로써 불필요한 감정 비워내기

나중에 제프는 자신이 발전하는 데 그 목록이 매우 중요한 역할을 했지만, 그 목록만큼이나 도움이 됐던 것은 과거는 과거에 묻어두라는 충고였다고 말했다. 얼마나 진부하고, 얼마나 간단하고, 얼마나 효과적인 충고인가! 제프는 고객 관리를 성공적으로 했으므로 자신의 다른 결점을 모두 덮을 수 있을 거라고 생각했었다. 또 오랫동안 몸에 밴 습관이 이제는 DNA의 일부가 되었다고 생각하기도 했었다. 자신이 어떻게, 그리고 왜 그런 식으로 행동했는지, 어째서 아내나 동료들에게 툭 터놓고 솔직한 대화를 하지 못했는지 한 번도 진지하게 반성해본 적이 없었다.

'과거는 과거에 묻어두기'는 이제 제프의 좌우명이 되었다. 제프는 이 좌우명을 떠올리며 과거의 실제 모습과 본인이 기억하는 과거의 이야기를 구분해야 한다는 점을 명심했다. 찰스가 말했다.

"중요한 건 실제로 과거에 무슨 일이 있었느냐가 아니라 자네가 스스로에게 무엇이라고 말하고 있느냐네. 자네가 과거의 이야기를 어떻게 만들어내느냐에 달렸지."

이러한 이야기들은 부글부글 끓어오르는 분노와 심지어 복수심에 불타는 감정을 중심으로 돌아갈 때가 너무 많다. 성공한 관리자들 중에는 그들의 첫 번째 상사가 '내가 당연히 받아야 할' 승진 기회를 박탈했던 과거에서 벗어나지 못하는 이들이 있다. 그중에는 헤드헌터가 제안했던 일자리를 받아들였어야 했다며 부득부득 이를 갈면서도 상사의 번지르

르한 말에 '넘어가' 더 시시한 일자리에 안주하는 경우도 있었고, 또 어떤 이들은 조직에서 자신에게 한 약속에 집착하지만, 그 약속은 결코 이행된 적이 없다.

성취욕 높은 사람들이 이러한 이야기를 겉으로 드러내는 일은 거의 없다. 이들은 쓰라린 기억을 사람들에게 털어놓고 넘어가기보다는 그런 기억에 매달리려고 한다. 절친한 친구나 치료 전문가에게 털어놓기만 한다면, 이러한 경험을 솔직하게 얘기하는 일은 고통스럽겠지만 굉장히 생산적인 과정이 된다.

내면에 존재하는 후회나 분노를 일단 말로 뱉고 나면 그런 감정들이 지니고 있던 강한 힘은 사라진다. 그러면 과거를 털어버리기가 한결 수월해지며, 머릿속에서 과거를 재연하느라 들였던 시간과 에너지를 이제는 더욱 생산적인 데 쓸 수 있게 된다.

과거를 과거에 묻어둘 수 있도록 다음의 실천 방법을 시도해보라.

1. 당신이 이루고자 했던 일을 모두 이룰 수는 없었던 이유에 대해 자신에게 어떻게 얘기하고 있는지 생각해보라. 왜 승진에서 탈락했는지, 또는 왜 더 좋은 회사에서 경력을 쌓을 기회를 놓쳤는지 생각할 때 스스로에게 되풀이하여 말하는 이야기의 내용은 무엇인가? 되풀이하는 그 이야기를 찾아내는 것이 중요하다. 최소한 한 번 이상, 어쩌면 수년간 여러 번 스스로에게 그 이야기를 했을 것이다.

2. 이제 그 이야기를 꺼낼 때 어떤 감정이 제일 먼저 드는지 판단해보라. 분노, 슬픔, 좌절감, 부끄러움인가? 이러한 감정을 느끼게 하는 구체

적인 상황이나 사건에 집중하라. 그러한 상황이나 사건이 이토록 큰 영향을 미치는 까닭이 무엇인가? 당시에 당신이나 다른 사람이 어떤 말이나 행동을 했는지 구체적으로 파악해보라.

3. 상사, 멘토, 코치, 배우자, 절친 등 신뢰할 만한 이를 찾아 그 이야기를 전하면서 강하게 드는 감정을 말로 표현하라. 이 단계를 실천하는 동안에는 마음을 열고 완벽하게 솔직해야 한다.

4. 다음번에 또 그 이야기가 떠오르거든 스스로에게 반복해 말하라. "과거는 과거에 묻어둬라."

이 단계는 몇 번이고 반복해 실천해야 한다. 당신에게 일어난 일에 관해 믿을 수 있는 사람과 여러 차례 대화를 나눠야 할 수도 있고, '과거는 과거에 묻어두라'는 주문을 여러 번 외워야 할 수도 있다는 말이다. 그러나 충분한 가치가 있는 노력이다. 과거의 이야기를 떠올릴 때마다 밀려드는 감정에 맞서면서 이러한 것들이 현재가 아니라 과거에 속한 것임을 깨닫고 나면, 직장 생활에서 훨씬 큰 자유를 누릴 수 있기 때문이다. 전보다 훨씬 더 의욕적으로 도전적인 업무를 맡거나 새로운 기술을 배울 가능성이 높다.

내 절친한 친구와 몇 달 전에 목격했던, 과거의 경험을 묻어두는 데 도움이 되는 실천 방법이 있다. 친구는 테크놀로지 대기업의 인사부장으로 일하기 전에 독립 컨설턴트로 활동하며 수많은 리더십 개발 프로그램을 지도했다. 당시 우리는 몇 년 동안 호스트 에이브러햄Horst Abraham이라는 팀 구축Team building 전문가와 함께 일하고 있었다. 에이브러햄은 각 그룹으로 하여금 다양한 활동을 하고, 그 과정에서 무슨 일이 일어났는지 논의하도록 했다. 에이브러햄이 그룹 간의 상호작용을 권장하는 동안 나 역시 팀원들이 논의할 수 있도록 도왔다.

활동 기간이 끝날 무렵에 에이브러햄은 모여 있는 직장인들에게 양팔을 하늘 위로 높이 뻗어서 팔을 앞에서부터 머리 뒤로 멀리 보내라고 말했다. 직장인들은 그의 말을 따라 움직였다. 그들은 적어도 세 번은 에이브러햄의 말을 따라 "뒤로 보내세요"라고 말해야 했다. 그 자리에 참석한 모든 사람이 그의 지시를 따르며 그가 말한 그대로 움직였다. 모두가 굉장히 진지했다.

내 친구와 나는 이 활동을 자주 지켜보면서 에이브러햄이 이런 직장인들을 모아놓고 이렇게 기본적인 것을 하게 만든다는 데 놀라기도 했고 감명을 받기도 했다. 관리자가 웃음기 하나 없이 이런 활동을 할 수 있다니 보면서도 믿기지 않아 고개를 가로저었다. 그는 정말이지 진지한 태도로 받아들이고 있었고, 다른 사람들과도 그런 진지한 태도를 공유했다.

친구와 이러한 경험에 대해 이야기하면서 내가 흘려보내기 어려워하는 과거의 경험이 무엇인지 생각해보았다. 가장 크게 남아 있는 기억은 초창기에 교수 한 무리가 나를 대했던 태도였다. 대학원 과정을 마친 뒤 내가 내렸던 어떤 진로 결정 때문에 그들이 자기들 세상에서 나를 떨쳐내려는 것 같았다.

나는 그 무리의 교수와 마주칠 때마다 나도 모르게 본능적인 반응을 보이기 시작했다. 화가 나기도 했고 동시에 창피하기도 했다. 나는 그 사람들이 자기들 멋대로 나를 무시하고 있다고 확신했다. 그들이 나를 보며 열등한 학교의 열등한 부서로 들어가 학력에 먹칠한 사람이라고 생각한다고 확신했다. 왜 그렇게 확신하는지는 나도 잘 모르면서, 머릿속으로는 이런 믿음을 뒷받침할 이야기를 끝도 없이 만들어냈다. 나는 그 교수들의 언행에서 그들이 나를 피하고 있다는 내 확신을 굳힐 만한 신호를 무수히 만들어냈다. 그들은 학회나 논문 발표에 나를 한 번도 초대하지 않았다. 늘 '그 클럽'의 사람들을 지지하며 수상자 명단에서 나를 제외했다. 재미있는 사실은, 그곳에서 일하는 동안 나는 스스로 그 클럽의 일원이라고 생각했으나 어떤 이유에서인지 그들은 내가 그 클럽에 들어가기에 부족하다고 결정했다는 것이다. 대충 나는 그렇게 생각했다.

그러나 내 친구가 언젠가 기분이 언짢고 짜증난 상태로 퇴근해 집에 들어가서 겪은 이야기를 들려주었을 때 나는 정말 큰 깨달음을 얻었다. 그는 네 아이들과 아내와 함께 있는 저녁 식사 자리에서 아무런 대꾸를 하지 않고 그저 듣고만 있었다고 했다. 느닷없이 그의 막내딸 메레디스가 말했다.

"아빠, 이제 정말로 뒤로 보내야 해요."

조심스럽고 부드러운 말투였다. 그러나 내 친구는 딸의 말을 듣고 아차 싶었다. 친구는 메레디스를 멍하니 바라보다가 또 한 번 바라보고는 그제야 미소를 지었다. 아이들의 작전에 휘말린 것이었다. 아이들은 모두 미소를 짓더니, 에이브러햄에게 배운 행동을 그대로 하기 시작했다. 그는 몇 년 전 아이들이 서로 싸울 때 말리기 위해 그 단순한 전략을 쓴

적이 있었다.

내 친구가 내게 그 이야기를 들려주자 더 이상 어떤 말도 필요하지 않았다. 나는 그와 그의 아내를 바라보았고, 우리는 모두 웃었다.

흘려보내지 않는다면

수년간 나는 수많은 직장인이 직장 생활이 잘 풀리지 않을 때 다른 동료를 비난하는 모습이나 다른 사람 때문에 목표를 달성하거나 잠재력을 실현하지 못하고 있다는 강박관념에 시달리는 모습을 지켜봐 왔다. 내게는 아버지가 직업적으로 지원해주지 않는다며 시시때때로 불만을 토로하는 친구가 한 명 있다. 그 친구는 똑같은 일을 몇 년 동안이나 똑같이 열을 올리며 얘기하는데, 모든 이야기의 요지는 이렇다.

"사업체 두 곳을 매매할 돈을 아버지가 빌려주지 않으셨어. 아버지가 나를 신뢰하기만 했다면 지금쯤 나는 돈도 훨씬 더 많이 벌었을 거고, 직업적인 성취감도 훨씬 더 크게 느끼고 있었을 거야."

나는 친구에게 직업적인 관점에서 볼 때 그런 감정을 붙들고 있으면 심신이 쇠약해질 뿐이라고, 오래전에 겪은 안 좋은 경험을 붙잡고 있으면 자신이 이뤄낸 성과를 즐기지도 못하고 스스로를 믿지도 못하게 된다고(아버지가 자신을 신뢰하지 않는다고 느꼈으므로) 충고했다. 그 친구는 새 프로젝트를 맡거나 어떤 종류든 위험 부담을 감수하기를 꺼린다. 자신을 신뢰하지 않는 아버지의 목소리가 머릿속에 맴돌았기 때문이다.

그런 식으로는 변화하거나 성장하지 못한다. 이 기억에 대한 인지적이고 정서적인 영향을 흘려보내는 것이 앞날의 삶에 더욱 만족할 수 있는 유일한 방법이다. 이렇게 해야만 취약한 상태로 돌아가서 새로운 것을 시도할 용기를 내고, 올바른 일을 능숙하게 해낼 수 있도록 올바른 일을 미숙하게 하는 경험을 할 수 있다.

그 누구도 이야기의 전부를 모른다

내가 모건스탠리의 존 맥에게서 받은 교훈 중에도 의욕 넘치고 야망 있는 직장인들이 과거를 잊는 과정에 도움이 되는 부분이 있다. 우리가 긴밀하게 일한 지 7년이 흘렀을 때, 그는 내게 경청과 의중 파악의 중요성을 가르쳐주었다.

나는 특정 사안에 대해 굉장히 설득력 있게 이야기하는 투자은행가의 말을 그가 어떤 식으로 듣는지 수도 없이 지켜본 바 있다. 그 전문가의 말이 절대적으로 확실해 보였으므로 나라면 그의 말을 곧이곧대로 믿었을 것이다.

그러나 존은 그 전문가와 회의를 마치고 나면 곧 동일한 사안에 대해 다른 의견을 갖고 있는 전문가를 불렀다. 이야기를 들어보면 놀랍게도 이 사람이 하는 말 역시 이전 전문가의 말만큼이나 신뢰가 갔다. 두 사람의 이야기가 전혀 다른데도 말이다. 그럼 나는 완전히 혼란스러워졌다.

이런 일이 있고서 우리끼리 있게 될 때면 맥은 내 쪽으로 몸을 돌리고 쓴웃음을 지어 보이며 이렇게 설명했다.

"톰, 봤지? 모든 이야기에는 양면이 존재하기 마련이네."

우리는 그 상황에 관해 대화를 나눴고, 맥은 그가 들었던 이야기를 내게 말해주었다. 경청이야말로 진리를 반영하는 두 가지 이야기 사이에서 방향을 찾아가는 방법이라는 것이었다. 이러한 경험을 통해 나는 한 사람의 이야기가 그럴듯한 그만큼 다른 사람의 의견 또한 믿음이 갈 것이라는 사실을 깨달았다.

(의욕 넘치는 직장인이 대부분 그렇듯이) 당신이 당신의 행동이나 세상을 편협한 관점으로 바라보고 있다면, 본질적으로 당신은 판에 박힌 일과와 일반적인 경영 방식에 갇혀 있는 것이다. 상사와 코치 같은 사람들은 당신에게 변화해야 한다고 말하려고 했을지 모른다. 또는 당신 내면의 목소리가 당신에게 새로운 시도를 해보라고 권했을지도 모른다. 그러나 이전과 똑같은 방식으로 세상을 바라보는 한 당신은 지금 있는 곳에서 벗어날 수 없을 것이다.

과거의 일을 과거에 묻어두면 시야가 넓어진다. 더는 두려움과 분노에 사로잡히지 않고 열린 마음으로 다른 가능성에 다가갈 수 있게 된다. 당신의 과거와 현재 상황, 목표를 기반으로 다원적 현실이 존재한다는 사실을 인식하면, 굴레를 벗어나 이러한 현실을 추구할 수 있다.

여기서 우리는 또 하나의 실천 방법을 얻을 수 있다.

당신의 이야기를 다른 사람의 관점에서 써보라. 이전의 실천 방법으로 돌아가서 당신이 그 이야기에 등장하는 다른 인물(일반적으로 경쟁자)의 입장이라고 생각하고 글을 써보라는 것이다. 예를 들어, 당신이 집착하는 이야기가 당신의 회사와 꾸준히 거래하겠다고 약속해놓고 갑자기 거래처를 경쟁사로 바꿔버린 고객에 관한 것이라고 치자. 당신이 그동안 해왔던 이야기는 그 고객이 거짓말쟁이에 얼간이라는 것, 그 거래에 아무 문제가 없다고 상사에게 보고했던 당신을 웃음거리로 만들었다는 것, 그를 그토록 믿었던 당신은 그 일을 겪은 후 스스로 모자라다는 생각을 하게 됐다는 것이다.

그렇다면 이 경우에 당신의 목표는 그 고객이 당신의 회사를 버리고 경쟁사와 거래를 하기까지 무슨 생각을 했을지 그의 관점에서 이야기를 써보는 것이 된다.

이렇게 만들어낸 대안의 이야기를 당신이 꼭 믿을 필요까지는 없으나, 다른 사람의 관점에서 바라보았을 때 믿을 만한 이야기가 되도록 상상하려고 노력해야 한다. 요점은 당신의 입장에서 하는 이야기만이 가능한 버전이 아니라는 사실을 인지하는 것이다. 그러면 과거를 움켜쥐고 있는 당신의 주먹이 느슨해지면서 과거를 흘려보낼 수 있게 될 것이다.

모든 이야기에는 두 가지(또는 그 이상의) 면이 존재한다는 사실을 이해해야 우리는 비로소 변화할 준비가 된다. 우리가 스스로에게 말하고 있는 한 가지 이야기가 한쪽으로 치우쳤을 가능성이 있다는 사실을 인정하면, 그때부터 우리는 다른 가능한 해석에 대해 생각하기 시작한다.

앞으로 나아갈 수 있도록 마음을 다잡으며 우리를 도울 수 있는 인맥을 구축하게 된다. 우리의 손을 잡고 우리 자신보다 우리를 더 잘 돌봐줄 특정한 사람을 찾기 시작하는 것이다. 이것이 우리가 묶여 있는 곳을 벗어나 가고자 하는 곳으로 나아가는 과정의 다음 단계다.

11장

쓴소리를 해줄
멘토 찾기

내가 10장에서 몇몇 인물을 강조했다는 사실을 아마 눈치챘을 것이다. 그중에는 친구도 있고, 가상의 인물인 제프 가드너를 코치했던 찰스도 있으며, 모건스탠리의 존 맥도 있다. 의도적인 강조였다. 덫에서 벗어날 수 있도록 우리를 도와주는 사람이 곁에 없으면 우리는 우리를 유혹하는 덫에서 빠져나올 수 없다. 우리가 불안에 맞설 용기와 마음을 충분히 열고 솔직해질 수 있는 용기를 불어넣어 주는 것은 우리를 돕는 인맥이다.

문제는 성취욕 높은 직장인들은 자존심이 세서 겉보기에 단호한 개인주의자라는 인상을 만들어낸다는 것이다. 이들은 사회화 과정, 리더들이 이들에게 제시한 본보기, 승승장구하며 몸담았던 회사의 문화 등 다양한 요인 때문에 알란 알다Alan Alda(드라마와 코미디 영화에 주로 출연한 미국의 영화배우—옮긴이)보다는 존 웨인John Wayne(서부극과 전쟁 영화에 주로 출연한 미국의 영화배우—옮긴이)이 되어야 한다고 생각한다. 이들은 스스로 강인하고 독립적이어야 한다고 생각하여 어려움을 겪으면서도 누구에게도 도움을 요청하지 못한다. 내 주변에도 불안을 인정했다가는 다른 사람들이 자신을 '나약하다고' 생각할 거라고 믿으며 난처해하는 임원이 여럿 있다.

결과적으로 출세를 향해 맹렬히 돌진하는, 의욕이 넘치는 사람들은 도움이 필요할 때 자신을 도와줄 인맥을 형성하지 못한다. 혼자서 해결하려고 할수록 각자의 덫에 더욱 깊이 빠져든다는 사실을 깨닫지 못하고 어떻게든 혼자 해결하려고 한다. 이들이 친구로 지내며 비밀을 털어놓는 동료를 몇 명쯤 두고 있을지도 모르지만, 그들은 도움을 받기에 적합한 인맥이 아닌 경우가 많다. 의욕이 넘치는 사람들은 대부분 그들이 들어야 하는 대답이 아니라 듣고 싶은 대답을 해주는 사람들에게 비밀을 털어놓기 때문이다.

신념과 가치를 공유할 수 있는 사람을 당신의 사람으로 고르는 것은 자연스러운 일이다. 당신의 기분을 좋게 만들어줄 사람을 막역한 친구로 선택하는 것은 자연스러운 일이다. 그러나 문제는 이러한 사람들은 당신을 변화하게 만들지 않는다는 것이다. 당신이 조언을 얻기에 적절한 사람들로 인맥을 꾸리는 데 도움이 되도록, 내가 어릴 때 포틀랜드에서 야구팀을 어떻게 구성해 놀았는지 들려주겠다.

팀 선정이라는 어려운 결정

어렸을 때 나는 날마다 땡볕 아래 운동장과 길가에서 온갖 스포츠를 즐기며 시간을 보냈다. 포틀랜드 23번가와 스티븐스 가에서 야구를 하던 우리는 경기를 어찌나 진지하게 생각했는지 접전이 벌어지면 보도블록 위에서 슬라이딩까지 할 정도였다. 우리는 늘 주장 선발로 경기를 시작했다. 한쪽 팀 주장이 "수비 팀 주장이 먼저 선수 고르기"라고 외치면, 상대편 아이가 "공격 팀 주장이 두 번째로 고르기"라고 소리쳤다. 그러면 수비 팀 주장은 첫 번째로 팀원을 고를 수 있으므로 물망에 오른 아이들 가운데 누구를 팀원으로 데려올지 먼저 결정해야 한다. 당연히 수비 팀 주장은 가장 잘하는 선수를 선택하고 공격 팀 주장은 두 번째로 잘하는 선수를 고르는 식으로 진행되어 실력이 가장 형편없는 사람은 마지막으로 선택된다.

우리가 팀원을 구성했던 과정을 돌이켜보니, 어쩌면 그렇게 매정했는지 아주 당혹스럽다. 그때도 우리는 승리라는 목표에 집중하고 있었다. 우리는 우리가 팀원으로 뽑는 사람들이 승패를 좌우할 거라는 사실을 알고 있었기 때문에 팀원 선정에 굉장히 무자비했다. 우리는 친구로서 썩 좋아하지는 않지만 타격감이 좋은 친구를 선택하기 위해 가장 친한 친구를 건너뛰었다. 투수가 필요할 때는 기가 막힌 커브볼을 던지는 아이를 선택하려고 공을 잘 던지지 못하는 친구를 무시했다.

요점은, 그때도 우리가 뚜렷한 목적을 가지고 팀을 꾸리는 방법을 알았다는 것이다. 당신이 개인적으로, 그리고 직업적으로 변화하고 성장하고 싶다면 당신에게 도움을 줄 인맥을 구축하는 데 이와 똑같은 실용적인 접근법을 활용하기를 제안한다.

이 장의 전반부에서는 어떻게, 그리고 왜 당신에게 도움이 되는 방식으로 진실을 말해줄 사람을 선택해야 하는지에 중점을 둘 것이다. 그리고 당신만큼, 또는 당신보다 더 많이 당신을 신경 쓰는 동업자, 멘토, 조언자를 어떻게 찾을 수 있는지도 살펴볼 것이다. 후반부에서는 팀원으로부터 받는 진실의 중요성과 그것을 어떻게 활용해야 하는지에 관해 살펴본다.

홀로서기의 두려움

혼자서 무엇이든지 할 수 있는 사람은 아무도 없다. 어디까지 갈 수 있는지 한번 시도해보라. 변화에 관한 모든 데이터는 맞잡을 수 있는 손의 중요성을 강조한다. 변화를 주도하는 사람들에 관한 진 돌턴Gene Dalton의 중대한 연구를 보면, 첫 번째 요소는 변화의 필요성을 느끼는 것이다.[1] 이는 회사의 매니징 파트너가 제프 가드너에게 변화란 다양한 수준의 발전을 위해 반드시 거쳐야 하는 과정이라는 사실을 일깨워주었을 때 제프가 느꼈던 것이기도 하다.

돌턴이 말한 변화의 두 번째 필수 요소는 '믿을 만한 타인'의 존재다. '믿을 만한 타인'이란 코치, 친구, 매니징 파트너, 멘토, 배우자, 동업자, 상담치료사 등 누구든 될 수 있으나, 어려운 시기를 겪고 있는 당신에게 반드시 손을 내밀어줄 사람이어야 한다. 이는 당신이 스스로에게 쏟는 관심보다 더 많은 관심을 당신에게 쏟아줄 믿을 만한 사람을 가려내야 한다는 의미이며, 당신이 가고자 하는 방향으로 나아갈 수 있도록 당신을 밀어줄 팀을 구성해야 한다는 의미다.

그러나 오늘날 대다수 조직의 사람들은 자연스럽게 멘토나 상담자를 찾을 기회가 없다. 당신이 핵심 인력으로 여겨진다 하더라도 이러한 도움이 저절로 '주어질 거라고' 기대해서는 안 된다. 이어질 이야기를 보면 회사에서 이와 같은 프로세스를 얼마나 경시하는지 잘 알 수 있다.

리더십 개발 세미나나 포럼에 진행자로 가면, 나는 참가자들에게 리더나 멘토, 스승으로 생각하는 사람의 이름을 적어보라고 얘기한다. 단 한 가지 기준은 (국가 지도자나 업계의 슈퍼스타와 같은 사람들이 아니라) 그들과 개인적인 관계가 있는 사람이어야 한다는 것이다. 어느 정도 나이가 든 참가자들은 대체로 젊은 사람들보다 더 쉽게 이름을 적어 내려가며 "한 사람 이상 적어도 됩니까?"라고 묻곤 한다. 반면 젊은 참가자들은 시간을 더 달라고 한다.

나이 든 직장인들이 말단부터 차차 승진하던 시절에는 조직의 규모가 한층 작고 서로 친밀했기 때문에 멘토나 리더들과 개인적으로 깊은 관계를 유지하는 경우가 많다. 서로 가족처럼 느끼는 것이다. 회사는 선임자들이 신입사원을 딸이나 아들처럼 대하길 바랐다. 그들에게는 부하 직원이 승승장구하도록 도와줄 책임이 있었다. 여기서 책임은 막연하고 모호한 의미에서의 책임이 아니다. 경영진은 고참 직원들에게 책임지고 부하 직원이 업무를 잘 해나가는 데 필요한 도움을 주기를 기대했다.

멘토링과 교육은 상사에게 요구되는 중요한 기량이었고, 직원들이 회사 생활을 잘 헤쳐 나가면 상사들은 젊은 동료들의 자질을 잘 계발했다고 능력을 인정받았다. 물론 직업적 평가나 인사고과에 반영되는 기량은 아니었다. 대신 부하 직원들이 조직 내에서 성공할 수 있도록 선임들이 잘 이끌고 보살핀다는 의견이 암암리에 퍼졌다. 보살핌을 받은 직원들은 거의 회사를 그만두지 않았는데, 이들에게 회사를 떠난다는 것은 가족을 떠나는 일이나 다름없었기 때문이다. 이직을 어머니나 아버지 같은 사람들을 실망시키는 일이라고 생각했던 것이다.

이런 멘토를 주변에 둠으로써 성취욕이 높은 사람들은 불안에 시달리는 덫에 빠지는 일을 막을 수 있었다. 이들에게는 문제에 맞닥뜨리거나 두려운 마음이 들 때면 언제라도 속마음을 털어놓을 사람이 있었다. 이들에게는 거의 언제나 진심 어리고 정확한 조언을 건네줄 사람이 있었다. 무엇보다 이들에게는 변화의 필요성을 상기시키는 사람이 있었고, 현실에 안주하거나 고집스럽게 그릇된 일을 능숙하게 하려는 자신을 막아서는 존경하는 멘토가 있었다.

충분히 상상할 수 있겠지만, 이러한 길잡이가 없으면 사람들은 덫에 빠져 변화를 받아들이지 못하게 된다. 일상에 집착하여 새로운 시도를 거부하는 것은 안전을 추구하는 하나의 전략이지만, 사실상 이 때문에 우리는 성장하지 못한다. 현명한 멘토라면 이러한 사실을 말해줄 것이다. 그러나 요즘에는 이 같은 멘토를 찾기 어렵다.

당신이 분야에 상관없이 어떤 조직에서 일하고 있는 성취욕 높은 직장인이라면, 과거 당신의 자리에 있던 누군가는 누렸던 지원을 못 받고 있을 가능성이 크다. 만약 당신이 어느 정도 나이가 들었다면(마흔 살 이상이라고 치자), 과거에 당신이 도움을 구했던 사람들이 이제는 은퇴했거나 해고당했을 것이다. 그들이 여전히 주변에 남아 있더라도 이제는 경영진으로부터 부하 직원을 도와주라고 장려받지 못하거나 도와줄 시간이 없을 것이다.

마흔 살 미만이라면 멘토링이라는 형식상의 절차가 쇠퇴했다는 사실을 알고 있을 것이다. 많은 젊은 직장인은 자유인이라는 용어를 사용하여 자신과 상사, 자신과 조직 간의 친밀함이 부족한 현상을 묘사한다. 이들은 출근 첫날부터 이러한 느낌을 받는 경우가 허다하며, 일을 더 큰 집단을 향한 헌신이라기보다 계약의 완수로 규정하는 경우가 많다.

어쩌면 자연스러운 일일 수도 있다. 선임자들이 더는 멘토링에 관심을 두지 않아서가 아니라 해야 할 업무가 증가하면서 부하 직원들에게 신경 쓸 시간과 에너지를 빼앗겼기 때문이다. 베테랑 관리자들은 단순 영업에 교차 판매 영업까지 해야 하고, 조직에서 요구하는 수많은 의무를 다해야 하며, 현재 담당하고 있는 고객 관리도 훌륭하게 해내야 한다는 엄청난 압박감에 시달린다.

그들에게 다른 직원들의 멘토링을 해달라고 부탁한다면 한두 사람이 아니라 보통 다섯 사람 혹은 열 사람의 멘토가 되어달라는 이야기다. 그러면 이들은 난처해하며 마지못해 멘토링을 하는 시늉만 하게 된다. 분기별로 무의미한 점심 식사 약속을 잡고, 진짜 일로 돌아가기 위해 서둘러 식사를 해치우는 식이다. 심지어 이들은 멘토링 상대에게 길잡이가 되어주라는 업무가 기회가 아니라 부담스러운 짐이라고 무심코 그들에게 말해버리기도 한다.

먼저 손을 내밀면, 마법처럼 이루어질 것이다

절친한 친구나 부모, 형 또는 누나가 없는 삶을 상상해보라. 당신이 신뢰하고 존경할 수 있는 사람, 당신에게 조언을 주고 지혜를 나누어줄 사람이 없다고 상상해보라는 말이다. 옆에서 힘이 되어주는 사람 없이 이혼과 질병 등 인생의 험로를 걷는다고 상상해보라.

이야기를 주고받을 이런 사람들이 없다면 우리는 갈피를 잡지 못하고 헤매게 될 것이다. 또 인생의 다양한 덫에 빠질 것이다. 이혼한 배우자와 비슷한 부류의 사람과 재혼하게 될 것이고, 부정적인 상황에서 벗어나기 위해 술이나 약물에 의지할 것이며, 멍하니 앉아 텔레비전을 보느라 의미 있는 일에 시간을 쏟지 못할 것이다.

직장에서도 신입사원들의 성공에 투자하려는 경험 많은 선배 또는 신뢰할 만한 '상관'이 없으면 그들에게도 같은 상황이 벌어진다. 이 직원들에게는 객관적 견지에서 이들의 말을 들어주고, 사실을 말해주고, 자신의 경험에 비추어 도움을 줄 길잡이가 필요하다. 다음에 이어질 두 가지 예시를 살펴보면서, 이런 사람들이 의욕 넘치는 직장인에게 얼마나 소중한 존재인지 생각해보라.

일류 로펌의 매니징 파트너인 실라는 사회생활을 시작한 지 얼마 되지 않아 멘토에게 얼마나 큰 도움을 받았는지 과거를 회상했다.

내가 난관에 부딪쳤을 때 존은 내게 다가와 언젠가는 내가 회사를 이끌어갈 날이 올 거라고 했다. 나를 향한 그의 확신이 내가 나를 믿는 마음보다 훨씬 크다고도 했다. 사회생활 초창기에 나눈 이 한 번의 대화가 내게는 마치 쏟아지는 유성우와도 같았다. 폭발하는 아드레날린 때문에 마치 하늘을 나는 것 같았다. 내가 회사를 운영한 지 10년이 흐른 지금까지도 그때의 대화가 여전히 내 안에 자리하고 있다. 그리고 존이 세상을 떠났을 때 나는 우리 부모님의 장례식을 치를 때만큼이나 큰 충격을 받았다. 그때 받은 상처가 이제는 다 아물었는지 아직도 잘 모르겠다. 존은 나를 더 나은 변호사로 만들어주었다. 내가 가장 암울했던 시기에도 나를 믿어주었다. 내가 그를 어떻게 잊을 수 있을까?

앤드루는 대학교 총장이었고, 제이슨은 같은 주의 경쟁 교육기관에서 조교수로 사회생활을 막 시작하는 단계에 있었다. 제이슨은 MIT에서 박사 후 연구 과정을 막 끝마치고 아내와 두 딸을 부양하는 상황이었다. 학기가 시작하는 9월이 되기 몇 주 전에 그에게 공황장애가 찾아왔다. 깜짝 놀란 그는 이렇게 심장이 사정없이 뛰다가는 곧 죽겠다고 확신했다. 제이슨은 자신이 앞으로 가야 할 길이 너무 고되고 자신을 향한 사람들의 기대감이 너무 높다고 느꼈다. 그러자 그의 몸이 이런 식으로 반응하기 시작했던 것이다.

앤드루는 이 젊은 교수에게 다가가 그 역시 초창기에 극심한 스트레스를 경험한 적이 있다고 얘기했다. 제이슨에게 도움의 손길을 내밀기 위해 총장으로서의 임무를 잠시 내려놓은 것이다. 앤드루는 느닷없이 제이슨에게 전화를 걸기도 하고, 대학 농구 경기를 보러 가자고 초대하기도 했다. 학교에서 초청한 특별 연사의 강연을 들으러 가자고 제안하기도 했다. 제이슨의 경력이 쌓일 즈음 앤드루는 고위 임원진 개선 및 조직 재구성에 도움을 달라고 부탁했다. 제이슨이 스물아홉 살 때부터 학과장이 된 지금까지 앤드루는 같은 자리에서 개인적인 조언과 직업적인 조언을 아끼지 않았다. 그는 말하기보다는 경청을 더 많이 하는 사람이었다. 무엇보다 제이슨은 앤드루가 항상 곁에 있다는 사실을 알고 있었다.

먼저 손을 내밀어준 사람이 있었던 실라나 제이슨의 경험과는 달리 당신이 더욱 진취적으로 도움을 요청해야 할 수도 있다. 그러나 분명 당신의 직장에도 존이나 앤드루처럼 당신에게 도움을 주고 싶어하는 이들이 있다.

우리는 경영진이 우리에게 멘토링을 해주는 일에는 관심이 없다고 생각하거나, 속마음을 터놓고 대화를 나누고 싶다고 선배들을 귀찮게 하기에는 그들이 너무 바쁘고 중요한 일을 하고 있다고 생각할 때가 많다. 우리는 나약하거나 지나치게 감정적인 사람으로 보일 수 있으므로 고위 임원에게 마음을 터놓고 솔직하게 얘기할 수 없을 거라고 생각한다. 사실 대다수 관리자는 직원들이 도움을 구하길 바란다. 이런 역할을 맡고 싫지 않다는 듯이 행동하거나 말하더라도 사실 상당수는 이를 바라고 있다.

물론 문제는 시간이다. 대부분 상사는 해야 할 일이 산더미처럼 많은 탓에 멘토링까지 더해지면 업무가 과부하라고 느낄 수 있다. 그렇기 때문에 당신이 그들에게 적절하지 않은 시간에 조언을 구하면 퉁명스러운 대답이 돌아올 수 있다. 비결은 상사가 하루 일과 중에 언제 휴식을 취하는지, 언제 가장 편안해 보이는지를 파악하는 것이다. 그때가 바로 그들이 멘토링을 열린 마음으로 받아들일 수 있는 시간이다.

사람들은 수년간 직장 생활을 하며 지혜와 경험을 쌓으면, 자신이 배운 것을 다른 이들과 공유하고 싶어한다. 다른 사람들이 승승장구할 수 있도록 도와주고 싶어한다. 사실, 우리가 이력서를 화려하게 꾸미려고 집중할 때가 아니라 다른 사람의 발전을 도우려고 신경 쓰는 시점까지 성숙해질 때, 우리 인생의 결정적인 순간이 슬그머니 다가온다.

그러니 당신에게 도움의 손길을 내밀어 줄 사람을 찾아보라. 생각했던 것과 달리 그 또는 그녀가 당신의 요청을 영광스럽게 여기며, 의욕 넘치는 직장인 대부분이 의식도 하지 못한 채 걸려드는 덫으로부터 당신을 멀리 떨어뜨릴 수 있는 조언을 주는 것은 물론 당신의 말을 마치 자신의 일처럼 잘 들어줄 것이다.

자문위원회가 되어줄 드림팀을 찾아라

큰딸이 열세 살이 되도록 나는 왜 딸에게 더 나은 아버지가 되기 위해 할 수 있는 세 가지 일이 무엇이냐고 묻지 않았을까? 가장 예리한 관찰자가 무슨 생각을 하고 있는지 듣기까지 왜 이렇게 오랜 시간을 기다렸을까?

한번은, 내가 리더들을 모아놓고 자녀들에게 피드백을 구해보라고 얘기하자 일제히 멍한 표정으로 나를 바라보았다. 그들은 실제로 자리를 잡고 앉아서 그들과 가까운 이들에게 자신이 더 나아지려면 어떻게 해야 하겠느냐고, 또는 무엇을 더 많이 하고 무엇을 덜 해야 하겠느냐고 물어볼 생각을 해본 적이 없었던 것이다.

대부분은 어떤 피드백이 돌아올지 걱정하기 때문에 그렇다. 그들은 사랑하는 이들이 자신의 모든 결점을 고통스러울 정도로 세세히 늘어놓을지도 모른다는 최악의 시나리오를 떠올린다. 그러나 내 제안을 따른 사람들은 자녀들의 대답을 듣고 깜짝 놀란다. 어린아이들이라면 틀림없이 부모님과 더 많이 시간을 보내고 싶다거나 책을 더 많이 읽어달라거나 장난감 놀이를 하자고 말할 것이다. 전혀 불가능한 일이 아니다. 그럼에도 우리는 무슨 말을 듣게 될지 두려워 애초에 물어보지도 않는다. 이런 상황은 다른 중요한 사람들, 친구, 형제들에게도 똑같이 적용된다. 우리는 그들이 우리를 어떻게 생각하고 있는지 이미 다 알고 있다고 생각한다. 우리 머릿속에서 상상하기 때문이다. 그들이 우리를 어떻게 볼지 머릿속으로 상상하면 그 상상은 곧 현실이 된다. 그러나 우리를 바라보는 그들의 진정한 시선과는 동떨어진 모습일 때가 대부분이다. 솔직하게 대화를 하지 않으면 그들의 진실한 생각을 알 수 없다.

다른 사람의 생각에 대한 당신의 선입견 때문에 당신의 자문위원회가 되어줄 팀원을 뽑지 못하는 우를 범하지 말라. 직장 사람이든 친구든 가족이든 누가 됐든 간에, 그들이 할지 안 할지 모르는 말에 지레 겁부터 먹지 말고 그들이 실제로 꺼낼 이야기의 가치에 집중하라.

직장에서 마음이 맞는 사람들을 골라라. 당신과 똑같은 생각을 하며, 당신이 무엇을 하든 무조건적으로 지지해줄 것 같은 사람들을 고르라는 뜻이 아니다. 내가 말하는 마음이 맞는 사람이란 '예스맨'이 아니다. 그보다는 당신과 생각이나 가치관이 일치하고, 당신에게 솔직한 조언을 해줄 거라고 믿을 수 있는 사람이다. 마음이 맞는 사람들을 찾았다면 그 중 한두 사람을 선택해 당신의 일상 패턴을 관찰해달라고 부탁하라. 반드시 다음과 같은 자질을 갖춘 사람들을 선택해야 한다.

- 솔직하고 명확하게 대화할 수 있는 능력
- 공감 능력
- 사람들이 왜 그렇게 행동하는지 파악할 수 있는 분별력
- 가치와 목표의 공유(당신과 비슷한 시각으로 업무를 바라본다)

당신이 선택한 동료는 상사일 수도, 부하 직원일 수도, 동료일 수도 있다. 보통은 자신보다 경력과 나이가 더 많은(그리고 이론적으로 더욱 현명한) 이들을 택하지만, 그들 외에 조직 내의 다른 사람들이 더 좋은 피드

백을 줄지도 모른다.

다음은 선택한 사람들에게 도움을 요청하고 피드백을 받는 과정에 관한 조언이다.

1. 당신이 선택한 사람들 가운데 한두 사람에게 다가가 당신의 조언자가 되어줄 의향이 있는지 물어보라. 그들이 당신에게 거짓 없이 이야기하고, 피드백을 주고, 당신의 어떤 사정도 봐주지 않고 솔직하게 대화에 참여해주길 바란다고 설명하라. 그들이 당신의 코치이자 막역한 친구가 되어주면 좋겠다고 제안하라.

2. 정기적으로 약속을 정해 만나라. 일주일에 한 번도 좋고 한 달에 한 번도 좋다. 중요한 것은 드문드문(아예 안 만나는 것은 아니지만) 만나기보다는 주기적으로 만날 수 있도록 약속을 정하는 것이다.

3. 멘토 또한 이 관계에서 뭔가를 얻어 갈 수 있도록 이 관계를 어떻게 구축해나갈지 고민해보라. 상호적으로 관계를 구축해나가는 것을 두려워하거나 피하지 말라.

4. 이들과 만날 때 기탄없이 이야기하라. 동료들과 나누는 대부분의 대화와 달리 이들과의 대화는 잔인할 정도로 솔직해야 한다. 당신의 감정을 숨기거나 어떤 일을 긍정적으로 들리도록 돌려 말하지 않아도 된다. 가면을 벗어던지고 당신의 생각과 감정을 드러내지 않는 한, 이 전략은 통하지 않는다.

5. 조언자에게도 똑같이 솔직한 태도로 임해달라고 요구하라. 그들이 당신의 감정을 상하게 하고 싶어하지 않을 수 있다. 솔직하게 얘기했

다가 당신이 화가 날까봐 걱정할 수도 있다. 그러므로 그들에게 솔직하게 말해달라고, 무슨 말을 듣든 나쁘게 보지 않겠다고 거듭하여 말해야 한다.

6. 이들과의 대화를 되돌아보라. 이야기를 듣는 순간에는 모든 내용을 완전하게 정리할 수 없다. 따로 시간을 잡아라. 혼자 있을 수 있고, 어떤 일에도 떠밀리지 않는 시간이 이상적이다. 상대방에게 들은 말을 그 시간에 곱씹어보라. 대화를 되돌아보면, 당신이 들은 메시지의 영향력을 완전히 받아들여 이를 어떻게 처리할지 생각할 수 있다.

앞에서 언급한 네 가지 자질을 갖춘 '외부' 사람들을 찾아 인맥을 넓혀라. (만약 있다면) 배우자나 연인과 같은 중요한 상대를 선택하되, 비밀을 털어놓을 상대로 오로지 그 한 사람에게만 의존하지 말라. 당신의 동반자는 오랜 상담치료사 역할을 할 수 있을 뿐이다. 자신에게 약점이 있다는 사실을 알지만 그것이 무엇인지 모르기 때문에 이를 지적해줄 사람이 필요하다고 생각한다면, 코치 또는 전문 상담사를 선택하라. 당신이 흰 것을 검다고, 검은 것을 희다고 우길 때 지적해줄 만한 믿을 수 있는 친구 두세 명을 선택하라.

무엇보다 당신이 듣고 싶은 말을 해주지 않을 사람을 선택하라. 앞서 살펴봤듯이 성취욕이 높은 직장인들은 자존심이 강해서 비판에 민감하다. 그렇기 때문에 당신은 당신에게 속마음을 진정으로 털어놓지 않을 사람들 위주로 고르며, 당신에게 유리한 쪽으로 속임수를 쓸지도 모른다. 당신은 그들이 솔직해지려 노력했다고 합리화할지 모르지만, 속으로는 그들이 대부분 긍정적인 말과 듣기 좋은 말을 하며 당신의 자존심을 지켜주리란 사실을 이미 알고 있다.

내가 가르쳤던 학생에게 받은 이메일이 생각난다. 메일을 확인해보니 그 학생은 내가 마지막 수업 시간에 했던 말을 기억하고 있었다.

"들롱 교수님, 우리가 대인 관계에서나 사회적으로나 원하는 시기에 원하는 사람에게서만, 받고 싶은 내용의 피드백이나 정보를 얻으려고 주변 환경을 조작하는 데 굉장히 능하다고 저희에게 말씀하셨던 것 기억하시나요? 세상에, 정말이었어요! 제가 늘 그러고 있다는 걸 알았어요. 특히 제 관점을 잃어갈 때요!"

우리는 특정한 대답을 듣고 싶을 때 누구에게 전화를 해야 할지 정확하게 알고 있다. 우리가 낙담해 있을 때 머릿속에 떠오르는 사람이 우리에게 어떤 말을 해줄지 예측할 수 있다. 정상적인 행동이지만, 이런 행동은 당신으로 하여금 불안과 두려움의 영역을 벗어나 변화가 일어날 수 있는 취약함의 영역으로 용기 내어 나아가지 못하게 한다.

'안전한' 상대를 선택하려는 충동은 아주 강력하여 심지어 우리가 지금 무슨 행동을 하고 있는지 알아차리지 못할 수도 있다. 마음 깊숙한 곳에서, 만약 누군가가 내 이야기를 하는데 그 말이 듣기 좋은 소리가 아니면 어떡하나 하고 걱정한다. 그랬다가는 우리가 바라보았던 자아상이 산산이 부서질 수도 있다. 우리가 다른 사람에게 영향력이 있는지, 얼마나 의미 있는 사람인지 의문이 생길 수도 있다. 그들이 우리를 보고 스스로를 지나치게 과대평가하는 사람이라고 생각하거나 힘 있는 관리자가 아니라고 생각한다면, 우리가 회사에 기여하는 정도가 생각보다 훨씬

적을 가능성이 있다.

그럼에도 솔직한 대화에는 굉장히 긍정적인 면이 있다. 솔직한 대화를 하면 우리의 삶이 목적과 의미를 지니고 있는지 돌아볼 수 있다. 더 중요한 것은 우리에게 무엇이 의미 있고, 어떻게 기여할 수 있을지에 대해 전에는 상상하지 못했던 방식으로 집중하게 된다.

우리는 수줍음이 많은 팀원의 강점을 발굴해 내는 능력이 대단한 기여라고 생각해본 적이 없다. 아이디어 공유를 꺼리는 직원들을 기다려주고 그들의 마음을 꿰뚫어보는 일로 존경받을 수 있다고 생각해본 적이 없다. 이러한 것들을 기꺼이 말해주려는 사람이 곁에 없으면 우리는 이런 사실을 끝내 알 길이 없다. 솔직한 대화에는 부정적인 면만 있는 것이 아니라 긍정적인 면도 있다. 솔직하게 말하는 사람들로 이루어진 인맥을 구축하면 조직 내에서 우리가 어떤 사람인지 더욱 잘 이해할 수 있다.

이런 대화가 없으면 우리는 그 순간을 감당할 수 있도록 도와주는 우리만의 환상(맞는 것도 일부 있으나 대부분은 틀리다)을 만들어낸다. 우리는 그런 환상으로 그럭저럭 버티는 것이다. 그리고 이와 같은 자기기만의 과정은 시간이 지날수록 일정한 패턴을 만들어낸다.

다른 사람들은 우리가 스스로 생각하는 부류의 사람이 아니라는 사실을 깨닫게 될 것이다. 그렇게 그들이 우리의 진정한 정체성을 알게 되면 어느 순간 큰코다치는 일이 생긴다. 자신은 남들에게 지혜를 베푸는 상냥한 사람이라고 생각하고 있다가 동료들이 전혀 다르게 평가하고 있다는 사실을 알게 되면 우리는 충격에 빠진다. 그 순간이 오기까지 우리는 과거의 역사와 행동을 기반으로 스스로 만들어낸 이야기를 믿을 것이다.

그만두고 유지하고 시작할 것들

대학원 시절에 당시 브리검영대학교Brigham Young University의 심리학 교수였던 필 대니얼스Phil Daniels가 우리에게 SKS 형식이라는 피드백 메커니즘을 소개했다. 피드백 메커니즘이란 교사, 친구, 배우자, 아버지, 어머니 등 우리에게 주어진 특정한 역할을 고려했을 때 우리가 무엇을 그만둬야Stop 할지, 유지해야Keep 할지, 시작해야Start 할지를 다른 사람들에게 묻는 과정이다. 항목마다 세 개의 큰 점이 찍힌 칸이 그려진 종이를 사람들에게 나눠 주며 빈칸을 채워달라고 부탁하면 된다.

결국 나는 월스트리트의 인사고과뿐 아니라 대학교의 교직원 평가에도 SKS 과정을 도입했다. 그리고 SKS 과정이 그들뿐 아니라 내게도 자신이 그린 자아상이라는 환상 속에서 살지 않도록 도움이 된다는 사실을 깨달았다. 우리가 무엇을 그만두고, 유지하고, 시작해야 할지 명확하게 알면 우리의 생각을 환상이 아닌 현실에 묶어둘 수 있다.

당신을 지지하는 사람들에게 SKS 과정에 대해 이야기하고, 정기적으로 SKS를 작성해달라고 요청하라. 그리고 그들이 작성해준 목록에 책임을 지도록 하라. 간단하지만 매우 효과적인 방법이다. 우리는 (예를 들어) 더는 좀스러운 관리자처럼 굴지 말자고 마음속으로 다짐하지만, 일상적으로 일어나는 일을 겪다 보면 그 다짐을 잊게 마련이다. 당신을 지지하는 사람들에게 세 가지 질문을 던짐으로써 매우 귀중한 피드백을 얻을 수 있다. 세 가지 질문은 다음과 같다.

1. 내가 그만둬야 할 것은 무엇인가?
2. 내가 유지해야 할 것은 무엇인가?
3. 내가 시작해야 할 것은 무엇인가?

SKS는 자신의 태도와 행동에 대해 다른 사람들의 의견을 구하지 않으려는 우리의 성향을 바꿔놓기도 한다. 스스로 최악이라고 느낄 때면 다른 이의 피드백을 구하지 않는다. 알고 싶지 않기 때문이다. 이미 충분히 힘들기 때문에 상황을 더 힘들게 만들 사람은 필요 없다는 핑계를 댄다. 이러한 논리는 다른 사람에게 도움을 구할 필요가 없다고 생각하는 악순환을 만들어낸다. 타인의 입에서 나오는 고통스러운 진실을 듣지 않으면 그것을 사실이라고 인정할 필요도 없다. SKS 과정은 우리가 스스로를 향해 품고 있는 환상을 깨뜨린다. 우리가 무엇을 잘하고 있는지, 그리고 무엇을 잘못하고 있는지를 이미 직감적으로 알고 있기 때문에 사실 피드백을 받더라도 놀랄 일은 거의 없다. 단지 SKS 접근법은 그러한 문제를 수면 위로 끌어올려 우리로 하여금 문제에 직면하게 하는 것이다. 당신을 지지하는 사람들에게 SKS를 작성해달라고 요청할 때, 다음의 항목을 활용하면 당신을 그릇된 일을 능숙하게 하는 영역에 머물게하는 행동이 무엇인지, 반면 당신을 올바른 일을 미숙하게 하는 영역으로 나아가게 하는 행동이 무엇인지 파악하는 데 도움이 된다.

그만둬야 할 것, S

• 당신이 기술 또는 강점이라고 생각했던 점을 그만둬야 한다는 말을

들었는가?

- 이 행동을 그만두면 치명적인 결과가 발생할 거라는 것이 당신의 첫 반응이었는가?

- 깊이 생각해보니, 당신이 판에 박힌 일상에 빠져 있었을 가능성이 있는가? 한 가지 일을 그만두면 다른 일을 새롭게 시도할 기회가 생길 수도 있겠는가?

유지해야 할 것, K

- 사람들이 당신이 더 많이 해야 한다고 느끼는 것 가운데 당신이 잘하고 있는 일이 있는가?

- 어떤 이유에서 특정 행동이나 기술을 꺼린 적이 있는가?

- '유지해야 할 일'을 앞으로 더 많이 하면 어떤 일이 생기겠는가? 직장 생활의 효율성이나 만족감에 어떤 영향을 미치겠는가?

시작해야 할 것, S

- 사람들이 당신에게 낯설거나 두려운 일을 해보라고 추천하는가?

- 당신이 초조해하는 까닭이 무엇인가? 당신이 무엇을 하고 있는지 모르는 것처럼 보이게 될까봐 두려워서인가?

- 사람들이 당신에게 이와 같은 새로운 일을 시도해보라고 권유하는 까닭이 무엇인가? 그들은 당신과 당신의 조직에 어떤 이익이 생길 거라고 생각했는가?

타이밍이 전부다

의욕 넘치는 직장인들은 주기적이고 즉각적으로 지원을 받아야 한다. 안타깝게도 성취욕이 높은 사람들은 대부분 지원을 직장생활 중 단 한 번쯤 받아야 하는 것으로 생각한다. 위기 상황에 받는 지원은 물론 유용할 수 있으나, 그러한 지원을 주기적으로 받는다면 불안의 덫에서 벗어나 자신의 취약함을 인정하고 변화해나갈 용기를 얻는 데 훨씬 더 도움이 된다.

이와 비슷하게 특정한 일이 생기고 나서 며칠 혹은 몇 주 후에 지원을 구하는 것도 괜찮지만, 문제되는 일이 발생하고 최대한 빠른 시일 내에 지원을 얻는 편이 새로운 정보로 신선한 관점과 더욱 생산적인 행동을 불러올 가능성을 높인다.

주기적으로 지원을 받아야 할 필요성을 시작으로 두 가지 상황을 조금 더 자세히 살펴보자.

자주 지원 요청을 하라

상사와 부하 직원 간에 제약 없이 솔직하게 대화를 나누는 시간을 갖는 회사도 간혹 있지만, 대개 그런 일은 연말에 딱 한 번뿐이다. 빈번하게 일상적으로 하지 않고 연말에만 이런 시간을 갖는 것은 기대치를 충족하지 못하는 이벤트가 되고 만다. 무엇보다 아홉 달 전에 있었던 일을 보고하는 것은 아무 이익도 없다.

만약 12월에 내가 젊은 교수를 불러놓고, 지난 5월에 그 교수의 수업 시간에 있었던 일로 학생들 여럿이 불만을 제기했다고 얘기한다면 그는 아마 분노 섞인 반응을 보일 것이다. 그는 '지난 학기에 있었던 일을 왜 그때 말해주지 않은 거지?'라고 생각하게 된다. 그러면서 관계의 본질에 의문을 제기하기 시작하며, 자기가 모르는 또 다른 일이나 피드백이 있는지 궁금해한다.

이 같은 의심에 뒤이어, 그리고 분노에 힘입어 그는 사실이 아닐 가능성이 많은 이야기를 스스로 만들어낸다. 그는 내가 이런 정보를 건네준 데는 다른 목적이 있는 거라고, 그의 영향력을 내가 질투했다거나 불안한 마음에 자신을 속이려 한 거라고 생각할 수 있다. 그렇게 생각하면 그는 현실을 직시할 필요가 없어진다.

연말에만 대화를 하면 대화 주제가 최근 두 달 동안 있었던 일로 치우친다는 것도 문제다. 1년 중 대부분의 기간은 고려 대상에서 제외되고, 최근의 사건과 성과에만 치중하게 된다.

또 연 1회의 대화 이후에 후속 조치가 거의 없다는 것도 문제다. 사람들은 그때 받은 피드백이 자신의 경력에 어떤 영향을 미칠지, 앞으로 회사에서 그들이 설 자리가 있을지, 그들과 그들의 경력을 진지하게 고민해주는 멘토가 주변에 있는지 따위를 그저 짐작해야 한다.

이러한 문제를 피하려면 주도적으로 나서서 주기적이고 일상적으로 피드백을 구해야 한다. 궁금하거나 걱정되는 일이 있으면 연말까지 오랜 기간 쌓아두지 말라. 이를 실천하다 보면 조언과 아이디어를 조금씩 꾸준히 흡수하는 편이 소화하기에 더 수월하다는 사실을 깨닫게 될 것이다. 사람들이 당신에게 특정한 행동을 그만둬야 한다는 말을 한 번 이상, 다른 상황에서 전달한다면 그들이 말하고자 하는 바가 당신에게 충분히 전달될 것이고, 그러면 당신이 그 조언을 받아들여 실행에 옮길 가능성이 커진다.

되도록 지원 요청을 빨리 하라

문제나 걱정거리가 생기면 48시간 이내에 피드백을 받도록 노력해야한다. 48시간의 법칙을 실천하면 연말이든 다른 때든 중요한 대화를 나눌 때 놀랄 일이 없다. 모든 일은 발생한 지 얼마 되지 않아서 사람들 입에 오르내린다. 상사나 멘토, 배우자 등을 '즉각적으로 솔직하게' 말해줄 수 있는 인맥으로 붙들어둬야 한다. 48시간 접근법은 부정적인 피드백의 혹독함을 한결 완화하고 피드백을 통해 배워나가는 데 필요한 감정적 여유를 준다. 사람들은 누구나 힘든 상황이나 충격적인 사건을 겪으면 곧장 타인에게 얘기하고 싶어지기 마련이다.

그 일 때문에 마음이 불편하고, 수만 가지 의문이 생기며, 무슨 일이 일어났는지 머릿속에 너무 뚜렷하게 남아 당장은 쉽게 잊히지 않는다. 당시에는 당신이 어떻게 다르게 행동할 수 있었을지, 어떻게 더 잘 대처할 수 있었을지 간절히 알고 싶기 때문에 건설적인 비평을 기꺼이 받아들일 준비가 되어 있는 것이다.

만약 똑같은 대화를, 당신을 도와주는 사람들과 몇 주 또는 몇 달 후에 나눈다면, 당신은 그 일을 더는 중요하게 여기지 않을 것이므로 부정적인 피드백을 듣고 싶지 않을 것이다. 이제 다른 문제로 관심사가 넘어간 당신은 전처럼 상대방의 말을 열린 태도로 듣지 않는다.

피드백을 기다리지 말고 먼저 구하라

믿을 수 있는 동료들과 '외부인'들로 구성된 인맥을 구축했다면, 이제 자신의 취약성을 인정하고 행동 패턴을 변화시키기 위해 배운 점을 활용하기가 한결 수월해질 것이다. 어느 날, 나와 함께 강의 커리큘럼을 짜던 임원 코치 제프리 커가 내게 물었다.

"가장 최근에 자네 의견에 사람들이 자유롭게 이의를 제기할 수 있는 분위기를 만든 게 언제였나?"

물론 나는 주변 사람들이 어느 때나 내 의견에 이의를 제기할 수 있도록 편안한 분위기를 만드는 사람이라고 생각하고 싶었다. 그러나 어쩌면 나는 입으로만 그럴듯한 말을 하는 사람일지도 모른다. 내 주변에 있는 사람들은 내 의견에 쉽게 반대할 수 있다고 생각하지 않을지 모른다. 어쩌면 지금은 내가 신뢰하는 조언자 인맥을 구축하고 이런 문제를 제기해야 할 때일지도 모르겠다.

날 당황스럽게 한 커의 질문을 듣고 나니, 오래전 MIT슬론경영대학원에서 내 멘토였던 에드거 샤인과 나눈 대화가 떠올랐다. 샤인이 내게 말하길, 수년간 겪어보니 묻지도 않은 조언이나 피드백을 주는 건 쓸모가 없으며 조언을 해도 아무런 효과가 없다는 것이다. 오히려 상황이 더 악화된다고 했다. 조언을 듣는 상대방은 그저 방어적인 태도를 취하게 될 뿐이니 사람들이 편하게 피드백을 구할 수 있는 분위기를 만들어야 한다고 내게 충고했다.

믿을 만한 조언자들은 우리가 우리 눈에만 보이는 현실에 갇히지 않도록 도와준다. 그리고 우리가 두려워하지 않고 의지할 수 있는 수단이 되어준다. 우리가 그들에게 도움을 청할 만큼 그들을 충분히 편하게 느끼는 것이다. 우리가 스트레스를 받고 있거나 어떤 일로 어려움을 겪고 있을 때는 특히 더 그렇다.

그때가 바로 우리가 회사에서 또는 관리자로서 어떤 사람인지에 관해 스스로 만들어낸 '현실'로 후퇴하게 되는 순간이다. 그때가 바로 우리가 가장 비생산적이거나 전혀 도움이 되지 않는 행동에 집착하게 되는 순간이다. 그럴 때 신뢰할 만한 조언자들이 곁에 있으면, 우리는 그들에게 이런 상황을 의논할 수 있다. 그들은 우리를 현실로 돌아가게 할 수 있으며, 우리가 어떤 행동을 하고 있는지 볼 수 있게 도울 수 있다. 이것이 바로 우리가 두려움을 극복하고 취약해질 용기, 배울 용기, 변화할 용기를 얻을 수 있는 방법이다.

목적이 분명하고 조언을 구할 인맥을 갖췄다면, 당신은 이미 변화로 가는 길목에 서 있는 것이다. 다음 장에서는 이 길을 걸어가면서 거쳐야 할 단계들이 겉보기에는 무서워 보이지만 사실 생각만큼 어렵지 않은 까닭을 살펴보려 한다.

12장

행동해야 할 때,
눈 깜빡거리지 않기

눈을 깜빡거리면, 우유부단해지고 자신이 없어지고 소극적인 사람이 된다. 성취욕 높은 직장인들이 불안을 낳는 덫에 빠지면 생각은 너무 많이 하는 반면 행동을 너무 안 하는 경향이 있다. 달리 말해 이들은 새로운 시도를 하지 않거나, 혁신적인 접근을 피하거나, 스스로에게 했던 약속을 지키지 않기로 마음먹을 것이다.

눈을 깜빡거린다는 것은 미지의 것에 대한 두려움 때문에 망설이는 것, 그리고 과거의 행동에 의지하는 것을 의미한다. 눈을 깜빡거린다는 것은 과거에 매달리는 것, 그리고 과거의 행동과 사고방식에서 벗어나지 못하게 하는 이야기에 매달리는 것을 의미한다. 본질적으로 눈을 깜빡거린다는 것은 마음속 깊은 곳에서는 방아쇠를 당겨야 한다는 사실을 알면서도 그러길 거부하는 것을 의미한다.

눈을 깜빡거리는 데는 전혀 오랜 시간이 걸리지 않는다. 사람들이 자신의 노력을 파괴하는 데 걸리는 시간도 눈을 깜빡거리는 데 걸리는 시간만큼이나 짧다. 모든 분야의 전문가들은 순간적인 의심과 불확실성에 사로잡힌 탓에 행동하지 않는다. 저항하라는 또렷한 메시지를 듣는 것이다. 그리고 자신을 옴짝달싹 못하게 가두는 이러한 믿음을 꾸준히 고수한다.

그렇다고 내가 위험성 평가도 없이 모든 사람이 어떤 기회가 되었든 뛰어들어야 한다고 주장하는 것은 아니다. 성공을 향해 날아오르는 것은 앞뒤 가리지 않고 무작정 날아오르는 것과는 다르다. 준비가 되어 있고, 시간을 들여 충분히 돌아본 다음, 자신의 취약함을 인정하고 용기를 내는 것이 더 나은 대안이라고 마음먹은 사람들만이 성공을 향해 날아오를 수 있다.

단지 나는 이 글을 통해, 의욕 넘치는 사람들 모두가 저마다 결단성 있게 행동해야 할 때가 있다는 말을 하고 싶은 것이다. 불안과 위험을 수반해야 할지도 모르는 상황에 맞설 준비를 해야 한다. 그런 상황에 맞닥뜨리면, 그럼에도 옳은 일이라는 확신을 가지고 전진해야 한다. 눈을 깜빡거리지 않을 용기는 해낼 수 있다는 믿음을 기반으로 내면에서부터 솟아나는 것이다.

어떻게 해야 눈을 깜빡거리지 않는 태도를 얻을 수 있을까? 이를 숙달하여 유리하게 활용한 사람들의 예를 몇 가지 살펴보자.

릭 코언은 눈을 두 번 깜빡거리지 않았다

현재 미국 7위 규모의 비상장기업인 C&S홀세일그로서스 C&S Wholesale Grocers의 CEO 릭 코언은 대학 졸업생이던 스물여덟 살 때, 매사추세츠 우스터에서 가족이 경영하는 식료품 도매업체의 관리자로 일하고 있었다. 회사는 큰 문제를 겪고 있었다. 홍수로 상품이 대부분 망가진 데다가 거듭해서 노조와 부딪히고 있었기 때문이다.

코언의 아버지 레스터는 어느 날 하역장에 있던 아들을 찾아가 회사를 물려받아 경영을 해달라고 요청했다. 65년 가족의 역사가 흔들리는 위태로운 상황의 가족회사를 바라보는 스물여덟 살 젊은이가 거기서 무슨 대답을 할 수 있었을까? 분명 1912년 회사를 창업한 할아버지 이스라엘을 떠올렸을 것이다. 두렵기도 하고 미래도 불투명하지만 회사를 맡는 것이 옳다는 것도 알고 있었다. 그는 그러겠다고 대답했다.

코언은 회사를 버몬트로 이전하기로 결정했다. 위험 요소도 있고, 성공 가능성도 있는 굉장히 대담한 결정이었다. 노조의 세력이 그렇게 크지 않은 자유주Free state(남북전쟁 당시 노예제를 반대했던 주—옮긴이)로 이전을 결정하며 회사의 운명을 걸었던 것이다. 주 정부의 규제와 세금이 숨통을 조이지 않는다는 것도 한 가지 이유였다. 게다가 센터를 채우지 못하고 더 많은 고객을 유치하지 못하면 회사가 망하리라는 것을 알면서도 처음에는 채우지도 못할 만큼 대규모로 유통센터를 설립했다. 그리고 이 모든 과정을 가족들에게 보여주었다.

코언은 결국 해냈다. 어떻게 해낼 수 있었는지, 20년이 지나서 돌아보던 그가 이렇게 말했다.

"제가 가족과 직원들에게 확신하지 못하는 모습을 보여주었더라면 아마 실패했을 겁니다. 어떻게든 의심하는 모습을 보였더라면 직원들이 뭐라고 생각했겠습니까? 어떻게든 모호한 태도를 취했더라면, 직원들이 자기네 리더를 어떤 사람이라고 생각했을까요? 그저 자신과 다른 사람들을 믿어야 할 때가 있습니다. 회사를 이전한 직후에 A&P^{Great Atlantic and Pacific Tea Company}(미국의 슈퍼마켓 회사—옮긴이)로부터 연락을 받았고, 그 전화 한 통이 우리 회사의 운명을 바꿔놓았죠. A&P는 회사 전반의 운영을 우리에게 맡기고 싶다고 했어요. 유통 관리를 도맡아달라는 얘기였죠. 그렇게 되면 우리 회사의 규모가 2억 5000만 달러에서 4억 5000만 달러로 성장할 것이었습니다. 전 물론 그러겠다고 대답했어요. 최고 수준으로 기업 관리를 할 수 있다는 말도 덧붙였죠. 사실 잘할 수 있을지 확신이 서지 않았어요. 그러나 저는 우리가 항상 우리의 능력을 과소평가한다는 걸 알고 있었습니다. 그리고 우리는 정말로 해냈습니다."

코언은 품질 문제, 높은 이직률과 사고율, 치열해지는 경쟁으로 회사가 고군분투하고 있던 1980년대 후반에 또 한 번 결정적인 모험을 했다. 모든 지표가 개인의 실적에만 집중되어 있던 때였다. 누구든 가장 많은 상자를 적재한 사람이 가장 많은 돈을 벌었다. 선반에 있어야 할 상자가 하나 누락되면 선별자는 아무데나 가까운 곳에 있는 상자를 하나 집어 자신이 담당하는 팔레트 위에 던졌다. 물건을 받은 상점에서 실수를 파악할 때쯤에는 오류를 추적할 방법이 없었다. 고객들이 자신의 입장을 고려하지 않은 C&S의 지표 때문에 고생해야 했다는 건 굳이 말할 필요도 없었다. 그렇게 고객들의 분노가 쌓여갔다.

C&S는 이제 막 A&P의 일감을 따냈는데, 이는 안 좋은 상황을 잠재적 파국으로 몰고가는 원인이 되었다. A&P는 단연코 C&S의 가장 큰 고객이었다. 그전까지는 C&S가 일부러 큰 고객사들을 멀리했던 탓에 모든 고객이 독립적인 사업체로 운영되고 있었다.

최악의 시기였다. 그때는 10월 말이었고, 연휴가 코앞으로 다가온 시점이었다. 코언은 팀을 기반으로 하는 업무가 더 효율적이지 않을지 고민하고 있었다. 적절한 보상과 지표만 주어진다면 팀으로 일할 때 더 적은 시간 내에 더 많은 생산량을 기록할 것이라는 연구 결과가 뜨고 있었으나, 당시 그런 방식의 업무를 시도한 업체는 업계에 한 군데도 없었다.

고위 생산자들과 회의를 마치고 코언은 팀 기반 업무 시스템을 도입하기로 결심했다. 회사에 변혁을 일으킬 수도, 몰락을 불러올 수도 있는 결정이었다. 500명의 직원을 모두 팀으로 배정할 수 있는 시스템을 고안했다. 결정을 내린 지 채 2주가 되기 전에 회사는 개인 중심에서 팀워크 중심으로 기업 철학을 바꿨다. 그러자 생산성이 급등하기 시작했다. 사고율은 수직으로 떨어졌다. 선별자는 과거 어느 때보다 더 많은 돈을 벌었다. 생산성과 효율성이 날로 높아지면서 C&S는 비용 효율적으로 팀의 개수를 줄일 수 있었다.

개인 중심의 성과에서 팀 기반 성과로 바꾼 한 번의 모험이 미국 도매 업계의 본질을 바꿔놓았다. 경쟁사들은 코언이 어떻게 직원들을 변화하도록 설득했는지 알고 싶어했다. 코언은 이렇게 말했다.

"직원들을 수용하고 그들에게 더 많은 책임감을 심어주면 참 희한한 일이 일어납니다."

20여 년이 흐른 뒤에 C&S는 200억 달러 이상의 매출을 올리는 최대 규모의 도매 업체가 되었다. 코언은 꾸준히 잘 아는 분야에서 조심성 있게 위험을 감수하며 도매업의 변혁을 일으켰다. 전국 각지에 퍼져 있는 수많은 C&S의 유통 센터를 방문하는 경쟁사들마다 같은 말을 했다.

"우리 직원들도 이렇게까지 일할 수 있을지 상상할 수 없습니다. 여기 직원들은 꼭 운동선수 같네요. 직원들이 자기 일에는 물론이고 서로에게, 또 회사에 이렇게 열심인 모습을 보니 자극이 됩니다."

성취욕 높은 직장인들이 코언의 경험에서 어떤 교훈을 얻을 수 있을까? 여러분 가운데 대다수는 릭 코언의 지위에 있지 않을뿐더러 가족회사를 구해야 하거나 조직의 구조를 완전히 바꿔야 할 상황에 놓이지도 않았다는 사실을 잘 알고 있다. 그러나 당신이 의욕적인 사람이라면 눈을 깜빡거리거나 깜빡거리지 않거나 둘 중 하나를 선택해야 할 상황에 놓이게 될 것이다.

당신은 오랫동안 한 가지 방식으로만 일을 해왔다는 사실을 깨닫겠지만, 오래 유지해온 행동이나 접근법에서 벗어나기란 어려운 법이다. 만약 그때 다른 방식으로 일할 수 있는 기회가 찾아온다면, 어떻게 두려움을 극복하고 기회를 잡겠는가? 코언의 발걸음을 따르며 다음의 항목을 시도해보라.

- 이성과 직감을 모두 활용하여 무엇이 옳은지 판단하라. 코언은 버몬트로의 이전이 이득이 될 거라고 확신하지 않았다. 그러나 급진적 전

략이었음에도 비용 절감 측면에서는 타당한 선택이었다. 그리고 그는 그렇게 하라는 자신의 직감을 따랐다.

- 결정한 일이나 변화에 확신이 섰다면 기꺼이 모든 것을 내걸어라. 코언은 팀 기반 체계가 성공할 수도 있지만 실패할 수도 있다는 사실을 알고도 가족회사의 운명을 걸었다. 변화를 향한 그의 강한 확신은 에너지와 헌신을 만들어내며 목표를 실현했다. 확신은 강력한 도구다. 확신을 갖고 행동하는 의욕 넘치는 사람들은 그렇지 않은 이들보다 더 수월하게 눈을 깜빡거리지 않을 수 있다.

두려움이 멈추라고 말할 때 앞으로 나아가는 방법

내 딸 사라가 의대 신입생일 때 림프종을 진단받았다. 얄궂게도 딸아이는 종양학 수업을 듣던 중에 그 병을 진단받았다. 검사 결과를 받은 날은 딸아이의 생일이었다. 이듬해 사라는 일반적인 항암 화학요법으로 치료를 받았다. 정말 끔찍한 경험이었다. 당연히 머리카락도 빠졌다.

사라와 함께 미리 주문해놓았던 가발을 찾으러 갔던 날이 기억난다. 거울에 비친 모습을 본 사라는 가발보다는 차라리 스카프나 두건을 착용하는 편이 더 낫겠다고 판단했다. 호된 시련을 겪으면서도 사라는 의대 공부를 계속 하기로 마음먹었지만, 결국 험난한 길이 예상되었는지 용기를 잃고 말았다. 그러다 어느 순간 사라가 내게 말했다.

"휴학을 할지 말지 이제 고민은 그만해야겠어요. 지금 제 모습을 확실히 인지하고 학교로 돌아가겠어요."

깜빡거리지 않는 사람들은 기회를 잡을 수 있도록 용기와 동기를 부여하는 내적 자질에 의지한다. 물론 운이 좋은 소수의 사람들은 이러한 능력을 타고나지만, 대부분은 이러한 자질을 계발해야 한다. 어떤 사람들은 도움을 받지 않고 혼자서도 계발할 수 있다.

이를테면 얼Earl은 수년간 가족회사에서 일했고, 아버지가 은퇴하면 그 자리를 물려받을 예정이었다. 얼의 아버지에게는 얼 말고도 자식이 넷 더 있었으나, 모두 딸이었고 사업에는 전혀 관심이 없었다. 그 회사는 얼의 증조부가 창업하여 조부에게 물려준 가부장적인 회사였다. 얼은 아버지의 압력보다는 내적인 압박감, 즉 이들의 발자취를 따라야 한다는 극심한 압박감에 시달렸다. 그러나 MBA를 졸업한 얼은 의학에 관심을 갖기 시작했다. 여동생이 앓았던 질환이 계기가 되기도 했다. 얼은 수년에 걸쳐 아내와 주변 사람들에게 의대 진학에 관해 얘기했으나, 그때마다 항상 가지 말아야 할 이유에 부딪혔다. 얼은 재미로 하는 거라고 위안 삼으며 생물학과 화학 교과서를 공부했다. 그러다 의대 진학시험을 한번 보기로 마음먹었는데, 성적이 아주 잘 나왔다. 그는 그저 호기심에 (적어도 그가 생각하기에는 그랬다) 의대 몇 곳에 입학지원서를 제출했다. 그중 한 학교에서 입학 허가를 받았고, 그렇게 얼은 어려운 결정을 해야 하는 상황에 직면했다.

당시 하던 일을 계속 하면 아주 편했을 것이다. 얼은 자신의 일을 사랑하지는 않았으나, 좋아하고 잘했다. 또 일에 대한 보상도 매우 좋았기에 아내와 아이들과 함께 멋진 휴가를 떠날 시간도 있었다. 물론 서른여섯 살의 나이에 의대에 진학하면 여러모로 힘든 일이 많을 거라는 사실을 얼도 알고 있었다. 무엇보다도 아버지의 반대를 넘어서야 했다. 아내와 아이들 생각도 해야 했다. 수입이 줄어들면 생계에 어떤 영향을 미치게 될지 설명해야 할 것이었다. 그것은 곧 큰 집을 팔고 더 작은 집으로 이사를 해야 할 수도 있다는 의미였다. 그리고 얼 스스로도 자신이 여태껏 실수를 했다는 사실을, 10년 전에 의대에 갔어야 했다는 사실을 인정해야 한다는 의미였다. 얼의 자존심으로는 당시 잘못된 결정을 내렸다는 사실을 인정하기란 어려운 일이었다. 차라리 의대 진학은 몽상일 뿐이라고 스스로에게 갖가지 이유를 대며 지난날의 결정을 합리화하는 편이 훨씬 쉬웠다.

얼은 입학을 1년 미루고 혼자서 숲속에 있는 가족 별장으로 떠나 주말을 보냈다. 많이 걷고 많이 생각한 얼은 주말이 끝나갈 무렵이 되자 더는 눈을 깜빡거리지 않았다. 어느 순간 자신이 두려워하고 있다는 사실을, 의대 진학뿐 아니라 진학해보니 의대 공부가 적성에 맞지 않을까봐, 좋은 성적을 받지 못할까봐 두려워하고 있다는 사실을 인정하게 된 것이다.

어떤 이유에서인지 본인의 현실을 깨닫고 나니 두려움이 사라졌다. 두려움이 사라지니 확실한 결정을 내리기가 한결 수월해졌다. 그리고 그 순간 얼은 의대에 진학하기로 마음먹었다. 집으로 돌아온 그는 아버지에게 자신의 결정을 알렸다. 아버지는 실망하긴 했으나, 예상만큼 화를 내지는 않았다. 아내는 가계에 관련된 곤란한 질문을 퍼부었지만, 부부가 함께 모든 내역을 적어보고 재무상담사와 상의를 한 뒤에는 적당한 방법을 찾아냈다.

학교에 가기로 결정하고 나니 마음이 편안해졌다. 기업체 임원에서 의대 신입생으로 변신한다는 것이 얼마나 힘든 일일지 뻔히 보였으나, 그날이 굉장히 기다려졌다. 얼은 성취욕 높은 직장인이었지만, 자신에게 의미와 성취감을 줄 수 있는 다른 분야에서 목표를 달성해야 했던 것이다.

얼과 릭 코언의 이야기에서 알 수 있듯이, 깜빡거리지 않는다는 것은 대체로 어려운 문제에 직면했을 때 두려움을 인정하면서도 어쨌든 전진하는 용기를 갖는 것이다. 얼은 중대한 진로 결정에 직면하고 코언은 회사의 미래가 달린 중요한 선택의 순간에 직면했으나, 그 밖에도 수많은 유형의 결정이 명확하고 균형 잡힌 시선이 필요한 영역에 존재한다.

예를 들어 당신이 대기업에서 근무하고 있다면, 자신을 그릇된 일을 능숙하게 하는 영역에 틀어박히게 만들 것이 뻔히 보이는 승진을 거절해야 할 수도 있다. 또는 실패할 가능성이 높아 보이지만 새로운 기술이나 귀중한 지식을 얻을 수 있는 가능성이 훨씬 더 커 보이는 팀이나 업무에 자원해야 할 수도 있다.

글로 읽고 있는 지금은 깜빡거리지 않는다는 것이 실행하기에 그리 어려워 보이지 않을 것이다. 그러나 실생활에서 이는 어마어마하게 어려운 일이다. 성취욕 높은 사람들이 대부분 그렇듯이 당신도 승진을 동경할 것이고, 실수를 저지른다는 생각을 견디지 못할 것이다. 눈을 깜빡거리지 않는다는 것은 다른 사람에게 당신이 좋게 비치지 않을 거라는 두려움은 물론이고 성공을 가리키는 명백한 상징을 향한 당신의 단기적인 욕구를 외면해야 한다는 것을 의미할 때가 많다.

당신이 중대한 결정을 앞두고 있을 때 깜빡거리지 않도록 도움이 될 만한 몇 가지 단계를 소개하겠다.

1. 두려움을 직시하라. 당신을 그릇되지만 능숙하게 잘하는 일에 가둬두는 것이 무엇인지, 미숙하지만 올바른 일을 수행하기 위해서 무능한 모습을 보일 수 있는 용기를 가지기에 무엇이 그렇게 두려운지 스스로에게 솔직하게 말하라. 자신이 잘한다는 사실을 알고 있는 일을 할 때 얼마나 걱정 없이 편안한 마음이 드는지, 능숙하지 않은 일을 하면 얼마나 마음이 불편하고 본인이 취약하다는 느낌이 드는지 인정하라.

2. 두려움을 극복하기 위해 당신의 성취 목표를 활용하라. 당신이 성취하고자 하는 것이 무엇인가? 그것을 실현하기 위해 희생할 가치가 있는 것은 무엇인가? 지금 당장 해야 하는 어려운 행동이나 어려운 결정보다 앞날의 목표에 집중하면 눈을 깜빡거리지 않는 강력한 동기를 얻을 수 있다.

3. 약점과 불확실성을 배움과 성장을 위해 반드시 치러야 하는 대가로 생각하라. 약점과 불확실성을 무슨 수를 써서라도 피해야 하는 감정이 아니라 꼭 치러야 하는 대가로 여겨라. 그러면 상황을 바라보는 기

준이 달라진다. 불편함을 극복하고 깜빡거리지 않는 데 명확한 이점으로 작용할 것이다.

4. 부정적인 제재를 활용하라. 깜빡거리기만 하다가 5년 후, 10년 후에도 지금의 일을 하고 있을 본인의 모습을 그려보라. 의욕이 넘치는 사람에게 아무런 발전 없이 지금의 자리에 머무른다는 것은 무엇보다 견디기 힘든 일이다. 새로운 것을 배우고 성장할 기회 앞에서 깜빡거리고 거절하면, 지금 위치에 머물 가능성이 크다. 어려운 결정을 앞두고 있을 때 이러한 이미지를 또 하나의 자극 수단으로 활용하라.

머릿속에 존재하는 보수적인 내면의 목소리가 당신에게 깜빡거리라고 속삭이는가? 그러지 말라고 말해줄 반대편의 목소리가 필요한가? 그때 활용할 수 있는 또 다른 전략으로는 무엇이 있는지 살펴보자.

핵심 인맥을 활용하라

11장에서 당신이 의존할 수 있는 사람들로 구성된 소규모 인맥을 구축하는 것이 중요하다고 얘기했다. 때때로 사람들은 이러한 관계를 잘 형성해놓고도 충분히 활용하지 못한다. 점심을 같이 먹는다는 등의 사교적인 이유로, 또는 비교적 사소한 업무에 대한 조언을 구할 때만 이러한 관계에 의존하는 경우가 많다.

그러나 통찰력과 공감 능력이 발달한 데다가 전적으로 솔직한 피드백을 주는 사람들로 이루어진 인맥을 구축했다면, 인생의 전환점을 맞이할 때도 그들을 믿을 필요가 있다. 눈을 깜빡거리지 않기 위해 도움을 받아야 할 상황이 있기 때문이다.

연구에 따르면, 혼자서는 변화를 일으킬 수 없다. 비록 우리가 내부의 변화에 궁극적으로 책임이 있다고 하더라도 난관에 부딪힐 때 붙잡을 도움의 손길은 필요하다. 누군가에게 우리가 느끼는 불안을 털어놓고 그들로부터 이성적이고 진실한 답변을 듣게 되면, 우리는 우리의 결정에 자신감을 얻고 '만약에'로 시작하는 괴로운 질문을 셀 수 없이 퍼붓는 것을 멈추게 된다.

예를 들어, C&S의 릭 코언은 컨설턴트이자 친구인 루번 해리스에게 의지했다. 해리스는 일찍부터, 그리고 자주 코언에게 올바른 방향으로 가고 있는지 물었다. 그렇다고 해리스가 코언에게 눈을 깜빡거리지 말라고 얘기했다는 말은 아니다. 다만 해리스는 코언에게 새로운 시도를 할 때마다 혼자서 넘겨짚어 생각하면 결단코 성공할 수 없다고 얘기했다.

친구들로 이루어진 인맥과 내부 컨설턴트가 곁에 있으면 우쭐해지지 않고, 당신이 어디로 가고 있는지 또는 언제 길을 잘못 들어서는지 알 수 있다. 그리고 그들이 앞으로도 당신 곁에 있으리란 사실 또한 알 수 있다. 그들은 매번 당신이 성공하는 데만 관심을 갖는 사업 파트너와는 다르다. 사업 파트너들과는 달리 그들은 당신을 격려하고 돕기 위해 존재한다. 그들이 보기에 당신이 보고 싶고 듣고 싶은 것만 보고 들으려고 환경을 조작하고 있다면, 그들은 당신을 꾸짖을 것이다.

11장에서 나는 우리가 듣고 싶은 말을 해줄 사람들에게 얼마나 자주 의존하는지 지적했다. 우리가 결코 눈을 깜빡거릴 수 없는 상황에 처했을 때 이런 사람들에게 의지한다면, 이들은 아마 우리의 결정을 막지 못할 것이다. 무슨 일이든 중요하게 계획한 일에 대해 솔직하게 터놓을 사람이 있다는 사실과 그들은 당신이 듣고 싶어하는 말이 따로 있다는 것을 알면서도 솔직한 의견을 건넬 거라는 사실을 알아야 한다.

이 책의 서두에서 나는 학생들에게 언제든 자신이 원하는 피드백을 받기 위해 환경을 조작할 수 있다고 강조했다. 그들은 낙담할 때 누구를 찾아가야 기운을 북돋울지 알고 있다. 그들이 자기 자신에 대해 그리는 자아상을 지지해줄 피드백을 원할 때는 형제나 부모에게 연락할 것이다. 그러나 이렇게 받는 피드백은 그들의 변화와 성장에, 그리고 피할 수 없는 선택을 하는 데 도움이 되지 않는다. 그들이 주변 환경을 조작하기로 선택했다면, 그들이 하고 싶은 일에 관한 선입견만 강화할 뿐이다. 그리고 이러한 선입견은 대부분 변화하지 않는 것, 새로운 도전에 부딪치지 않는 것, 현상을 유지하는 것, 심리적으로 안전한 생활을 찾아 그곳에 머무는 것으로 귀결된다. 달리 말해, 좋은 말만 해주는 상냥한 친구들은 그들이 눈을 깜빡거리도록 눈감아준다는 것이다. 또한 그들이 행동으로 옮겨야 할 때 소극적으로 움츠러드는 것을 허락한다는 것이다.

이 책에서 나는 아이들에게 어떻게 해야 더 좋은 아버지가 될 수 있겠느냐고 묻기까지 이토록 오랜 시간이 걸렸던 까닭을 언급하며, 아이들이 부모로서의 나를 호의적이지 않게 그릴지도 모른다는 두려움이 있었다고 고백했다. 마침내 용기를 내어 아이들에게 내가 잘하고 있는 것과 못하고 있는 것이 무엇이냐고 물어보았을 때, 나는 아이들의 대답에 깜짝 놀랐다.

조애나는 내가 퇴근하고 집에 와서 책을 더 많이 읽어주면 좋겠다고 말했다. 조애나는 내가 레슬링을 하며 놀아주고 친구들을 데리고 아이스크림 가게에 갔던 일을 좋아했다. 캐서린은 승마 연습장에 내가 더 자주 같이 갔으면 했다. 그리고 사라는 내 할리데이비드슨을 타고 여행을 가고 싶다고 했다.

아이들이 원하는 것은 전혀 힘든 일이 아니었다. 내게 적대적인 태도로 얘기하지도 않았다. 오랜 시간 고민을 하다가 대답을 꺼낸 것도 아니었다. 아이들은 거의 지나가는 말처럼 금세 대답했고, 또 금세 다른 주제로 넘어갔다. 별일도 아니었다.

그런데도 나는 이런 대화를 나누기를 두려워했던 것이다. 무슨 대답을 듣게 될지 머릿속으로 이야기를 만들어냈던 탓에 이토록 오랫동안 대화를 꺼렸다니 실망스러웠다. 나는 스스로 극단적인 변화를 만들어내야 할까봐 두려웠던 것이다. 내면의 두려움과 걱정은 배움과 성장을 저해하는 방식으로 내 행동을 통제했다.

내가 아이들에게 이 같은 질문을 더 일찍 했더라면 눈을 깜빡거리지 않고 아이들이 원하는 대로 달라질 수 있었을 것이다. 아이들이 원하는 일을 할 수 있도록 더 많은 시간을 함께 보내야겠다고 다짐했을 것이다. 딸들은 내 훌륭한 인맥이었으나, 나는 내가 할 수 있었던 것만큼 빨리 접근하지 못했다. 아무리 훌륭한 인맥이 있더라도 활용하지 않으면 아무런 쓸모가 없다.

수년 전 내가 모건스탠리에 입사했을 때 존 맥은 거의 직감에만 의존해서 나를 고용했다. 그는 인적 자원을 전형적인 관점으로 바라보고 싶어하지 않았다. 그는 전형적인 금융 전문가와는 다른 관점에서 조직을 바라볼 사람을 원했다. 그는 모건스탠리의 회장인 자신의 맹점을 덜어주고 통찰력을 줄 수 있는 사람을 원했고, 인적 자본과 조직 및 조직 내 개인의 발전에 집중할 목적으로 나라는 교수를 고용했다. 무엇보다 그는 진실한 조언자를 원했다. 그것이 내가 그곳에서 일하는 동안 수행했던 가장 가치 있는 역할이었을 것이다.

문제는 우리 대부분이 변하는 방법을 알고 싶다고, 우리의 약점을 알고 싶다고, 도전을 앞에 두었을 때 눈을 깜빡거리지 않고 기꺼이 받아들이고 싶다고 말한다는 것이다. 그럼에도 우리는 친숙하지만 문제 있는 행동의 틀 속에 우리를 가두는 과거의 방식으로 돌아간다. 우리는 늘 눈을 깜빡거린다. 그리고 새로운 행동을 시도하거나 인식의 폭을 넓히기보다 우리가 늘 해왔던 방식으로 되돌아간다. 우리가 두려움을 이기고 전진하는 데 필요한 도움을 줄 수 있는 사람들이 바로 멘토, 친구들, 동반자, 가족, 상담사, 동료들이다.

그러므로 눈을 깜빡거리지 말아야 할 도전이나 결정을 앞두고 있다면, 핵심 조언자와 매우 구체적인 방식으로 대화를 나눠야 한다. 그들에게 당신이 맞닥뜨린 상황을 설명할 때 위험을 피하라고 조언해달라는 식으로 말하지 말라. 직언을 서슴지 않는 동료나 친구들이라고 할지라도 당신이 느끼는 두려움에 휘둘려 당신에게 스스로 취약해지는 길을 택하지 말라고 권할 수 있기 때문이다. 그런 상황을 피하려면 눈을 깜빡거리게 하는 상황을 이런 식으로 설명하라.

- 당신이 두려워하고 있는 것이 무엇인지 설명하되, 당신이 긍정적인 방향으로 배우고 성장하고 변화하는 데 주어진 결정이 어떻게 도움이 될 것인지도 같이 설명하라.
- 그 상황을 [그림 2-2]에서 소개한 사분면에 적용하라. 그릇된 일을 능숙하게 하는 영역에서 올바른 일을 미숙하게 하는 영역으로 나아가고 싶다고 말하라.
- 그들에게 지금이 취약해질 용기를 낼 가치가 있는 상황이라고 생각하는지, 또는 긍정적인 방향으로 변화하기 위해 불확실성과 잘못될 위험을 무릅쓸 만한 가치가 있는 상황이라고 생각하는지 단도직입적으로 물어보라.

'예'라고 말할 때와 '아니오'라고 말할 때

이론물리학자이자 수학자인 전 프린스턴대학교 교수 프리먼 다이슨Freeman Dyson은 불확실성을 헤쳐 나가는 과정을 훌륭히 정리했다. 다이슨은 1990년대 초반에 브리검영대학교에 연사로 초청받은 적이 있다. 나는 그를 체구는 작지만 대담하고 사려 깊은 사람으로 기억한다. 연설을 마치면서 그는 학생들에게 이런 말을 했다.

"삶의 본질은 '예'라고 말할 때와 '아니오'라고 말할 때를 아는 것입니다."

그리고 이런 설명을 덧붙였다.

"모험 앞에서는 '예'라고, 어리석은 짓 앞에서는 '아니오'라고 말하십시오. 이 둘 사이의 차이는 당신만이 알 수 있습니다."

깜빡거리지 않는다는 것이 당신에게 무분별할 자유, 무감각할 자유, 타인에게 해를 끼칠 자유를 준다는 의미는 아니다. 깜빡거리지 않는다는 것은 당신에게 자신에 대해 올바로 알고, 자신의 행동을 통제하고, 앞에 놓인 상황을 이해할 권리를 준다는 의미다. 당신이 개인으로서, 그리고 직장인으로서 어떤 사람인지 알아갈수록 모험과 무모함의 차이를 점점 더 잘 알게 될 것이다.

깜빡거리지 않는 데 능숙해지려면 연습이 필요하다. 단 한 번의 경험으로 얻을 수 있는 것이 아니라 꾸준한 연습이 필요하다. 시간이 지나면 깜박거려서는 안 될 상황이 언제인지를 알게 될 뿐 아니라 과거에는 두려움에 외면했거나 깜빡거리기만 했던 도전을 눈을 크게 뜨고 똑바로 바라볼 용기를 지녀야 할 때가 언제인지도 알게 될 것이다. 도전적인 업무를 맡고 불안을 극복하는 과정을 통해 언제 깜빡거려야 하는지, 언제 깜빡거리면 안 되는지에 대해 더 큰 확신을 얻게 될 것이다.

13장

함께 춤추자고
손을 내밀 용기

몇 년 전 한 친구가 버지니아대학교의 알렉 호니먼Alec Horniman 교수에게 들었다는 이야기를 내게 자세히 들려주었다. 호니먼은 칠판에 농구장 그림을 그렸다고 했다. 직사각형 모양의 도형을 그리더니, 별안간 고등학교 때 한겨울의 금요일 밤 농구 경기 이후에 열린 댄스파티에 참석했던 일에 대해 이야기하기 시작했다. 곧 그는 학창 시절에 참석했던 댄스파티가 어떠했는지 묘사했다.

농구 경기가 끝나면, 관리인들이 바닥을 쓸어내고 댄스파티를 준비하는 동안 학생들은 체육관 로비로 향한다. 무대는 여느 고등학교 댄스파티와 별반 다를 것이 없었다. 음악을 준비하는 친구가 하나 있고, 부모님이나 선생님들이 다과를 관리한다. 학생들이 다시 체육관으로 들어올 때까지 조명은 어둑하게 유지한다. 고등학교 저학년 여학생이 떼를 지어 체육관으로 입장하고, 저학년 남학생들도 똑같은 방식으로 입장한다. 고학년 남학생과 여학생은 남녀 짝을 지어 두 사람씩 입장할 수 있다. 그러나 학생들은 대부분 동성끼리 무리를 지어 참석한다. 입장한 여학생들은 체육관 한쪽 벽에 딱 달라붙어 있거나 화장실에 간다. 남학생들은 음식이 있는 쪽으로 직행한다. 어떤 남학생들은 너무 내성적이고 수줍어서, 또는 춤추기에는 자신이 너무 쿨하거나 이미 취했다는 이유로 끝내 춤을 추지 않는다.

주저하는 학생들을 어떻게 춤추게 할 것인지가 늘 문제였다. 누가 먼저 나설 것인가? 누가 앞장서서 가장 먼저 무대 위로 올라갈 것인가? 부모님이나 선생님이 먼저 나서서 시작할 수는 있으나, 이 방법은 보통 통하지 않는다. 어른들이 춤추는 데 끼고 싶어하는 십 대는 없기 때문이다. 가장 인기가 많은 아이들은 어떨까? 그런 아이들은 무엇이든 가장 먼저 나서야 한다는 위험을 감수할 1번이 되기에는 이미지에 너무 많은 투자를 한다.

호니먼은 조직 내 리더의 역할은 모든 직위의 직원들이 댄스 플로어에 첫 번째로 나서는 용기와 의욕을 가질 수 있는 분위기를 조성하는 것이라고 말했다. 모든 사람은 실시간으로 경험을 처리해야 한다. 모든 사람은 초조함과 수줍음, 내면의 줄다리기 과정을 거친 뒤 가장 먼저 댄스 플로어의 중앙에 오르는 사람이 된다는 것이 얼마나 가치 있는지를 판단해야 한다.

1년에 한 번 불굴의 용기를 발휘해 대담한 행동을 하라는 말이 아니다. 매일의 일상에서 용기를 발휘하라는 말이다. 삶은 위험을 감수할 가치가 있는 것이라고 말하는 자세를 키워나가라는 말이다. 이쯤 되면 당신은 이렇게 생각할지 모른다.

'하지만 동료들이 내 노력을 비난하면 어쩌지? 우리 조직 문화가 위험을 감수하려는 노력을 못마땅해하면 어쩌지?'

경우에 따라 야망 있고 의욕이 넘치는 사람들은 자신의 두려움을 그들의 상사나 조직에 투사하기도 한다. 그들은 자신이 무대의 중앙으로 나서기 두려워하고 있으므로 동료들이나 관리자들도 마찬가지일 거라고 믿는다.

상사나 조직 문화가 어리석은 결정을 내리는 사람과 무분별하고 신중하지 못하게 행동하는 사람을 못마땅해할 수도 있다. 그러나 그들은 자기 직원들이 배우고 변화하고 성장하기를 간절히 바란다. 물론 현상을 유지하려고 일하는 그들이 옳을 때도 있다. 위험을 기피하는 일부 회사는 [그림 2-2]의 그릇된 일을 능숙하게 하는 영역에 직원들을 묶어두고 싶어한다. 이러한 상황에서 그 직장에 남아 있다는 것이 지금 있는 곳에 평생 묶여 있을 것을 의미한다면, 다른 직장을 고려해보는 편이 낫다.

의욕 넘치는 사람들이 댄스파티가 끝나기를 기다리는 이유가 무엇이든, 참가자가 아닌 관찰자로 있는 것은 그 이상의 결과를 불러온다. 방관자의 태도를 버리지 않으면, 우리는 남들이 춤추는 동안 팔짱 끼고 구경하는 구경꾼이 된다. 남들이 어떻게 인생을 살고 있는지에만 집중하게 된다. 설상가상, 이런 식으로 타인을 지켜보기만 하면 우리는 더욱 소극적으로 변한다.

저녁이 깊어져 댄스파티를 떠날 때면 우리는 만족감이 부족하고 편안한 마음도 덜 드는 데다가 심지어 약간 슬프기까지 하며 무엇인가를 더 원하게 된다. '이렇게 했으면 좋았을 텐데' 하는 마음을 안고 댄스파티장을 떠나는 것이다. 게다가 다른 사람들은 인생을 더욱 역동적인 방식으로 경험한다는 믿음과 우리에게 그들처럼 인생을 즐기지 못하도록 방해하는 요소가 있다는 믿음을 더욱 굳히게 된다. 심지어 우리가 실제로는 그들의 용기를 부러워하고 있으면서도 점점 더 그들에게 비판적인 사람이 되어갈 수도 있다.

다른 사람들이 춤추는 모습을 지켜보는 동안, 우리는 긍정적이지 않은 방향으로 흘러가는 내면의 대화를 나눈다. 춤추는 이들과는 전혀 다른 대화를 한다. 우리의 부족함과 약점, 그리고 우리가 얼마나 기대에 못 미쳤는지에 관한 대화다.

춤추는 동안에는 부정적인 일을 하고 있다거나 우리의 문제를 스스로 자초했다거나 하는 생각을 하지 못한다. 우리는 무대로 뛰어들 기회가 한 번 더 있었으나 기회를 잡지 않고 다른 사람들이 도약하는 모습을 바라보기로 결정했다는 사실을 인정하고 싶어하지 않는다. 그렇게 우리는 춤추는 방법을 익히는 데 하룻밤 더 멀어져 간다. 그리고 무대로 나서는 다른 사람들을 지켜볼 때마다 다음번에 댄스 플로어로 나가기가 더욱 어려워진다.

우리가 상대방에게 춤을 추자고 요청하기 위해 용기를 짜내는 청소년이든 새로운 도전을 시작하려고 노력하는 의욕 넘치는 직장인이든, 불안을 극복하고 용기를 내어 스스로 취약한 상태가 되도록 만들어야 한다. 이것이 사분면의 한 영역에서 다음 영역으로 나아갈 수 있는 유일한 방법이며, 우리가 성장할 수 있는 하나뿐인 방법이다. 이는 우리가 이제 막 사회생활을 시작했든 상당 기간 사회생활을 했든 간에 똑같이 적용되는 진리다.

사실 나이가 들수록 새로운 시도를 하기가 더욱 어려워진다. 안락한 일상에 안주하려 하기 때문이다. 사회생활을 시작할 때는 배움과 발전에 대한 관심이 넘치고 역동적인 마음가짐을 지녔을지도 모른다. 그러나 나이가 들수록 우리는 무언가를 모른다거나, 노력을 해도 능숙해 보이지 않는다는 사실을 인정하는 데 남의 시선을 점점 더 많이 의식한다. 우리는 체계와 일상을 고수하면서, 남들이 변화를 권할 때 더욱 방어적인 태도를 취하게 된다.

그러므로 춤추기를 꺼리는 상황이 당신에게도 일어날 수 있음을 명심하라. 사회생활을 시작할 무렵의 당신은 한 번도 해본 적이 없어서, 또는 바보 같아 보일까봐 잔뜩 겁에 질린 댄스파티장의 십 대들에 더 가깝다. 나이가 더 들고 경험이 쌓이면 남들에게 약점을 보이거나 실수를 할까봐 두려울 것이다. 당신은 관리자의 위치에 있거나 리더십을 발휘해야 하는 자리에 있는 사람이라면 응당 바깥 세상에 강한 모습, 심지어 난공불락의 모습을 보여야 한다고 믿는다. 본질적으로 당신은 그동안의 성과에도 불구하고 청소년기의 마음 상태로 돌아간 것이다.

댄스 플로어를 향한 첫걸음은 과거에 춤추기를 거부했던 상황과 그때 춤추지 않음으로써 치러야 했던 대가를 스스로 인식하는 것이다. 그러기 위해서 다음의 실천 방법을 시도해보라.

1. 직장에서 상황을 변화시킬 기회가 있었던 일을 떠올려보라. 최첨단 팀으로 거듭날 기회라든지 확장 업무를 맡을 기회처럼 당신의 결정으로 좋은 의미에서 조직을 더욱 역동적으로 만들 수 있었던 기회를 떠올려보라. 그러나 그때 당신은 앞에 놓인 기회를 활용하지 않았다. 이제와 돌이켜보면 그때 어떻게 했어야 하는지 알지만, 그때는 그렇게 하지 않았다.

2. 종이를 꺼내놓고 올바른 행동을 하지 못하게 가로막는 모든 생각과 감정을 쭉 써 내려가라. 예를 들면 이런 식이다. "내 머리는 내게 비난받을 모습을 보이느니 아무것도 안 하는 것이 더 현명하다고 말한다." 또는 "상사 앞에서 창피를 사게 될까봐 두렵다."

3. 같은 종이에 당신이 하지 않았던 행동을 함으로써 생길 수 있었던 긍정적인 결과를 모두 써 내려가라. 그 기회를 잡았더라면 어떤 가르침을 얻을 수 있었겠는가? 어떤 기술을 익힐 수 있었겠는가? 그런 것들이 당신이 더 나은 관리자나 리더가 되는 데 어떤 도움을 줄 수 있었겠는가?

이 실천 방법은 겁쟁이를 위한 것이 아니다. 댄스파티에서 춤추자고 권하지 않은 것을 후회하는 사람만큼이나 아직 요청을 하지 않거나 어려운 업무를 맡지 않았던 것을 유감스럽게 생각하는 사람들이 많다. 그러나 이런 미련을 인정하는 것 자체가 중요한 일이다. 일단 이를 인지하고 돌아보고 나면, 다음에 똑같은 실수를 반복할 가능성이 줄어들기 때문이다.

단순하지만 결정적인 생존법칙, 침 뱉기

　　　　　내 절친한 친구인 빌은 미국 스키 패트롤^{National Ski Patrol} 소속으로 오리건에서 오랫동안 일하고 있다. 빌은 후드 산 스키장에서 어려움에 처한 사람들을 도우며 대부분의 시간을 보낸다. 1986년 후드 산에서 비극적인 사고가 일어났다. 6월 26일, 오리건 포틀랜드의 사립학교에 다니는 십 대 학생 15명이 후드 산 등반을 하다가 수목한계선 너머에서 폭풍우를 만난 것이다. 나이 어린 등산객들은 이런 사태에 전혀 대비하지 못했다. 후드 산은 날씨를 예측할 수 없기로 유명한 탓에 히말라야 등반을 준비하는 전문 등반가들이 연습 산행을 가는 곳이라는 사실을 몰랐던 것이다.

　하지夏至가 지난 지 겨우 닷새 만에 몰아친 폭풍우였다. 학생들은 궂은 날씨에 대비가 거의 되지 않은 반바지와 반팔 차림이었다. 물이나 비상식량도 거의 챙겨 가지 않았다. 얼음장 같은 비바람과 눈보라가 휘몰아치는 상황에서 어떻게 방향을 찾아야 할지 전혀 알 길이 없었다. 이들은 사흘 동안 실종되었고, 겨우 몇 명만이 살아남았다.

　나는 여러 차례 빌에게 악천후에서 생존할 수 있는 기술을 알려달라고 물었다. 특히 눈사태가 났을 때 어떻게 행동해야 하는지에 관한 빌의 조언에 관심이 갔다. 빌은 스키를 타고 산사태를 넘을 수 있는 사람은 사실상 없는 것이 현실이라고 내게 가르쳐주었다.

　당신이 스키를 타다가 눈사태에 갇힌다면, 가장 먼저 해야 할 일은 바인딩을 풀고 스키를 벗는 것이다. 스키를 신은 채로 눈 더미에 묻히면 스키가 당신의 몸을 그 자리에 고정해서 탈출하지 못하게 막을 것이다. 일단 스키를 벗고 나면 눈 더미가 당신을 산 아래로 밀고 내려갈 것이고, 방해물이 없기 때문에 한결 수월하게 떠밀려 내려갈 수 있다.

움직임이 멈추면 얼굴 주변의 눈을 일부 치우고 입가에서 두 손을 둥글게 말아 공간을 확보하라. 손을 둥글게 말았으면 침을 뱉는다. 이유가 무엇일까? 생존을 가능하게 하는 열쇠는 어디가 위쪽이고 어디가 아래쪽인지 알아내는 것이기 때문이다. 중력의 법칙에 의존하는 것이다. 눈더미에 떠밀려 내려와 눈 속에 파묻혔다면 위아래를 구분할 수 없게 되며, 이는 어느 방향으로 눈을 파야 할지 알 수 없다는 뜻이기도 하다. 침을 뱉으면 타액이 이동할 것이다. 중력은 그 침을 아래쪽으로 끌어당기므로 침이 이동하는 방향을 보면 어느 쪽의 눈을 파내야 할지 알 수 있다.

빌은 표면으로부터 30센티미터도 안 되는 깊이에 묻히고도 잘못된 방향으로 눈을 파던 사람을 네 명 넘게 봤다고 말했다. 그들은 이 단순한 생존 법칙만 알고 있었다면 목숨을 잃지 않았을 것이다.

큰 변화를 만드는 것은 사소하고 상식적인 것들이다. 성취욕이 높은 사람들은 큰 그림에 집착하는 바람에 큰 성과를 올릴 수 있는 사소하지만 실용적인 단계를 놓치는 경우가 많다.

여기서 잠깐 댄스파티의 비유로 돌아가 보자. 파티에서 제일 인기 있는 학생에게 곧장 춤을 권할 생각만 하면, 거절당할지 모르는 수만 가지 시나리오가 떠올라서 용기를 내기 어려울 것이다. 그러나 학교에서 인사를 건네며 대화를 이끌어나간다거나, 점심시간에 같은 식탁에 앉아서 또 한 번 말을 튼다거나, 댄스파티에서 뭐라고 얘기하며 춤을 권할지 마음속으로 상상하는 등 여러 가지 사소한 행동을 먼저 실행에 옮긴다면 파티에서 더 수월하게 춤을 권할 수 있다. 이렇게 사소하고 상식적인 전략은 눈 더미에 파묻혔을 때 침을 뱉는 행동과 같은 것으로, 당신이 올바른 행동을 하고 목표를 달성할 가능성을 높여준다.

'침 뱉기' 전략을 어떻게 사회생활과 근무 환경에 적용할 수 있을까? 야망 넘치는 사람들이 무기력 상태에서 벗어나 배움과 성장을 향한 새 경로에 오르는 데 도움이 될 만한 상식적인 행동을 몇 가지 소개하겠다.

- 점심 식사, 술자리, 골프 등 일상적인 모임에 상사를 초대하라. 달리 말해, 당신이 현재 맡은 업무나 정말로 맡고 싶은 업무에 대해 어렵지 않게 마음을 전달할 수 있도록 편안한 상황으로 상사를 불러들여라.
- '만약에'로 시작하는 질문을 하라. 멘토, 상사, 코치 등 당신의 인생에 영향을 미치는 사람이라면 누구에게든 중대한 변화가 생기는 상황을 설정하여 당신이 그런 상황에서 어떻게, 어디서, 또는 왜 일해야 하는지를 물어보라. 예를 들면 "만약에 제가 1년 동안 인도에서 근무하면 어떨까요?" 또는 "만약에 제가 안식년을 가지면 어떨까요?"와 같은 질문을 하는 것이다. 이러한 '만약에' 질문들은 당신의 직장 생활에 중대한 변화를 불러올 수도 있는 대화를 촉진한다.
- 새로운 것을 배우기로 결심하라. 연수 과정에 등록하거나 워크숍에 참석하거나 조직 내에서 당신에게 모르는 것을 가르쳐줄 사람을 찾아 비공식적으로 그 사람의 수습생이 되어라. 배움은 성장과 변화의

촉진제다. 그간 겪은 배움의 경험이 성장과 변화를 어떻게 촉진할지 명확해 보이지 않을 수 있으나, 지식과 기술을 습득하면 지금은 닫혀 있는 문이 열릴 것이라는 믿음을 가져라.

눈 더미에 갇혔을 때 침을 뱉는 것이 그렇듯이, 이러한 상식적인 행동 중에 심오한 것은 아무것도 없다. 다만 이런 행동들은 성취욕 높은 사람들이 줄곧 무시하는 부류의 사소한 단계이며, 이처럼 무시하기 때문에 다른 일을 시작할 용기를 내는 데 실패하는 것이다.

불안을 뛰어넘는 방법

조직행동학 박사과정을 마친 스티브는 명문 대학의 교수로 와달라는 제안을 받아들였다. 이삿짐 트럭을 타고 대륙을 가로지르던 그의 눈앞에 앞으로 전개될 모든 난관이 그려졌다. 마치 1킬로미터를 지날 때마다 그 목록이 점점 더 길어지는 것 같았다. 학교가 있는 도시로 들어설 무렵에는 마치 유사流砂를 거닐고 있는 듯한 기분이 들었다.

살 집을 결정하기 전에 스티브는 대학교 기숙사로 들어갔다. 다음 날 아침 일찍 잠에서 깬 스티브는 마치 세상의 모든 짐이 자신의 어깨 위에 놓인 것만 같았다. 그는 자신이 올바른 진로 결정을 내렸는지 의문을 갖기 시작했다.

스티브는 대학교의 동료들이 자신을 어떻게 맞이할지 걱정했다. 그는 자신이 효과적으로 수업을 진행할 수 있을지, 학생들에게 존경을 받을 수 있을지 걱정했다. 그는 아무런 연고도 없는 새로운 환경에 아내가 어떻게 적응할지 걱정했다. 아내가 경력을 이어나갈 수 있는 일자리를 찾을 수 있을지 걱정했다. 그는 교수의 삶이라는 현실에 어떻게 적응해 나갈 것인지 걱정했다.

스티브는 대륙 반대편에 사는 노부모를 어떻게 부양해야 할지도 걱정했다. 그는 박사 논문을 출간할 수 있을지, 그리고 학계에서 인정받을 수 있을지 걱정했다. 그는 자신과 아내가 감당할 수 있는 금액으로 리모델링을 많이 하지 않아도 될 만한 집을 구할 수 있을지 걱정했다. 그는 초봉이 적을 경우에 금전적으로 도움이 필요한 동생을 어떻게 도와야 할지 걱정했다. 그는 자신과 아내의 둘째 계획을 잘 도와줄 좋은 의사를 찾을 수 있을지 걱정했다. 또 자신의 어깨에 이렇게 많은 짐이 놓여 있는데도 운동을 할 시간이 있을지 걱정했다.

출근 첫날 아침에 눈을 뜬 스티브는 단단한 공처럼 몸을 둥글게 만 채 침대 밖으로 나오지 않았다. 그는 아내를 불러 몇 분만 더 침대에 누워 있어도 되겠느냐고 물었다. 몇 분은 몇 시간으로, 몇 시간은 며칠로 늘어났다. 문자 그대로 불안 때문에 몸이 마비된 것이었다. 앞날에 닥칠 난관을 당황하지 않은 채로 마주할 방법이 없었다.

스티브의 아내는 그의 절친한 의사 친구에게 연락을 했다. 그 친구는 여섯 시간 동안 운전을 해 스티브의 방에 들어왔다. 그는 스티브의 손을 잡고 천천히 침대 밖으로 데리고 나왔다. 그는 셋집 현관문을 열고서 스티브에게 몇 걸음 내려가 보라고 권했다. 그리고 두 시간 동안 스티브와 함께 걸으며 이야기를 나눴다. 집으로 돌아오자 그는 스티브를 차에 태우고 병원으로 향했다.

의사는 스티브의 이야기를 들었다. 그러고는 스티브가 이 난관을 극복하려면 가족과 친구, 동료들의 도움에 기대야 한다는 내용의 조언을 건넸다. 그가 분명 성공할 거라고 안심시켜주기도 했다. 실제로 스티브는 비록 조금씩이긴 했으나 성공의 길을 걸었다. 그는 첫날을 무사히 넘기더니 다음 날은 물론이고 이후 강의실로 돌아가 첫째 주를 무사히 마치고서 그렇게 첫째 달을 넘겼다. 마침내 그는 첫 학기를 성공적으로 마쳤다.

스티브의 경우는 극단적일 수 있으나, 새로운 시도의 어려움과 그 길을 가로막는 장애물의 예시를 잘 드러낸다. 우리가 불안하다는 이유로 며칠이고 침대에 누워 있지는 않겠지만, 행동을 해야 할 때 스티브처럼 아무것도 못하겠다는 무력감을 느끼며 괴로울 수는 있다. 어떻게 해야 변화할 용기를 낼 수 있을까? 어떻게 해야 자리를 털고 일어나 낯설고 어려운 일을 해낼 수 있을까? 그 방법이 여기 있다. 편안한 타성에 젖어드는 자신의 위태로운 모습을 발견하면, 당신이 하고 있는 것과는 반대되는 행동을 하려고 노력하라.

수년 동안 나는 어떻게 하면 정체기에 빠진 사람을 끄집어내 변화 과정을 밟게 할 수 있을지 고민하며 구체적인 해결책을 찾고 있다. 컨설턴트인 앤 해리엇 벅Ann Harriet Buck의 개념이 좋은 출발점이 될 거라는 생각이 든다. 벅은 사람들이 꼼짝 못하는 상황에 놓였다고 느끼며 심리적 마비 상태를 겪는다면 정반대로 생각해야 한다고 주장한다. 그러면서 지금 하고 있는 일이 무엇이든지 정반대의 행동을 함으로써 이 과정을 시작해보라고 권한다.

스티브의 경우에는 움직이라는 의미였다. 마비 증세와 싸우려면 스티브는 침대에서 내려와 발걸음을 떼야 했다. 지나치게 활동적인 상황에 빠져든 사람에게는 마음을 늦추고 자신을 더 돌아보라는 의미가 될 수 있다. 벽은 사람들이 정반대의 활동에 집중할 수 있도록 다음과 같이 상황을 단순화한다.

- 지금까지 앉아 있었다면, 일어서라.
- 지금까지 서 있었다면, 앉아라.
- 지금까지 여행 중이었다면, 집에 머물러라.
- 지금까지 집에 머물러 있었다면, 여행을 떠나라.
- 지금까지 가르치고 있었다면, 배워라.
- 지금까지 배우고 있었다면, 가르쳐라.
- 지금까지 말하고 있었다면, 들어라.
- 지금까지 듣고 있었다면, 말하라.[1]

성취욕 높은 사람들을 위해 벽의 조언을 재해석한다면 다음과 같이 될 것이다.

- 지금까지 안전책을 강구했다면, 위험을 감수하라.

- 지금까지 당신에게 편안한 업무만 맡아 왔다면, 곤란한 업무를 맡아라.
- 지금까지 내부의 좁은 인맥을 통해서만 조언을 들었다면, 인맥에 외부인을 포함시켜라.
- 지금까지 단기적 목표에만 집중해왔다면, 장기적 목표에 대해 생각하라.
- 지금까지 명령하고 통제하는 리더였다면, 의사 결정 과정에 다른 사람들을 포함하고 과거 어느 때보다 더 많이 들어라.

무슨 말인지 이해했을 것이다. 우리 모두가 우리에게 낯선 방식으로 변화하라는 요구를 받고 있다는 사실을 명심하라. 이제 더는 현 상황을 유지하면서 조직 내에서 커나가길 기대할 수 없다. 스티브처럼 되는 상황을 피하려면 지금까지 해왔던 것과 다른 일을 시도할 용기를 반드시 내야 한다.

워크 앤 라이프 밸런스

몇 년 전에 유명한 CEO가 하버드경영대학원을 방문했다. 그는 학생들에게 사회로 진출해서 승승장구할수록 가족, 친구들과 함께 보낼 시간을 내라고 충고했다. 그가 한 이야기 가운데 학생들에게 큰 반응을 불러일으킨 이야기가 있다. 그 경영인은 수년 동안 회사 일로 바빴는데도 매주 일요일 오후면 90분씩 시간을 내어 오롯이 가족과 함께 보낸 덕에 행복한 가정생활을 유지하고 있다고 말했다.

연사가 떠나고 나서 나는 학생들에게 왜 그런 반응을 보였는지 물었다. 학생들은 이 리더가 정말로 그렇게 적은 시간만 가족과 함께 보냄으로써 개인적인 행복을 얻을 수 있다고 생각한다는 사실을 도무지 믿지 못하겠다고 말했다. 나는 비난을 쏟는 학생들에게 지난주에 가장 가까운 사람들과 90분을 보낸 적이 있는지 생각해보라고 했다. 그러자 학생들은 지금 정신없이 바쁜 대학원 과정을 밟고 있고 학교 일에 전념해야 하는 상황에 그런 질문은 공정하지 않다고 주장하며 방어적인 태도를 취했다. 일부 학생들은 실제로 대학원을 마치고 직업 세계로 진출하고 나면 지금보다 시간이 훨씬 더 많을 거라고 믿고 있었다.

의욕이 넘치는 사람들 가운데 인생에서 가장 중요한 사람들에게 집중할 시간을 계획하는 사람은 거의 없다. 그렇게 의도하지 않은 무관심은 중요한 관계를 시들게 할 때가 많다. 중요한 관계를 위해 오롯이 할애하는 시간이 없으면, 그 영향은 처음에는 감지하기 어려울 수 있으나 오랫동안 지속된다. 우리가 알아차리지도 못하는 사이에 굉장히 사소하고 모호한 방식으로 소중한 관계들이 좀먹기 시작하는 것이다. 시간을 정하라. 온전한 시간 보내기를 할 일 목록에 포함하라. 그 시간에는 PDA의 전원을 꺼라. 그 시간에는 휴대전화의 전원을 끄고 눈앞에 있는 관계에만 집중하라.

당신에게 가장 소중한 사람들을 위해서만이 아니라 당신의 직업적 성장을 위해서라도 이런 시간을 내야 한다. 오랫동안 친구를 만들지도, 의미 있는 관계를 맺지도 못한 사람일수록 특히 상대방에게 춤을 권할 용기를 내기 어려워한다. 가장 소중한 관계를 안정적으로 유지하고 있으면 직장에서 찾아오는 기회를 잡고, 새로운 경험을 받아들이고, 도전적인 업무에 달려들고, 경영이나 리더십 스타일을 바로잡기가 훨씬 수월하다.

당신이 가장 소중하게 여기는 사람들을 믿을 수 있다는 사실을 알면 기회를 잡을 수 있는, 그리고 위험 때문에 고민하지 않을 수 있는 기반이 생긴다. 자녀들과 문제를 겪고 있거나, 아내와 별거 혹은 이혼 절차를 밟고 있거나, 다른 식구들과 갈등을 빚고 있거나 하여 사생활로 머리가 복잡하면, 우리는 직장에서라도 일을 단순하고 쉽게 풀고 싶어진다. 그렇게 우리는 가능성이 증명된 일을 고수하고, 직장 생활에서 발생할 수 있는 '소음'을 제한한다. 반면 사생활이 편안하면, 매사를 긍정적으로 생각하게 되며, 새로운 업무를 맡는 데 더 많은 에너지와 자신감이 생긴다.

잠시 시간을 내어 당신이 소중한 사람들을 위해 시간을 내고 있는지 생각해보라. 성취욕 높은 사람들이 어떤 핑계를 대는지는 이미 다 알고 있다. '저는 항상 운전 중입니다. 저는 일주일 내내 출근하죠. 올 여름에는 가족들과 함께 휴가를 떠날 시간이 없네요. 회사에서 가장 큰 프로젝트를 맡고 있어서요. 상사가 제게 거는 기대가 큽니다.'

이런 핑계는 어떻게 보면 일리가 있지만, 또 어떻게 보면 그렇지 않다. 가장 소중한 사람들과 함께 보내는 그 짧은 시간도 내지 못한다면 도대체 무슨 의미가 있다는 말인가? 더 중요한 것은 더 높은 수준의 성취를 이루기 위해 위험을 무릅쓸 자신감을 어떻게 낼 수 있느냐다. 친구들과 가족의 도움이 없으면 큰 기회가 눈앞에 찾아와도 당신은 아마 방아쇠를

당기지 못할 것이다. 의식을 하든 못하든 당신은 '내게는 이 분야에 필요한 지식과 기술이 없는데, 결국 이 업무를 해내지 못하면 내게 남는 것이 무엇이란 말인가?'라고 생각하며 안전책을 강구하려고만 할 것이다.

일과 성공이 당신에게 얼마나 큰 의미가 있는지, 당신이 얼마나 열심히 일하는지 나도 잘 알고 있다. 여기서 나는 절대 야근을 하지 말라거나 모든 가족 행사에 꼭 참여해야 한다고 주장하는 것이 아니다. 균형을 이루어야 한다. 이 균형은 개개인마다 다르다는 사실도 염두에 두어야 한다. 한 사람 한 사람 모두 다르다는 것을 알기 때문에 내가 여기서 동반자와 자녀, 친구들과 몇 시간을 함께 보내야 하는지 콕 집어 말하지 않는 것이다.

우리는 각자의 성장을 위한 자신만의 방법을 선택해야 한다. 우리는 각자 모험의 범위와 규모를 결정할 기회를 얻는다. 우리는 우리가 떠날 모험의 속도와 순서를 알아내야 한다. 무엇보다 우리는 한참 동안 앉아만 있다가 처음으로 춤을 추고 난 뒤에 다시 활기가 생긴다는 것이 어떤 기분인지 경험해야 한다.

14장

다시
성장을 향해

러시모어 산에 처음 간 지도 거의 20년이 지났다. 데이지 웨이드먼Daisy Wademan의 《하버드 인생 수업Remember Who You Are》을 보면, 내 딸 캐서린이 사우스다코타에 있는 기념지에 가자고 설득력 있게 요구하는 바람에 내가 딸을 데리고 여행을 갔던 이야기가 등장한다. 무엇보다 캐서린은 할리데이비드슨을 타고 가고 싶어했다. 딸아이는 그 오토바이 뒷좌석에 타기 위해서라면 어떤 구실이라도 만들어냈을 것이다. 오토바이를 타고 가면 얼마나 오래 걸릴지 아무리 설명해도 열한 살짜리 아이에게는 전혀 먹혀들지 않았다. 그렇게 우리는 여행을 떠나기로 했고, 8월 초 이른 아침에 집을 나섰다.

여행 이야기는 뜻밖의 방향으로 전개되었다. 출발한 지 이틀이 지나 목적지에 도착했을 때 우리는 미국 역사에 지대한 영향을 미친 조지 위

싱턴, 토머스 제퍼슨, 에이브러햄 링컨, 시어도어 루스벨트의 얼굴이 새겨진 조각상을 올려다보았다. 그때 캐서린은 내게 어째서 저 네 사람이 선택됐느냐고 물었다. 나는 위대한 네 명의 대통령이 공통적으로 지녔던 몇 가지 특징을 설명해주었다. 그리고 부족한 역사 지식을 메꿀 요량으로 설명에 내 이론을 적용하려고 애썼고, 또 딸이 알아들을 수 있을 만한 말로 설명하려 애썼다.

나는 딸에게 네 명의 대통령은 두려울 때도 끝내 할 일을 해냈다고 말했다. 사람들이 대통령을 믿지 않거나 대통령에 관해 나쁘게 얘기할 때도 그들은 일을 멈추지 않고 용기를 냈다고 말했다. 그들이 나라를 발전시키려고 얼마나 애썼는지, 미국 국민의 삶이 더 나아지기를 얼마나 원했는지 설명해주었다. 그리고 그들 모두 자신이 맡은 일을 해낼 수 있을지 두려워했으나, 두려움을 이겨내고 목표를 이루었다는 점을 꼬집어 말했다. 결국에는 이들 모두가 오랜 기간에 걸쳐 용감한 행동을 함으로써 다른 사람들의 삶에 영향을 주고 변화를 이루어내고 싶었던 것이라고 강조했다. 바로 그때 우리의 대화가 예상치 못한 방향으로 흘러갔다.

캐서린이 나를 바라보더니 세상에서 가장 순수하고 솔직한 목소리로 물었다.

"아빠, 아빠도 변화를 이뤄냈나요?"

나는 아무 대답도 할 수 없었다. 그때까지 내게 그런 질문을 한 사람은 아무도 없었다. 자문해본 적은 있었으나 아주 잠깐이었고, 또 피상적으로 생각했을 뿐이었다. 그런데 그때 내가 소중히 여기는 사람이자 아주 민감한 나이인 딸아이가 내게 도전장을 내민 것이다.

캐서린은 나에 대한 평가가 어떤지 알고 싶어했다. 며칠 같았던 찰나의 순간이 흐르고 나는 이렇게 대답했다.

"캐서린, 아빠도 아빠가 그런 사람이길 바란단다. 그런데 조금 더 생각해봐야겠구나. 하지만 아빠는 정말로 사람들에게 영향을 주고 변화를 이룬 사람이길 바란단다."

사우스다코타를 출발해 집이 있는 유타로 돌아오는 길 내내, 그러니까 1500킬로미터 가까이 되는 거리를 달리는 매 순간마다 딸아이가 던진 질문을 곰곰이 생각했다. 내가 정말 내 삶에 변화를 이루었는지, 내가 제대로 하고 있는 것처럼 보이도록 겉만 살짝 훑고 있는 건 아닌지 궁금했다. 와이오밍의 코디를 지날 때부터 옐로우스톤 국립공원, 그랜드티턴 국립공원, 스타밸리를 지날 때까지 나는 정말 변화를 이루고 있는지 아니면 단지 그런 시늉만 하고 있는지 계속해서 자문했다. 내가 중요한 사람인가? 내 일이 중요한가? 아니면 그동안 부지런한 척, 잘난 척만 하고 있었던 건 아닌가?

캐서린이 내게 그 질문을 던진 것이 1991년이었고, 그 질문에 대한 내 대답은 내가 앞으로 어떤 여정으로 달려갈 것인지 선택하는 데 많은 도움이 되었다. 그 질문은 가던 길을 멈추고 내가 하는 일에 어떤 의미가 있는지 진지하게 생각하는 데 도움이 되었다. 나는 내가 살면서 했던 일이나 하지 않았던 일을 정당화하려고 이야기를 지어낸 적이 있는지 궁금했다. 나는 내 노력이 무의미하지 않은 방식으로 다른 사람들에게 어떤 영향이라도 미쳤는지 궁금했다.

바로 그 순간 나는 [그림 2-2]에 나오는 2×2의 좌측에서 이동하기 위해 필요한 것이 무엇인지, 올바른 일을 잘하기 이전에 미숙하게 하는 것이 얼마나 중요한지를 진심으로 이해했다. 나는 더 수월하게 내 행동을 합리화하려고 많은 활동 사이사이에 자기기만으로 가득한 활동을 배치하며 인생을 살았다는 사실을 인정하기 시작했다. 나는 내가 듣고 싶은 말을 해주고 내게 편안하면서 정체된 상황에 머물 수 있게 해줄 사람들에게 피드백을 구하며, 도표의 왼쪽에 머물기 위해 주변의 환경을 조작했었다는 사실을 직시하기 시작했다.

지금 내가 잠시 멈춰 선 것은 1991년에 모든 답을 찾았다고 생각했었기 때문이다. 내가 시도했던 단계들 덕분에 내가 가고 있던 길, 달리 말해 근시안적으로 바쁘게 생활하며 내 목록에 적힌 업무를 성취하는 것 말고는 모든 일을 차단했던 성취욕 높은 성향에서 벗어나기 위해 노력할 수 있었다. 시간이 지나면서 나는 오른쪽 하단의 영역으로 가는 길이 점점 더 쉬울 것이라고 생각했지만, 그러려면 여전히 앞뒤 가리지 않는 믿음의 도약이 필요하다. 그리고 나는 성공을 향해 날아오르는 데 필요한 단계를 따르겠다는 의지를 통해 더 큰 깨달음과 자신감을 얻게 되었다.

어쩌면 이러한 단계에 대해 다른 작가, 연사, 선구적인 사상가들도 나와 다른 언어로 이미 연구를 했을 것이다. 아마 이들은 이러한 단계를 활용하여 더 효과적이고 생산적인 삶과 사회생활을 이끌 수 있는 다른 방법을 제안했을 수도 있다. 그렇지만 내가 찾아낸 이 방법은 야망 있고 의욕 넘치는 사람들뿐 아니라 내게도 효과가 있었던 방법이다. 이 책에 담긴 제안을 한데 모아서 사람들이 실용적으로 적용할 수 있는 여섯 단계로 압축했다.

1. 과거를 반성하고 자각할 수 있도록 잠깐 멈춰라.

2. 과거를 흘려보내라.

3. 할 일 목록에 적합한 비전 또는 구체적인 목표를 만들어라.

4. 멘토와 인맥을 통해 도움을 구하라.

5. 눈을 깜빡거리지 말라.

6. 당신을 취약하게 만들 수 있는 행동을 하라.

위의 여섯 단계가 당신이 두려움에 통제당하지 않을 가능성을 높일 것이다. 이는 당신이 새로운 행동을 하거나 새로운 관계를 시작하거나 새로운 직업을 갖거나 새롭고 도전적인 업무를 맡을 때, 비난·비교·바쁨·걱정의 덫을 피해 당신이 원하는 방향으로 나아갈 역량이 생긴다는 의미다.

그러나 여정을 떠나는 동안에도 첫 번째 단계를 잊지 말라. 이 여정을 떠나려면 지금 일상적으로 경험하는 것을 무엇 때문에 하고 있는지 스스로에게 묻게 될 정도로 남의 시선이 신경 쓰일 것이다. 당신이 스스로를 인식하게 되면, 이러한 자각을 통해 새로운 일을 시도하더라도 죽을 일은 없다는 사실을 알게 된다. 그리고 취약한 상태를 헤치며 나아가다 보면 용기가 생기고 또 다른 일을 경험하는 데 한 발 더 가까이 가게 된다. 그러다 보면 어느새 오른쪽 하단의 영역에서 오른쪽 상단의 영역으로 수직 상승해 있는 자신을 발견하게 될 것이다.

오른쪽 하단의 영역에서 올바른 일을 능숙하게 해내는 데까지 가는 여정은 험할 수 있으나, 이제까지 걸었던 여정에 비하면 아무것도 아닐 것이다. 비교조차 안 된다. 사실 당신의 참모습을 바로 알고 오른쪽 하단의 영역에 있어도 큰일이 나지 않는다는 사실을 깨닫고 나면, 북쪽을 향한 여정은 배움으로 가득한 유쾌한 시간으로 채워진다. 그리고 악순환의 나락이 아니라 선순환의 구조 속에 들어와 있는 자신을 발견하게 될 것이다. 전문가로 가는 길목에 서 있는 자신을 발견하게 될 것이다. 그다음에는 고생 끝에 얻은 지식과 기술, 행동의 변화를 조화롭게 유지하는 것이 도전 과제다. 이런 것들을 올바르게 관리하지 않으면 결국에는 거만함으로 변할 수 있다는 사실을 명심하라.

그렇기 때문에 이 시점에 감사 표현을 잘하는 것이 매우 중요하다. 감사를 표현해야 당신의 노력만이 아니라 다른 사람들의 노력과 적절한 환경, 약간의 운과 같은 수많은 요소 덕분에 지금의 자리까지 올 수 있었다는 사실을 깨달을 수 있다. 당신이 이룬 성과를 뿌듯해하며 한숨 돌리는 것이야 괜찮지만, 너무 오랫동안 자만에 빠져 있어서는 안 된다. 감사해야 할 사람들을 찾아보라. 그러려면 작은 일이라도 의미 있는 목표를 달성한 후에 다음의 항목을 실천하는 습관을 들여야 한다.

- 그 목표를 성취하는 데 기여한 사람들을 찾아보라.
- 그들에게 어떤 도움을 받았는지에 대해 구체적이고 진심 어린 감사의 말을 전하라.
- 당신 개인 또는 당신의 그룹이 성공하는 데 도움이 된 사람들과 요소가 있는지 돌이켜보라. 감사의 마음을 갖는 것을 명심하라.

감사를 표하고 겸손함을 간직하면 왼쪽 상단에서 오른쪽 하단의 영역으로, 그리고 올바른 일을 능숙하게 하는 오른쪽 상단의 영역으로 나아가는 데 큰 도움이 된다.

충고의 말 한마디, 경고의 말 한마디

당신은 성취욕이 높은 사람이므로 내가 이 책에서 건네는 조언이 유리하게도 불리하게도 적용될 수 있다는 사실을 이 시점에서 언급하지 않으면 나를 태만한 사람이라고 생각할 것이다. 유리한 점은 당신이 성공에 재능이 있다는 것이며, 따라서 그 재능을 당신과 다른 사람들의 변화하고자 하는 욕구를 위한 방식으로 활용해야 한다. 당연한 소리처럼 들릴 수 있지만, 실제로는 변화를 위한 어떤 행동을 하기보다 말만 앞세우기가 얼마나 쉬운지 금세 알게 될 것이다.

로이스는 〈포천〉 선정 500대 기업의 부사장을 지낸 야심가였다. 언젠가 그녀는 상사와 임원 코치로부터 조직 내에서 더 높은 자리에 올라가고 싶거든 더 유연해지고 더 나은 커뮤니케이터가 되어야 할 필요가 있다는 조언을 들었다. 그러나 이토록 분명한 조언을 들었는데도 그녀는 융통성 없고 꽉 막힌 태도를 고집했다.

로이스는 변해야 한다는 사실을 알고 있었으나, 실제로 어떤 노력을 하기보다는 달라질 생각이라고 말만 하고 다니는 편이 더 수월했다. 그녀는 친숙하고 결과를 예측할 수 있는 업무를 할 때는 일을 완벽하게 해냈고, 이를 통해 성취욕을 느꼈다. 그런 로이스에게 달라지려는 시도가 자신의 성취도에 어떤 결과를 불러올지 예측하기란 어려운 일이었다. 이와 같은 시도는 굉장히 간접적인 과정이어서 단기적으로는 성취감을 느끼기 어려운 일이기 때문이다.

로이스처럼 되지 말라. 그 대신 과업 지향 접근법을 활용하여 당신이 이루고 싶은 변화를 일으킬 구체적인 업무를 만들어내는 데 집중하라. 당신이 더 나은 커뮤니케이터가 되는 데, 글로벌 리더가 되는 데, 팀에서 더욱 효율적으로 일하는 데 집중하고 싶다면, 그 목적을 달성하는 방법은 그와 관련된 업무를 만드는 것이다. 당신은 목표 달성을 위한 과정을 만들어내는 데 능숙할 것이므로 이를 실행할 수 있는 일련의 업무와 일과표로 구성된 과정을 계획하라.

성취에 지나치게 집착하는 당신의 약점은 감사를 표현하는 데 익숙지 않다는 것이다. 당신이 남들에게 고마워하지 않는다는 말이 아니다. 이는 목표를 달성하는 데 따르는 행복이 금세 지나가고 흩어지듯, 다른 사람들을 인정하려는 당신의 욕구 또한 그렇게 흩어진다는 의미다. 조직을 잘 이끌어 중요한 업무를 성취해나가지만, 그럴 때 진정한 만족감을 드러내기보다는 일종의 안도하는 반응을 드러내는 경우가 많다.

일을 잘 해냈을 때, 만족감의 단맛을 누리기보다 다음 업무나 프로젝트에 착수할 준비를 하는 것이다. 느긋하게 여유를 갖고 순간의 기쁨을 누린다는 생각은 당신의 과도한 의욕과는 상반되기 때문이다. 이러한 충동에 맞서려면 의식적으로 노력하고 성취의 순간을 즐겨라. 속도를 조금 늦춰라. 감사의 뜻을 표할 수 있는 창이 열릴 것이다.

성장으로 가는 길, 믿음

믿음은 왼쪽 상단에서 오른쪽 하단의 영역으로 가는 여정을 촉진하거나, 최소한 우리가 그 길에 오를 수 있도록 돕는 역할을 한다. 그렇게 될 거라고 믿는 것이 중요하다. 내가 제안한 단계를 실천할 때 직장 생활에 변화가 촉진될 거라고 믿으면(높은 수준의 성취를 이룰 수 있을 뿐 아니라 그 안에서 더 큰 의미와 만족을 끌어내는 데 도움이 될 것이다), 그 믿음이 값을 헤아릴 수 없을 만큼 귀중하다는 사실이 증명될 것이다.

과거를 돌아볼 때 우리는 인생의 목적을 추구했던 방식을 아주 명쾌하게 파악할 수 있다. 우리가 한 일, 우리가 소속된 그룹, 우리가 찾은 직장에서 우리가 어떤 방식으로 정체성을 모색했는지 깨닫는다. 우리는 지위와 직함, 인정이 우리로 하여금 존재의 목적을 구상하는 데 도움을 주는 역할을 했다는 사실을 이해한다.

이처럼 과거를 돌아보는 시간을 통해 우리는 직장에서 중요한 사람이라고 인정받음으로써 확신을 얻으려고 노력했다는 사실을 깨닫게 된다. 우리가 중요한 사람이라는 느낌을 받지 못했을 때는 사분면의 왼쪽 영역으로부터 벗어나지 못했으며, 이러한 욕구를 충족하겠다면서 잘못된 방식으로만 노력했다. 우리가 더 열심히 노력할수록 다른 사람들과는 더 어울리지 못했는데, 우리의 불안과 그 '클럽'에 끼고 싶어하는 어색한 노력이 그들의 눈에 다 드러났기 때문이다. 우리는 그릇된 일을 능숙하게 해내는 데 근시안적으로 집중하면서(일을 더 오래 더 열심히 하지만, 이는 우리가 늘 해왔던 방식에 불과하다) 상황을 악화시켰을 뿐이다.

걱정을 더 많이 하면 할수록 우리는 경주에서 더 멀리 뒤처지고 있다는 생각이 들었다. 뒤처졌다는 생각이 드니 우리가 마땅히 받아야 한다고 생각하는 대접을 받지 못했다는 이유로 부모와 형제, 상사와 부하 직원, 친구와 스승을 비난했다. 어느 순간 우리는 현실을 회피하며 다양한 활동과 물건, 재산 등 우리의 마음을 전혀 채워주지 못하는 것들로 인생을 채우려고 노력했다. 스스로를 더 바쁘게 만듦으로써 더욱 고립되는 감정을 느끼는 데만 성공했던 것이다. 그렇게 우리는 전보다 더 많은 오해를 받는다고 느꼈고, 친구·가족·상사와 더욱 멀어졌다고 느꼈다.

그러나 고쳐 생각해보면, 벗어날 길이 있다는 사실을 알 수 있다. 많은 사람이 다시 변화와 성장을 향한 여정에 오르는 데 성공했다. 많은 사람이 늙은 개도 (젊은 개와 마찬가지로) 새로운 재주를 배울 수 있다는 가능성을 충분히 증명해 보였다. 이 책은 살아 있다는 유일한 신호가 성장이라는 사실을 다시금 깨닫게 하는, 성장의 길을 나서기 위한 가이드다.

누구의 삶도 그들의 영혼은 물론이고 경력까지 날려버리는 불안이 지배하도록 운명 지어져 있지 않다. 인생은 가능성을 향한 끝없는 모험일지 모른다. 자각을 통해, 난관을 헤치고 전진할 수 있도록 도와주는 인맥을 통해, 구체적인 계획을 통해, 한쪽 발을 다른 발 앞에 놓음으로써 당신은 성공을 향해 날아오를 수 있다. 당신은 과거에 당신으로 하여금 아무것도 할 수 없게 만들었던 이야기와 두려움을 떨치고 나아갈 수 있다. 당신을 한 직장, 한 장소, 한 시간에 붙잡아놓았던 내면의 대화, 과거에 끊임없이 시달렸던 내면의 대화에서 이제는 벗어날 수 있다.

딸아이가 내게 변화를 이루었느냐고 물었을 때 나는 딸의 그 질문을 나중에 얼마나 고마워하게 될 것인지 깨달았다. 딸이 내게 그 질문을 했던 당시에는 정말로 대답이 무엇일지 궁금했다. 곧 나는 어떤 면에서 보면 다른 사람들의 삶에 영향을 미쳤다는 사실을 깨달았다. 그리고 내 인생의 전반기에 너무 오랜 시간을 불안에 시달리며 보냈다는 사실 또한 깨달았다.

모험 없이는 성장할 수 없다

러시모어 산은 굉장한 기념지다. 한번 방문해봐도 좋을 것이다. 그렇지만 과거를 돌아보고 스스로에게 질문을 던지기 위해 딸을 데리고 갈 필요는 없다. 이 책을 집어든 당신은 배움에 관심이 있을 것이고, 이는 곧 기꺼이 자신의 생각에 의문을 제기하겠다는 의미이기 때문이다.

아마 첫 번째 혹은 두 번째 단계까지는 왔을 것이다. 다른 사람들을 찾아가서 당신에게 왜 그렇게 믿고, 왜 그렇게 생각하는지 물어봐 달라고 부탁하라. 지난날을 돌아보고, 재평가하고, 취약한 상태가 될 가능성을 열어둬라.

누군가에게 실망하여 그 사람을 속단하려는 자신을 발견한다면 이렇게 자문하라. '이 사람은 무엇 때문에 이런 식으로 행동하는 걸까? 관리자나 리더로서의 나, 또는 한 인간으로서의 내가 이 사람의 이런 행동에 책임이 있는 것은 아닐까?' 오른쪽 하단의 영역으로 나아가는 과정, 변화의 과정을 시작하기 두려워하는 자신을 발견한다면 이렇게 돌아보라. '현재 상황에서 내가 맡은 역할에 대해 모르는 척하고 있는 것이 무엇인가?' 그리고 이렇게 자문하라. '어떤 일이 벌어지는 것을 보면 나는 무슨 생각을 하는가? 스스로에게 어떻게 이야기하는가? 이 상황이 내게 어떤 영향을 미칠 거라고 생각하는가?'

이 책의 내용을 돌아보면, 변화에서 중대한 역할을 하는 질문에 어떤 것들이 있는지 알 수 있다. (당신이 이미 자문해봤을지 모르겠지만) 내 딸이 내게 한 것과 같은 질문을 적용해보자면, 나는 당신이 이미 다른 사람들의 인생에 영향을 미쳤을 거라고 생각한다. 분명 그랬을 것이다. 그러나 나는 당신이 훨씬 더 큰 영향을 미칠 수 있다고 믿는다. 어쩌면 당신도 지난날을 돌아보면서 나처럼 쓸데없는 걱정을 하느라 너무 많은 시간을 허비했다는 사실을 인지하고, 그 때문에 만족감이 덜하고 용기가 부족했다는 사실을 깨달았을지도 모르겠다.

오른쪽 하단으로 가는 모험을 하다 보면 벌거벗은 것처럼 느껴지고 부끄러움도 느끼게 될 것이라는 사실을 기억하라. 그러나 이러한 감정을 경험하지 않고서는 성공을 향해 날아오를 수 없다는 사실 또한 기억하라. 그리고 그 끝에는 성장이 기다리고 있다는 사실을 기억하라.

주

1장

1. David C. McClelland, *Power: The Inner Experienc*e (New York: Irvington Publishers, 1975).
2. Paul Thompson and Gene Dalton, "Are R&D Organizations Obsolete," *Harvard Business Review*, November–December 1976.
3. John J. Gabarro, *The Dynamics of Taking Charge* (Boston: Harvard Business School Press, 1987).
4. Ibid.

3장

1. William Butler Yeats, "The Second Coming," http://www.online-literature.com/donne/780/.
2. Viktor E. Frankl, *Man's Search for Meaning: An Introduction to Logotherapy* (Boston: Beacon Press, 1959).
3. Edgar H. Schein, *Matching Individual and Organizational Needs* (Boston: Addison-Wesley, 1978).
4. "The Career Orientations of MBA Alumni: A Multi-Dimensional Model" (Chapter), *New Directions in Human Resource Management*, Ralph Katz (ed.), (M.I.T. Press,

October 1981).

5. Thomas J. DeLong, John J. Gabarro, and Robert J. Lees, *When Professionals Have to Lead: A New Model for High Performance* (Boston: Harvard Business School Press, 2007).

6. Michael L. Tushman and Charles A. O'Reilly, *Winning Through Innovation: A Practical Guide to Leading Organizational Change and Renewal* (Boston: Harvard Business School Press, 2002).

7. Chris Argyris, *Knowledge for Action* (San Francisco: Jossey-Bass, 1994).

4장

1. Edgar H. Schein, *Career Anchors: Discovering Your Real Values* (San Diego, CA: Jossey-Bass/Pfeiffer, 1990).

8장

1. Garrison Keillor, presentation to the Harvard community, Cambridge, MA, fall 2010.

9장

1. Personal interview with the author, Boston, MA, June 4, 2010.

2. Jay W. Lorsch and Thomas J. Tierney, *Aligning the Stars: How to Succeed When Professionals Drive Results* (Boston: Harvard Business School Press, 2002).

3. John S. Adams, "Inequity in Social Exchange," in *Advances in Experimental Social Psychology*, ed. Leonard Berkowitz (New York: Academic Press, 1965), 267–299.

10장

1. Thomas J. DeLong, John J. Gabarro, and Robert J. Lees, *When Professionals Have to Lead: A New Model for High Performance* (Boston: Harvard Business School Press, 2007).

11장

1. Paul Thompson and Gene Dalton, "Are R&D Organizations Obsolete," *Harvard Business Review*, November–December 1976.

13장

1. Marie Brenner, "The Golden Door's Spa Guru," *Departures*, January–February 2010.

참고문헌

Adams, John S. "Inequity in Social Exchange." In *Advances in Experimental Social Psychology*, edited by Leonard Berkowitz, 267–299. New York: Academic Press, 1965.

Adler, Paul S., and Clara X. Chen. "Beyond Intrinsic Motivation: On the Nature of Individual Motivation in Large-Scale Collaborative Creativity." September 1, 2009. *Social Science Research Network*, http://ssrn.com/abstract=1471341.

Amabile, Teresa M. "A Model of Creativity and Innovation in Organizations," *Research in Organizational Behavior* 10 (1988): 123–167.

———. "Motivational Synergy: Toward New Conceptualizations of Intrinsic and Extrinsic Motivation in the Workplace," *Human Resource Management Review* 3, no. 3 (1993): 185–201.

———. *Creativity in Context*. Boulder, CO: Westview Press, 1996.

Amabile, Teresa M., Karl G. Hill, Beth A. Hennessey, and Elizabeth M. Tighe. "The Work Preference Inventory: Assessing Intrinsic and Extrinsic Motivational Orientations," *Journal of Personality and Social Psychology* 66, no. 5 (1994): 950–967.

Amabile, Teresa M., and Steve J. Kramer, "What Really Motivates Workers," *Harvard Business Review*, January–February 2010, 88.

Ambrose, Maureen L., and Carol T. Kulik. "Old Friends, New Faces: Motivation Research in the 1990s." *Journal of Management* 25, no. 3 (1999): 231–292.

Argyris, Chris. *Strategy, Change and Defensive Routines*. Boston: Pitman Publishing, 1985.

Bandura, Albert. "Self-Efficacy: Toward a Unifying Theory of Behavioral Change." *Psychological Review* 84, no. 2 (1977): 191–215.

Burton, M. Diane. "Rob Parson at Morgan Stanley (A)." Case 498-054. Boston: Harvard Business School, 1998 (rev. 1998).

———. "Rob Parson at Morgan Stanley (B)." Case 498-055. Boston: Harvard Business School, 1998.

———. "Rob Parson at Morgan Stanley (C)." Case 498-056. Boston: Harvard Business School, 1998 [Rev. 1999].

———. "Rob Parson at Morgan Stanley (C) (Abridged)." Case 498-057. Boston: Harvard Business School, 1998 [Rev. 1999].

———. "Rob Parson at Morgan Stanley (D)." Case 498-058. Boston: Harvard Business School, 1998.

Burton, M. Diane, and Thomas J. DeLong. "Rob Parson at Morgan Stanley (A) through (D) and the Firmwide 360-degree Performance Evaluation Process at Morgan Stanley TN." Teaching Note 400-101. Boston: Harvard Business School, 1998.

Beckhard, Richard. *Organization Development*. Reading, MA: Addison-Wesley Publishing Company, Inc., 1969.

Burger, Jerry M. "Changes in Attributions Over Time: The Ephemeral Fundamental Attribution Error." *Social Cognition* 9, no. 2 (1991): 182–193.

Campbell, Donald J., and Robert D. Pritchard. "Motivation Theory in Industrial and Organizational Psychology." In *Handbook of Industrial and Organizational Psychology*, edited by Marvin D. Dunnette, 63–130. Chicago: Rand McNally, 1976.

Campion, Michael A., David K. Palmer, and James E. Campion. "A Review of Structure in the Selection Interview." *Personnel Psychology* 50, no. 3 (1997): 655–702.

Carlzon, Jan. *Moments of Truth*. Cambridge, MA: Ballinger, 1987.

Chen, Gilad, and Ruth Kanfer. "Toward a Systems Theory of Motivated Behavior in Work

Teams." *Research in Organizational Behavior* 27 (2006): 223–267.

Collins, James C. *Good to Great: Why Some Companies Make the Leap . . . and Others Don't*. 1st ed. New York: HarperBusiness, 2001.

Collins, James C., and Jerry I. Porras. *Built To Last: Successful Habits of Visionary Companies*. New York: HarperBusiness, 1994.

Conti, Regina, Teresa M. Amabile, and Sara Pollack. "The Positive Impact of Creative Activity: Effects of Creative Task Engagement and Motivational Focus on College Students' Learning." *Personality and Social Psychology Bulletin* 21 (1995): 1107–1116.

Csikszentmihalyi, Mihaly. *The Evolving Self: a psychology for the third millennium*. 1st ed. New York: Harper Collins Publishing, 1993.

———. *The Feeling of What Happens: Body and Emotion in the Making of Consciousness*. New York: Harcourt Brace, 1999.

———. *Flow: The Psychology of Optimal Experience*. 1st ed. New York: Harper & Row, 1990.

———. *Good Business: Leadership, Flow and the Making of Meaning*. New York: Viking Penguin, 2003.

Damasio, Antonio R. *Descartes' Error: Emotion, Reason, and the Human Brain*. New York: Putnam, 1994.

DeLong, Thomas J., and Michael Kernish. "Alex Montana at ESH Manufacturing Co." Case 405-106. Boston: Harvard Business School, 2006.

DeLong, Thomas J., David L. Ager, and Tejal Mody. "C&S Wholesale Grocers: Self-Managed Teams." Case 404-025. Boston: Harvard Business School, 2003.

DeLong, Thomas J., John J. Gabarro, and Robert J. Lees. *When Professionals Have to Lead: A New Model for High Performance*. Boston: Harvard Business School Press, 2007.

———. "Why Mentoring Matters in a Hypercompetitive World," Special issue on HBS Centennial, *Harvard Business Review*, January 2008.

DeLong, Thomas J., and Ashish Nanda. *Professional Services: Text and Cases*. New York: McGraw-Hill/Irwin, 2003.

DeLong, Thomas J., and Vineeta Vijayaraghavan. "Let's Hear It for B Players." *Harvard Business Review*, June 2003.

———. "SG Cowen: New Recruits" Case 402-028. Boston: Harvard Business School, 2006.

———. "Cirque du Soleil." Case 403-006. Boston: Harvard Business School, 2002.

Depree, Max. *Leadership Is an Art*. New York: Doubleday, 1989.

Dipboye, Robert L. "Threats to the Incremental Validity of Interviewer Judgments." In *The Employment Interview: Theory, Research and Practice*, edited by Robert W. Eder and Gerald R. Ferris, 45-60. Thousand Oaks, CA: Sage Publications, 1989.

Dougherty, Thomas W., Ronald J. Ebert, and John C. Callender. "Policy Capturing in the Employment Interview." *Journal of Applied Psychology* 71, no. 1 (1986): 9–15.

Dougherty, Thomas W., Daniel B. Turban, and John C. Callender. "Confirming First Impressions in the Employment Interview: A Field Study of Interviewer Behavior." *Journal of Applied Psychology* 79, no. 5 (1994): 659–665.

Erez, Miriam. "Culture and Job Design." *Journal of Organizational Behavior* 31, no. 2–3, (2010): 389–400.

Frankl, Viktor E. *Man's Search for Meaning: An Introduction to Logotherapy*. Boston: Beacon Press, 1959.

Gabarro, John J. *The Dynamics of Taking Charge*. Boston: Harvard Business School Press, 1987.

Gagné, Marylène, and Edward L. Deci. "Self-Determination Theory and Work Motivation." *Journal of Organizational Behavior* 26 (2005): 331–362.

Gardner, John. "Personal Renewal." From a speech given to McKinsey Partners, Phoenix, AZ, 1990.

Gaugler, Barbara B., Douglas B. Rosenthal, George C. Thornton, and Cynthia Bentson. "Meta-analysis of Assessment Center Validity." *Journal of Applied Psychology* 72, no. 3 (1987): 493–511.

Gilbert, Daniel Todd. *Stumbling on Happiness*. New York: Alfred A. Knopf, 2006.

Goffee, Rob, and Gareth Jones. *Why Should Anyone Be Led By You? What It Takes to Be an Authentic Leader*. Boston: Harvard Business School Press, 2006.

Goleman, Daniel. *Working with Emotional Intelligence*. 1st ed. New York: Bantam Books, 1998.

Goleman, Daniel, Richard Boyatzis, and Annie McKee. *Primal Leadership: Realizing the Power of Emotional Intelligence*. 1st ed. Boston: Harvard Business School Press, 2002.

Grant, Adam M., and Jihae Shin. "Work Motivation: Directing, Energizing, and Maintaining Research." In *Oxford Handbook of Motivation*, edited by R. M. Ryan. Oxford: Oxford University Press, *forthcoming*.

Groysberg, Boris. *Chasing Stars: The Myth of Talent and Portability of Performance*. Princeton, NJ: Princeton University Press, 2010.

Hackman, J. Richard, and Greg R. Oldham. "Motivation Through the Design of Work: Test of a Theory." *Organizational Behavior and Human Performance* 16 (1976): 250–279.

Heath, Chip. "On the Social Psychology of Agency Relationships: Lay Theories of Motivation Overemphasize Extrinsic Incentives." *Organizational Behavior and Human Decision Processes* 78, no. 1 (1999): 25–62.

Heath, Chip, and Dan Heath. *Switch: How to Change Things When Change Is Hard*. New York: Broadway Books/Random House, 2010.

Heath, Chip, and Sim B. Sitkin. "Big-B Versus Big-O: What Is Organizational About Organizational Behavior?" *Journal of Organizational Behavior* 22, no. 1 (2001): 43–58.

Herzberg, Frederick. *The Motivation to Work*. New York: Wiley, 1959.

Jonas, Eva, Stefan Schulz-Hardt, Dieter Frey, and Norman Thelan. "Confirmation Bias in Sequential Information Search After Preliminary Decisions: An Expansion of Dissonance Theoretical Research on Selective Exposure to Information." *Journal of Personality and Social Psychology* 80, no. 4 (2001): 557–571.

Judge, Timothy A., and Remus Ilies. "Relationship of Personality to Performance Motivation: A Meta-analytic Review." *Journal of Applied Psychology* 87, no. 4 (2002): 797–807.

Kegan, Robert, and Lisa Laskow Lahey. *Immunity to Change: How to Overcome It and*

Unlock the Potential in Yourself and Your Organization. 1st ed. Boston: Harvard Business School Publishing, 2009.

Kanfer, Ruth. "Motivation Theory and Industrial and Organizational Psychology." In *Handbook of Industrial and Organizational Psychology*, edited by Marvin D. Dunette and Leaetta M. Hough, 75–130. Palo Alto, CA: Consulting Psychologists Press, 1990.

Kanfer, Ruth, and Phillip L. Ackerman. "Aging, Adult Development, and Work Motivation." *Academy of Management Review* 29, no. 3 (2004): 440–458.

Kao, John J. "Scandinavian Airlines Systems." Case 487-041. Boston: Harvard Business School, 1993.

Katz, Ralph, ed., "The Career Orientations for MBA Alumni: A Multi-Dimensional Model," *New Directions in Human Resource Management*. Boston: MIT Press, 1981.

Kotter, John P., and James L. Heskett. *Corporate Culture and Performance*. New York: The Free Press/Simon & Schuster Inc., 1992.

Kramer, Roderick M., "Harder They Fall," *Harvard Business Review* OnPoint, October 2003.

Latham, Gary P., and Craig C. Pinder. "Work Motivation Theory and Research at the Dawn of the Twenty-First Century." *Annual Review of Psychology* 56, no. 1 (2005): 485–516.

Lawrence, Paul R., and Nitin Nohria. *Driven: How Human Nature Shapes Our Choices*. San Francisco: Jossey-Bass, 2002.

Lindzey, Gardner, and Elliot Aronson, eds. *The Handbook of Social Psychology: Volume II, Special Fields and Applications*. 3rd ed. New York: Random House, 1985.

Litwin, George H., and Robert A. Stringer. *Motivation and Organizational Climate*. Boston: Division of Research, Graduate School of Business Administration, Harvard University, 1968.

Locke, Edwin A., and Gary P. Latham. "What Should We Do About Motivation Theory? Six Recommendations for the Twenty-First Century." *Academy of Management Review* 29, no. 3 (2004): 388–403.

London, Manuel, and Stephen A. Stumpf. *Managing Careers*. The Addison-Wesley Series on Managing Human Resources. Reading, MA: Addison-Wesley Publishing

Company, Inc., 1982.

Lorsch, Jay W., and John J. Gabarro. "Cambridge Consulting Group: Bob Anderson." Case 496-023. Boston: Harvard Business School, 1995 (rev. 1996).

Lorsch, Jay W., and Thomas J. Tierney. *Aligning the Stars: How to Succeed When Professionals Drive Results.* Boston: Harvard Business School Press, 2002.

Maccoby, Michael, "Narcissistic Leaders: The Incredible Pros, the Inevitable Cons," *Harvard Business Review* OnPoint Enhanced Edition, January 2001.

McClelland, David C. *Power: The Inner Experience.* New York: Irvington Publishers, 1975.

McClelland, David C., and David H. Burnham. "Power Is the Great Motivator," *Harvard Business Review*, January 2003.

McDaniel, Michael A., Deborah L. Whetzel, Frank L. Schmidt, and Steven D. Maurer. "The Validity of Employment Interviews: A Comprehensive Review and Meta-Analysis." *Journal of Applied Psychology* 79, no. 4 (1994): 599–616.

Morriss, Anne, Robin J. Ely, and Frances X. Frei. "Stop Holding Yourself Back." *Harvard Business Review*, January 2011.

Murphy, Kevin R., Brian E. Cronin, and Anita P. Tam. "Controversy and Consensus Regarding the Use of Cognitive Ability Testing in Organizations." *Journal of Applied Psychology* 88, no. 4 (2003): 660–671.

Nanda, Ashish, and Monet Brewerton. "William Fox." Case HLS 09-27. Boston: Harvard Law School, 2009.

Neeley, Tsedal, and Thomas J. DeLong. "Managing a Global Team: Greg James at Sun Microsystems, Inc. (A)." Case 409-003. Boston: Harvard Business School, 2009.

Perlow, Leslie, and Thomas J. DeLong. "Profiles of the Class of 1976." Case 2-403-087. Boston: Harvard Business School, 2002.

Phillips, Jean M. "Effects of Realistic Job Previews on Multiple Organizational Outcomes: A Meta-Analysis." *Academy of Management Journal* 41, no. 6 (1998): 673–690.

Pulakos, Elaine D., Neal Schmitt, David Whitney, and Matthew Smith. "Individual Differences in Interviewer Ratings: The Impact of Standardization, Consensus Discussion, and Sampling Error on the Validity of a Structured Interview." *Personnel Psychology* 49, no. 1 (1996): 85–102.

Schein, Edgar H. *Organizational Culture and Leadership*. San Francisco: Jossey-Bass, 1985.

———. *Career Anchors: Discovering Your Real Values*. San Diego, CA: Jossey-Bass/ Pfeiffer, 1990.

———. *Career Anchors: Matching Individual and Organizational Needs*. Boston: Addison-Wesley, 1978.

Schmidt, Frank L., and John E. Hunter. "Select on Intelligence." In *The Blackwell Handbook of Principles of Organizational Behavior*, edited by Edwin A. Locke, 3–14. Oxford: Blackwell Business, 2000.

———. "The Validity and Utility of Selection Methods in Personnel Psychology: Practical and Theoretical Implications of 85 Years of Research Findings." *Psychological Bulletin* 124, no. 2 (1998): 262–274.

Spreier, Scott W., Mary H. Fontaine, and Ruth L. Malloy. "Leadership Run Amok: The Destructive Potential of Overachievers," *Harvard Business Review* OnPoint, June 2006.

Steel, Piers, and Cornelius J. König. "Integrating Theories of Motivation." *Academy of Management Review* 31, no. 4 (2006): 889–913.

Steers, Richard M., Richard T. Mowday, and Debra L. Shapiro. "The Future of Work Motivation Theory." *Academy of Management Review* 29, no. 3 (2004): 379–387.

Tichy, Noel M., and Mary Anne Devanna. *The Transformational Leader*. New York: John Wiley & Sons, 1986.

Van Maanen, John. "People Processing: Strategies of Organizational Socialization." In *Culture and Related Corporate Realities* by Vijay Sathe, 223–243. Homewood, IL: R.D. Irwin, 1985.

Vroom, Victor H. *Work and Motivation*. New York: Wiley, 1964.

Wademan, Daisy. *Remember Who You Are: Life Stories That Inspire the Heart and Mind*. Boston: Harvard Business School Press, 2004.

Weick, Karl E. *The Social Psychology of Organizing*. New York: McGraw Hill, 1979.

토머스 들롱의 트레이드마크는 오래된 문제를 새로운 관점에서 연구함으로써 결과적으로 우리에게 되풀이하여 새롭고 반 직관적인 통찰력을 심어준다는 것이다. 《왜 우리는 가끔 멈춰야 하는가》도 예외가 아니다. 이 책을 읽으면 본인의 문제가 무엇인지 보일 것이다. 당신이 그동안 들어본 적 없을 정도로 훌륭한 통찰력이 담긴 해결책을 제시한다.

_클레이튼 크리스텐슨Clayton Christensen, 하버드 비즈니스스쿨 교수

토머스 들롱은 임원들이 겪는 뿌리 깊은 두려움이 무엇인지 짚어내고 이를 다루는 데 뛰어난 재주가 있다. 그는 이 책을 통해서 사람들이 회피하려고만 하는 '유능한 사람들을 괴롭히는 불안'이라는 민감한 문제를 성공적으로 다뤘다. 야심 있는 직장인이라면 반드시 읽어 보고, 지속적인 성공을 이룰 수 있도록 들롱의 통찰력을 활용하라고 추천한다.

_나라야나 무르티Narayana Murthy, 인포시스 테크놀로지 리미티드Infosys Technologies Limited 명예회장

이 책을 읽는 동안 마치 토머스 들롱 교수가 내게 직접 하는 말을 듣고 있는 것 같았다. 그가 묘사한 모든 상황과 덫은 굉장히 알아채기 쉬우며, 그가 하는 조언은 직접적이고 실행 가능한 것들이다. 나는 자신의 커리어를 관리하는 직장인인 동시에 타인의 커리어를 관리하는 CEO로서, 변화로부터 끌어낼 수 있는 모든 긍정적인 면을 받아들이는 사람이라면 누구에게든 이 책을 추천한다.

_마사 새뮤얼슨Martha Samuelson, 애널리시스 그룹Analysis Group CEO 겸 사장

통찰력 있게 잘 쓰인 《왜 우리는 가끔 멈춰야 하는가》는 흥미롭고 의미 있는 예화가 풍부하다. 내가 이 책을 더 일찍 접했더라면! 그랬다면 나 자신에게 도움이 됐을 뿐 아니라 지난 50여 년간 나와 함께 일했던 말 그대로 수백 명의 성취욕 높은 사람들에게도 이 책을 권했을 것이다. 자신의 잠재력을 깨닫기 위해서 행동의 변화를 끌어내야 할 모든 이에게 추천한다.

_존 카첸바흐Jon Katzenbach, 카첸바흐 센터Katzenbach Center at Booz & Company 대표

토머스 들롱은 리더들이 일상적으로 부딪히는 근본적인 도전 과제를 열거한다. 우리가 비범한 일들을 이루지 못하도록 방해하는 습관이나 행동을 어떻게 해야 바꿀 수 있는가? 이 책은 본인의 리더십을 개선하고자 진지하게 고민하는 모든 이에게 굉장한 도움이 되며 색다른 통찰력을 제공한다.

_비크람 팬디트Vikram Pandit, 시티그룹 전 CEO

취약함을 길러야 한다고 생각하는 직장인은 거의 없다. 그러나 토머스 들롱은 삶과 일에서 진정한 변화를 이룰 용기를 가지려면 취약함을 거칠 수밖에 없다는 사실을 보여준다. 취약한 상태는 그릇된 일을 능숙하게 하는 영역에서 올바른 일을 미숙하게 하기 위해 거쳐야 하는 과정이다. 이 책은 개인적·직업적 성장을 계속 머릿속으로만 생각하는 게 아니라 실질적으로 이루고 싶어 하는 사람이라면 반드시 읽어야 한다.

_C. 앨런 파커C. Allen Parker, 크라바스 스웨인&무어Cravath, Swaine & Moore LLP 부회장

이 책은 우리가 새로운 리더십 행동을 습득하기 위해서 계획을 짤 때 자문해야 할 중요한 질문들을 싣고 있다. 토머스 들롱은 불안을 완화하고 개인적으로 성장하는 데 도움을 받을 수 있도록 솔직한 조언을 건네줄 인맥을 구축하라고 강력히 추천한다. 처음에는 어색하겠지만, 우리가 '변화를 이끄는' 길을 다지기 위해서 위험을 감수할 용기를 내는 게 첫 번째 단계다.

_마리 그레이엄 데이비스Mary Graham Davis, 마운트홀리오크대학Mount Holyoke College 이사장
데이비스 컨설팅 그룹Davis Consulting Group LLC 사장

당신의 커리어와 내면의 열망이 일치하는가? 아니면 덫에 걸린 것 같다거나 제자리걸음을 걷고 있다거나, 진정한 방향성이 없다는 생각이 계속해서 드는가? 솔직한 이야기와 설득력 있는 실생활의 사례를 곁들인 이 책을 통해 우리는 곤란한 문제를 자문하고, 변화를 위한 과정을 계획하는 데 필요한 방법을 얻을 수 있다.

_로라 킹Laura King, 클리포드 챈스Clifford Chance LLP 글로벌 피플 파트너

토머스 들롱은 인재들이 완전한 잠재력을 실현하지 못하는 까닭이 무엇인지 판단할 수 있도록 통찰력 있고 실용적인 평가 방법을 알려준다. 들롱은 변화를 수용해야 하는 까닭과 변화가 일으킬 수 있는 불안의 단계에 집중하면서 리더들이 앞서 나가는 데 도움이 될 만한 귀중한 도구를 제공한다.

_루스 포랏Ruth Porat, 알파벳 수석부사장 겸 CFO

인재가 되고 싶으나, 커리어에 확신이 없는가? 이 책은 당신의 재능을 효과적으로 사용하고 당신의 운명을 스스로 결정하는 데 도움이 될 것이다. 들롱은 변화하는 방법, 말하지 못했던 두려움을 극복하는 방법, 충실한 삶을 살면서 더 많은 것을 성취하는 방법에 관한 조언을 건넨다.

_다니엘 바셀라Daniel Vasella, 노바티스Novartis AG 전 회장

스스로 '성취욕이 높은 직장인'이라고 고백하는 토머스 들롱이 실용적이고 호기심을 불러일으키며 매우 잘 읽히는 책을 저술했다. 이 책에서 그는 당신의 실천을 방해하는 불안과 덫을 극복할 수 있는 변화의 과정을 일러준다.

_톰 왓슨Tom Watson, 옴니콤 그룹Omnicom Group 공동 창립자/명예 부회장 옴니콤대학교 학과장

마흔 이후 최고의 성장 수업

왜 우리는 가끔
멈춰야 하는가

1판 1쇄 인쇄 2018년 12월 14일
1판 1쇄 발행 2018년 12월 21일

지은이 토머스 J. 들롱
옮긴이 김보람
펴낸이 고병욱

기획편집실장 김성수 **책임편집** 장지연 **기획편집** 윤현주 박혜정
마케팅 이일권 송만석 현나래 김재욱 김은지 이애주 오정민 **디자인** 공희 진미나 백은주 **외서기획** 엄정빈
제작 김기창 **관리** 주동은 조재언 신현민 **총무** 문준기 노재경 송민진 우근영

교정 구윤회

펴낸곳 청림출판(주)
등록 제1989 – 000026호

본사 06048 서울시 강남구 도산대로 38길 11 청림출판(주) (논현동 63)
제2사옥 10881 경기도 파주시 회동길 173 청림아트스페이스 (문발동 518 – 6)
전화 02-546-4341 **팩스** 02-546-8053
홈페이지 www.chungrim.com
이메일 cr1@chungrim.com
블로그 blog.naver.com/chungrimpub
페이스북 www.facebook.com/chungrimpub

ISBN 978-89-352-1251-4 03320